当代中国的马克思主义政治经济学对发现中国智慧有特殊的优势。中国经济增长70年，是在马克思主义理论指导下探索前行的70年，其发展经验先天具有马克思主义政治经济学的印记。中国特色社会主义政治经济学是研究中国经验、发现中国智慧的根本依循和学术主流。

※ 本书为安徽大学经济与社会发展高等研究院研究成果 ※

荣兆梓 / 主编

增长的政治经济学
发现中国智慧

Zengzhang de Zhengzhi Jingjixue
FAXIAN ZHONGGUO ZHIHUI

全国百佳图书出版单位

时代出版传媒股份有限公司
安徽人民出版社

图书在版编目(CIP)数据

增长的政治经济学 发现中国智慧/荣兆梓主编.—合肥：
安徽人民出版社,2019.9

ISBN 978－7－212－10448－1

Ⅰ.①增… Ⅱ.①荣… Ⅲ.政治经济学—研究—中国 Ⅳ.①F0

中国版本图书馆 CIP 数据核字(2019)第 023452 号

增长的政治经济学 发现中国智慧

荣兆梓 主编

出版人:徐 敏 选题策划:白 明 责任编辑:朱 虹 李 芳
责任印制:董 亮 装帧设计:宋文岚

出版发行:时代出版传媒股份有限公司 http://www.press-mart.com

安徽人民出版社 http://www.ahpeople.com

地 址:合肥市政务文化新区翡翠路 1118 号出版传媒广场八楼

邮 编:230071

电 话:0551－63533258 0551－63533292(传真)

印 刷:安徽新华印刷股份有限公司

开本:710mm×1010mm 1/16 印张:13.75 字数:210 千
版次:2019 年 9 月第 1 版 2019 年 9 月第 1 次印刷

ISBN 978－7－212－10448－1 定价:40.00 元

序

2019 年是中华人民共和国 70 周年华诞。中国经济增长 70 年的辉煌成就,尤其是改革开放 40 年来的高速增长,被世界公认为中国奇迹。40 年来,我国 GDP 总量实际增长 30 多倍;人均 GDP 实际增长 20 多倍。由于经济规模巨大,这一增长成就具有更加令人震撼的力量。2018 年中国国内生产总值超过 90 万亿元,按平均汇率折算,经济总量达到 13.6 万亿美元,稳居世界第二位;从增幅来看,经济总量占全球经济份额从 1978 年的 2% 左右上升到 2018 年的 15% 左右。在中国经济高增长的同时,也极大地提高了人民群众的生活水平:2017 年社会消费总额为 1978 年的 30 倍;居民人均消费支出扣除价格因素,比 1978 年实际增长 18 倍。

中国经济增长已经成为全世界经济学研究的热门课题。如何理解中国成功的原因,寻找 70 年经济增长的中国智慧,成为各国经济学家探寻的目标,自然也是中国经济学者义不容辞的责任。

70 年的经济增长,有两个统计数据处于显著位置,一是积累率长期处于高位,甚至处于世界各国最高水平;二是劳动生产力持续提高,特别是改革开放以来,全劳动生产率对增长的贡献平均达到 65%。高积累加劳动生产率快速发展,保证了中国经济高增长。从马克思主义政治经济学的观点看,这几乎是"教科书式"的增长。纵观世界历史,只有极少数发展中国家,能够在长时间内可持续地做到这一点;更何况我们有辽阔的国土,全世界最大的人口规模,又长期面对复杂的外部世界。中国人是怎样做到的? 中国人为什么能够做到? 发现 70 年经济增长的中国智慧,是我们编写本书的主要追求。

当今世界,经济学流派纷呈,对于相同的问题难免会有不同答案。当代中国的马克思主义政治经济学对发现中国智慧有特殊的优势。中国经济增长 70 年,是在马克思主义理论指导下探索前行的 70 年,其发展经验先天具有马克思主义政治经济学的印记。别的经济学理论对于研究中国经验自然有借鉴意义,但中国特色社会主义政治经济学才是根本依循和学术主流。中国经济增长的成功经验最终必然凝聚成为中国特色社会主义政治经济学的系统理论。尽管这方面的工作现在才刚刚开始,有许多实践的经验还没有得到学理性的总结,还有许多中国经济增长的未解之谜需要探索。但近年来这方面的工作进展很快,大量的研究成果在不断涌现。

习近平总书记指出:"新中国成立以来特别是改革开放以来,中国发生了深刻变革,置身这一历史巨变之中的中国人更有资格、更有能力揭示这其中所蕴含的历史经验和发展规律,为发展马克思主义作出中国的原创性贡献。"①为此,安徽大学经济与社会发展高等研究院提出运用中国特色社会主义政治经济学等理论,全方位研究中国经济增长问题的倡议。以安徽大学经济学科中青年教师为主体的本书作者,他们积极响应,做了一些初步的研究工作,本书是这部分阶段性成果的总结。书中内容主要涉及积累与增长、产业结构与产业政策、技术进步与创新发展、宏观调控与协调发展、国际贸易与开放发展等方面。这只是初步工作,研究有待再深入,疏漏与错误在所难免,希望能够得到同行专家的批评指正。我们将继续努力,为中国特色社会主义政治经济学拓展新境界做出自己的贡献。

我本人出生于 1949 年,与我们伟大的共和国同龄。我们这一代人是共和国这 70 年奋斗发展历程的见证者、亲历者。这些年来我一直坚持在马克思主义政治经济学研究的第一线,虽然也发表了一些研究中国实践的理论成果,但总还有"不识庐山真面目"的感觉。我们离实践很近,但要突破重重迷雾看清这个变化着的、多侧面的巨大系统的真面目,功力还太过欠缺。这是一个必须由许多志同道合者一起努力、长期坚持才能有所成就的事业。愿意继续与年轻人一起努力,继续做一些有益的工作。

2019 年 8 月 22 日

---

① 《习近平谈治国理政》第 2 卷,外文出版社 2017 年版,第 66 页。

目 录
CONTENTS

产业结构与产业竞争力/029

技术进步与创新发展/069

均衡增长与协调发展/101

国际贸易与外向型发展/161

参考文献/199

中国经济增长
70年

FAXIAN ZHONGGUO ZHIHUI

社会主义积累规律研究：基于中国经济增长 70 年*

本文导读

中国经济增长已成为世界性话题，中国经济 70 年究竟做对了什么？本篇从积累的角度作了初步探讨。创新发展导致的劳动生产率提高形成"创新红利分享空间"，进而构成共享发展的物质基础。在劳动者主权的社会经济中经济增长的动态路径使得共享发展的可能性转化为现实。中国经济 70 年是符合劳动者整体利益长远利益的经济增长动态路径逐步展开的 70 年，高积累率与劳动生产率持续提高相结合，造就了世界瞩目的中国奇迹。在此过程中，社会剩余（价值）率经历了一个 N 字形的大起大落，当前正处于第二个上升期的顶部。"社会主义积累规律研究：基于中国经济增长 70 年"一文讨论了积累过程的未来趋势，认为共产党领导加上公有制为主体的基本经济制度决定了增长的动态路径还将继续在劳动者利益最大化的轨道上，而市场经济公平与效率的矛盾也会在新科技革命的发展中通过技术进步路径的转换而逐步得到解决。社会主义积累的一般规律是：创新发展与共享发展统一，生产力提高与人的能力发展相互促进。

---

*　本文原载于《教学与研究》，2019 年第 9 期。

本文基于中华人民共和国成立 70 年,特别是改革开放 40 年的发展经验,讨论社会主义积累的一般规律及其未来发展趋势,核心是社会剩余(价值)率的变动及其对经济增长的影响。现代市场经济中,扩大再生产主要依靠内涵的扩大再生产,也就是说增长必须伴随劳动生产率的提高。这一点对于一个劳动者社会特别重要,只有增加人均产出量,劳动者的物质文化生活水平才有可能提高,人民福祉才有可能增进。要提高劳动生产率就要创新,我们的讨论从创新红利的分配开始。

一、基于创新红利的分析框架

(一)创新与劳动生产率

马克思主义的创新理论表现为劳动生产率提高的理论。《资本论》贯穿始终的劳动生产率概念与创新具有深刻的内在联系。增长只靠投资是不够的,投入要素的效率需要不断提高,这当然要创新,就是采用新的生产方式,包括一般科学技术的发展与运用,直接生产过程中机器的使用和改良,劳动组织方式的改进,劳动者技能的提高,以及生产规模的扩大,甚至还包括在流通过程中成本的节约、效率的提高,等等。但是,在展开以下全部讨论之前,需要强调两点:第一,马克思主义经济学的创新概念与现代西方主流经济学的创新概念有很大的区别。现代经济学所谓企业创新其实包括两种类型,一种是"生产型创新"(生产性企业家活动),另一种是"寻租型创新"(非生产性企业家活动)。[1] 前者与马克思在《资本论》中所讨论的提高劳动生产力的方法大体吻合,与本文创新含义基本一致;后者则涉及已经生产出来的物质财富在社会阶级、阶层和个人之间的分配,是一种设法从蛋糕里多分一点的"创新"。[2] 本文所用创新概念与后者无关。第二,市场经济的创新过程包括两个相互联系、相互补充的阶段,一个阶段谓之"领先型创新"或曰狭义创新,是新

---

[1] 威廉·鲍莫尔等:《好的资本主义,坏的资本主义,以及增长与繁荣的经济学》,中信出版社 2008 年版,第 95—105 页。

[2] 例如,很大一部分"金融创新"就属于这种类型。

生产方式的发明、创造和率先运用;另一阶段是跟随型创新,学习和模仿领先创新的成果。此类活动之所以属于广义创新的范畴是因为:其一,这是创新推广的必要阶段,从全行业、全社会的角度看,没有这个创新推广环节,生产力的提高十分有限,创新过程就是不完整的。其二,学习和模仿并不是纯粹的原样照搬,引进技术涉及时空差异,要求对新技术的调适,其中包含了边际创新。进一步说,创新活动大多数本来就是前人创新成果基础上的边际推进,累积的微量创新完全可能演变为新一轮领先创新,二者间并没有绝对的界线。① 总之,本文所用创新概念与提高劳动生产率内在一致。创新是劳动生产率提升的手段,劳动生产率的提高必须通过创新来实现。因此,我们以创新为起点,以创新红利的分配作为社会主义积累规律考察的起点。

(二)创新红利空间与利益分割点

有创新就会有创新红利。劳动价值论基础上如何理解创新红利? 下图给定社会劳动总量不变(同等长度的线段表示相同劳动时间),以不变价为标尺刻度社会总产出(实物量),考察社会劳动生产率不同的前后两个时期(T₀ 与 T₁)社会产出的分配。

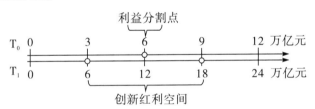

图 1　创新红利空间与利益分割点

T₀ 期社会总产出 12 万亿元,到 T₁ 期劳动生产率提高了一倍,同样的社会总劳动生产的产品实物量增长一倍。用 T₀ 期的不变价计量,12 万亿的总产出增加到了 24 万亿。T₀ 期劳动生产率较低,社会产品有一半,即 6 万亿元必须用于劳动者个人及其家庭消费,劳动者个人与社会的收益分割点在 6 万亿元处,这个社会总体的剩余价值率(剩余劳动与必要劳动的比例)是 100%。假定非生产劳动部门耗费加公共消费占国民收入的 35%,积累率最多只能达

---

①　约瑟夫·斯蒂格利茨、布鲁斯·格林沃尔德:《增长的方法——学习型社会与经济增长的新引擎》,中信出版集团 2017 年版,第 38 页。

到 15%。随着社会劳动生产率的提高,按不变价计算的产品实物量会不断增加。假定劳动生产率翻番,同样的社会劳动总量能够生产出 24 万亿的物质产品。也就是说,社会总产出实物量增加了 12 万亿,这增加的 12 万亿就是创新红利。为了更加直观地说明问题,再假定从线段左端向右延伸为劳动者个人所得,从线段右端向左延伸为包括资本积累在内的社会公共所得,二者交汇处为利益分割点,那么,创新的红利分享空间就是在线段 T_1 上 6 万亿到 18 万亿之间,利益分割点可以在这个空间内任意一处。这个空间的物质产品是创新提供的,总共 12 万亿的产品是它的增加量,可以在劳动者个人与社会之间进行分配。极端情况下,以线段 6 万亿处为收益分割点,它意味着劳动者个人及其家庭消费生活水平不提高,全部创新红利归社会所有,社会剩余(价值)率为 300%,剩余价值占国民收入的 75%,扣除非生产劳动部门耗费加公共消费之外可以有很大的比例用于投资扩大再生产。假定非生产劳动部门耗费加公共消费仍占国民收入的 35%,则积累率可以推高到 35%。另一个极端是,假定社会所得不变,仍然为 6 万亿实物量,收益分割点落在 T_1 线段 18 万亿处,这样,劳动者的消费生活水平提高到之前的 3 倍,从原来的 6 万亿增加到 18 万亿。但是,公共收益物质量不变,积累率很难有所提高,增长也难以加速。这是两个极端情况,实际的分配应该在两个极端之间。这就是我们所说的创新红利空间。当然,这是从一个劳动者社会的角度来看的。劳动者社会的生产目的就是物质财富的增长,劳动者个人与劳动者社会在这个根本问题上完全一致。我们的生产目的就是提高人民群众的物质和文化生活,或者说满足人民群众的美好生活需要。

但是,在资本主义制度下这样理解创新红利就有问题,资本主义的创新红利分配其实就是劳资之间的利益分配,这是两个阶级之间的关系,而这两个阶级关于生产目的或者各自利益的理解是不一样的。劳动者希望改善物质生活,要求增加工资可以购买的消费品实物量。资本家要追求的是剩余价值,是从价值形态去理解这个生产的目的。对他来说,原来剩余价值率是 100%,通过创新他必须将收益分割点往左移动,提高剩余价值率,理想的情况是把分割点移动到 T_1 线段的 6 万亿处,剩余价值率提高到 300%,全部创新红利都由资本家阶级占有。这是马克思那个年代比较典型的情况,工人的生活水平在一个很长时间没有提高。利益分割点右移在资本主义制度下是不可能发生的。资本主义社会的创新红利分享空间只能在 T_1 线段的 6 万亿到 12 万亿之间,这就是数百年来资本主义经济的现实。有人说,马克思认为整个资本主义条件下,工人的实物工资是不变的。这其实不是马克思的观点,马克思承认工人生活水平可能会随着生产力的发展而有所提高,但他强调,资本主义不可能改变工人阶级相对贫困化的命运,因为资本主义的创新红利分配总是对劳动者不利,剩余价值率只会提高不会降低。这是资本主义的再生产规律。

我们区分了两种不同的社会制度中创新红利空间的差异:以图 1 的数据为例,劳动者社会的红利分享空间在 T_1 的 6~18,它更宽;资本主义的红利分享空间在 6~12,较窄。6 是工人的底线,再下降他就不能维持劳动力商品再生产了;12 是资本家的底线,如果再往右边移动资本家就不干了,因为剩余价值率会下降。

(三)创新红利分割方式与经济增长动态路径

静态地看,从一次性的创新红利分配来看,劳动者社会的红利分享空间在图 1 的 T_1 轴上 6 到 18 之间,这中间的任意一点作为新的利益分割点都是可以接受的。但是如果考虑到经济增长过程是一个连续的动态过程,那么红利分配行为就不是一次性分割那么简单,它变成一个连续不断的过程,会形成持续性的后果。我们把这称作动态路径。以下先考察两种情况:一种情况是所谓利益分割点右移,另一种是利益分割点左移。

1. 利益分割点右移

上图中利益分割点 T_0 时期在正中间的 6 万亿处,然而经济增长了,不管增长多少总会在原来的利益分割点的两边出现一个或大或小的红利分享空间,从而要重新确定一个利益分割点。分割点往右边移动是个人收入实物量增加快于劳动生产率提高。如果经济增长的利益始终按此方式分配,劳动者个人所得份额就会越来越大,社会剩余价值率就会越来越小。这对劳动者及其家庭的当前消费生活来说显然是利好。

这种情况在我国改革开放之初曾经出现过,1978 年以后的 20 年,社会剩余(价值)率在波动中下行,原因是改革使收入分配向劳动者倾斜。一方面,大包干和粮食购销政策的调整极大地释放了亿万农民的生产积极性,农民纯收入连续多年以两位数增长。另一方面,企业扩权改革导致工资奖金制度的松动。城乡劳动者劳动报酬增速超过 GDP 增速,社会剩余(价值)率连年下降。农村改革特别具有爆发性,致使社会剩余(价值)率从 1978 年的 172%迅速下降到 1983 年的 104%和 1984 年 109%。这是自 1952 年以来社会剩余(价值)率的最低点。此后,随着工业化进程快速推进,企业改革对社会剩余(价值)率的影响越来越大。按照齐昊的计算,企业单位的剩余价值率从 1978 年的 250%一路下降到 1998 年的 150%。[1] 1988 年,戴园晨等人在《经济研究》发表论文:"工资侵蚀利润:中国经济体制改革中的潜在危险"[2]对这一情形做了精彩描述:一方面,是职工工资总额增长幅度远超过了国民收入增长幅度;另一方面,是职工平均工资增长扣除物价因素后仍超过劳动生产率提高幅度。造成这一现象的原因是改革初期国有企业放权让利的改革强调利益刺激,企业留利在利润总额中的比率不断攀升,从 1979 年的 12.3%提高到 1985 年的 39%,1986 年以后实现企业承包经营责任制,企业留利占实现利润的比例持续提高。据统计,1979—1991 年居民消费水平平均每年提高 6.5%,超过了社会劳动生产率平均每年提高 5.2%的幅度。[3] 企业职工的工资攀比和企业经营者的短期行为合成工资侵蚀利润的强劲合力,成为市场化改革初期难以避免的趋势。戴园晨等人的文章指出,职工之间以及企业之间的工资攀比不利于按劳分配原则的贯彻,并且可能引发成本推动型物价上涨,是宏观经济的潜在风险。因此建议,国家加强对工资总额的宏观调控。现在来看,文章关于工资侵蚀利润危害的分析还没有抓住问题的要害。文章发表之后的若干年,随着工资侵蚀利润持续发酵,它对国有企业市场竞争力的严重损害逐步显现。其实这是很容易理解的,在工资对利润年复一年的侵蚀中,企业能有多少利润去发展再生产,进行技术改造,引进新技术?另一方面,那段时间乡镇企业、民营经济和外资企业都放开了,市场竞争的压力越来越大,

① 齐昊:《剩余价值率动态与中国经济新常态:基于区分生产劳动与非生产劳动的方法》,《政治经济学报》,2018 年第 10 卷。
② 戴园晨等:《工资侵蚀利润:中国经济体制改革中的潜在危险》,《经济研究》,1988 年第 6 期。
③ 周茨:《积累与消费比例关系的再思考》,《北方经济》,1993 年第 6 期。

国有企业经营行为短期化,投资能力弱化,大面积亏损不可避免。结果是国有企业不得不"减员增效",国有经济不得不从小规模生产、小规模经营领域退出。当然,这也是国有经济自身优化布局的需要,但它同时也是微观主体行为扭曲的必然后果。总之,考虑到创新红利分配的长期动态后果,利益分割点右移的策略是不能持续的:一个企业坚持这种策略,它终将在市场竞争中被淘汰,一个国家坚持这种策略,则国家经济终将在国际竞争中被击垮。

2. 利益分割点左移

所幸的是,20 世纪 90 年代后期一系列国有企业改革措施发挥了效果,国有企业的公司制改造和劳动用人制度改革基本扭转了企业内工资侵蚀利润的倾向,加上非公经济的迅猛发展,到 20 世纪 90 年代末,工业经济中所有制结构已经是国有、民营、外资三分天下,社会经济的微观基础发生了根本改变。企业追求工资最大化的行为逐步转变成追求利润最大化的行为。企业的投资和创新愿意回升,竞争力提高,市场经济更加活跃了,使得我国经济在 2000 年后进入加速发展期。

一种相反现象,即"利润侵蚀工资"逐渐在企业中抬头。郑志国 2008 年在《中国工业经济》发表文章,戏剧性地采用了与戴园晨论文截然相反的标题:"中国企业利润侵蚀工资问题研究"。[①] 文章指出:20 世纪 90 年代中期以来,中国企业利润侵蚀工资问题日益突出,其主要方式有企业"压低、克扣和拖欠工资","不交或欠交养老保险、失业保险和医疗保险等社会保险费",工资构成中"不含或少含住房费",以"大量裁减员工来减少工资支出以增加利润"等。由于利润长时间侵蚀工资,1995 年到 2006 年中国工业增加值中工资占比从 22.49% 下降为 8.63%,下降 13.86 个百分点;在此期间,企业税前利润和税后利润占增加值的比例波动,但是总体呈上升趋势。物质生产部门受此影响更大,其人均工资明显低于全国平均工资,且差距逐年扩大。放到图 1 的轴线上,这就是利益分割点左移,个人收入实物量也有增加,但增速慢于劳动生产率提高。按此方式分配创新红利,劳动者报酬占国民收入的份额会越来越小,社会总体的剩余价值率就会越来越大。值得注意的是,改革已经造

① 郑志国:《中国企业利润侵蚀工资问题研究》,《中国工业经济》,2008 年第 1 期。

成了所有制结构的多元化,非公经济在工业经济中的比重已经超过三分之二。与利润侵蚀工资相伴随的社会现象是劳资矛盾突出,劳资关系受到普遍关注。全社会收入分配差距的拉开,反映收入分配公平程度的居民收入基尼系数在 20 世纪 90 年代末突破 0.4 这个"收入差距较大"的临界点,并且继续上升到 2008 年的 0.491 的高点。此后,基尼系数虽有回落,但仍然在 0.47 上下徘徊。[①] 财富占有的不平等程度更加严重。与此相关的另一个重要后果是国内消费需求不足,产能过剩问题开始显露。由于收入分配差距和剩余价值实现等现实问题的积累,可以肯定,收益分配点单向左移,社会剩余(价值)率不断提高也是不能持续的。

二、向左,向右,向着同一个目标

(一)实践发展三个阶段

由于相关数据的缺失,国内少有人研究 70 年经济增长中剩余价值率变动的总体情况,但少数研究还是给出了比较清晰的图景。齐昊的一篇首先用英文发表的论文[②]按照马克思关于企业剩余价值率的定义,计算了全社会生产劳动部门企业单位的平均剩余价值率,给出以下趋势图(按照作者的说明,改革开放前 30 年没有完整数据,只能给出大致的估计,因此图 2 用虚线表示)。大体上说,这是一条先上行,再下行,再上行的 N 型曲线。

为了讨论宏观经济中剩余价值的生产和分配对积累率的影响,本文提出社会剩余(价值)率的概念。齐昊的计算没有包括农民和其他个体劳动者在非企业单位劳动所创造的剩余价值(剩余劳动)及其比率,对于说明社会主义经济中积累与消费的总体格局,特别是讨论社会主义原始积累问题,有一定的局限性。首先,工业化初期,农民在人口总数中占绝对多数,农业增加值在国民生产总值中占多数。社会主义的原始积累不得不依靠农业税和"工农业产品价格剪刀差"等手段,集中农民提供的剩余劳动增加工业投入。工业生

---

① 参见国家统计局公布数字。

② HaoQi.Dynamics of the Rate of Surplus Value and the" New Normal"of the Chinese Economy, Research in Political Economy,2017,Vol.32,pp.105–128.

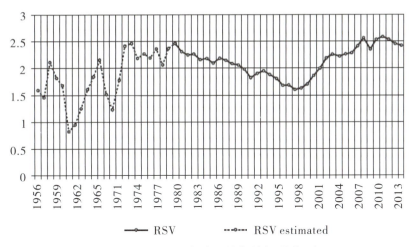

图 2　1956—2014 年中国社会剩余（价值）率

产中显示的剩余价值有很大一部分是通过低价农产品转移到工业利润中的农业剩余。既然剩余价值率的分子计量包含了（也无法剔除）这部分农业剩余，其分母计量就应该包含生产了农业剩余的全体农业劳动者。其次，本文关注的是社会范围的积累与消费关系，从生产部门企业单位剩余价值率不能直接推算出剩余价值占国民收入的比重，这对以下讨论会有诸多不便。我们按照社会主义经济中全部生产劳动部门（包括农业）剩余价值率，或者说剩余劳动与必要劳动的比例来定义社会剩余（价值）率，按照公式：社会剩余（价值）率＝（国民收入－生产劳动部门劳动报酬）/生产劳动部门劳动报酬，计算了 1952 年以来部分年份的社会剩余（价值）率。由于分部门劳动报酬数据的缺失，一些年份的数据只具有估计的性质。

表 1　1952—2015 年中国部分年份社会剩余（价值）率

社会剩余(价值)率 年份	社会剩余(价值) 率 1*（%）	社会剩余(价值) 率 2**（%）	社会剩余(价值) 率 3***（%）
1952	121.1		
1957	120.7		
1964	112.9		
1965	135.4		
1977	177.8		
1978	178.5	172.0	

（续表）

社会剩余(价值)率 年份	社会剩余(价值)率1*(%)	社会剩余(价值)率2**(%)	社会剩余(价值)率3***(%)
1979	162.2	157.0	
1980	141.8	137.3	
1981	128.6	123.6	
1982	111.0	106.7	
1983	107.4	104.0	
1984	109.8	109.4	
1985		127.7	
1986		131.5	
1987		147.4	
1988		159.7	
1989		159.6	
1990		148.9	1.47.3
1991		168.0	
1992		184.4	196.8
1995		173.0	
1997		133.9	
2000		146.2	
2002		212.1	
2005		245.3	
2007		239.6	
2010		227.1	
2012		224.5	
2015		247.8	

  * 劳动报酬利用行业职工人数与职工平均工资的乘积计算;非公经济职工平均工资数据缺失,按集体所有制职工平均工资计算;农业劳动报酬按农民纯收入乘70%反推。

  ** 劳动报酬利用分行业工资总额计算;农业劳动报酬按农民纯收入乘70%反推。

  *** 劳动报酬根据投入产出表数据。

由于分母包含了农民劳动报酬,我们计算的社会剩余(价值)率比齐昊计算的企业单位剩余价值率数字要小。但二者所反映的 70 年变动趋势却基本一致。根据社会剩余(价值)率数据,并参考企业单位剩余价值率,我们将 70 年的社会剩余(价值)率变动区分为三个阶段:(1)20 世纪 50 年代初到 70 年代末为剩余价值率上升阶段,也就是利益分割点左移阶段。社会剩余(价值)率在震荡中上攻,从一开始的大约 120%上升到 1978 年的将近 180%;(2)20 世纪 70 年代末到 90 年代末为剩余价值率下降阶段,也就是利益分割点向右移动阶段;社会剩余(价值)率在波动中趋于下降,从 1978 年的 170%多逐步下降到 1997 年的 130%多(其中 1983 年最低下探到 104%);(3)20 世纪 90 年代末开始为第二个上升阶段,社会剩余(价值)率在不到十年时间里从 130%快速上升到 245%,近年来社会剩余(价值)率保持高位震荡,是否会出现第二个下降阶段,还有待进一步观察。总之,70 年经济增长中社会剩余(价值)率并没有形成稳定的均衡点,也不是在一个狭窄区间波动,而是出现多次不同方向的大幅度变化,剩余价值率高至 240%以上,低到将近 100%,上下相差120 个百分点。其中有什么规律可循呢?

(二)为提高积累率而将利益分割点向左移动

先看 20 世纪 50 年代初到 70 年代末的第一个社会剩余(价值)率上升期,虽然波动很大,但总的趋势是一路向上。这是一个社会主义原始积累阶段,社会剩余(价值)率上升的目的在于提高积累率,冲破"低水平循环陷阱"。低水平循环的意思是说:在很低的生产力水平上社会剩余(价值)率也低,积累率很难提高。这种情况下,剩余价值中能用于投资的份额很少。投资率不高,增长就不可能快,贫困就难以摆脱。这种情况就叫作低水平循环陷阱。1950 年,中国人均 GDP 只有 439 国际元,[①]仅为世界平均水平的 1/4,是韩国的 57%,为全球最贫困国家,既没有多余的钱搞建设,也没有足够的外部力量能帮助我们快速启动工业化。20 世纪 50 年代初的社会剩余(价值)率大约只有 120%,剩余价值占国民收入的比重只有 55%,扣除非生产劳动部门

① 麦迪森:《世界经济千年史》,北京大学出版社 2003 年版,第 302 页。

消耗和公共消费之后,可用于新增投资的剩余价值占国民收入的17%。[①] 按照5.1的资本产出比,这个积累率只能支撑三点几个百分点的经济增长,别说是经济赶超,就是跟上人口增长都很勉强。[②]

我们是靠什么跳出陷阱的呢? 首先是用计划经济体制最大限度地将有限的剩余价值集中起来搞建设,在经济增长中逐步提高社会剩余(价值)率。计划经济体制能够有效提高积累率,因为它能把全部剩余价值都集中到国家;长时间不提高或者少提高劳动报酬,将生产率提升的利益最大限度集中到国家手中;同时限制所有非生产性消费,消灭剥削阶级的奢侈消费,压缩商业和金融等非生产劳动部门发展,控制城市化进程,放慢第三产业发展。扣除劳动者个人及其家庭消费后,工人与农民创造的全部剩余劳动都集中到国家手里,主要用于投资,其中主要是工业投资。为了适应积累率的迅速提高,国家采取了重工业优先的逆序进程,反市场逻辑地强制工业化。[③] 计划经济不依靠经济刺激来调动劳动者的生产积极性,而是用连续不断的政治动员来保持劳动者的工作热情。我们用30年时间把社会剩余价值率从120%提高到近180%,把积累率从大约不到20%提高到30%以上。事实上,到20世纪70年代初,我国经济的积累率已经达到30%这个全世界范围的高水平,并且在整个70年代保持稳定。这是前30年经济的最大成绩,为此后40年的高速增长奠定了重要的物质基础。

(三)体制转轨使利益分割点向右移动

1978年以后的利益分割点右移,是改革开放引致的结果。为什么要改革开放? 因为计划经济体制效率较低,不能满足劳动者社会积累与消费协调发展的需要,高积累形成的增长潜能得不到充分发挥,劳动者社会的消费生活水平没有显著提高。到1978年,我国人均GDP仍然只有世界平均水平的1/4,GDP总量占世界的比重甚至比1952年的5.2%还低了0.3个百分点。人

---

① 本文此处根据麦迪森经过修正的数据计算。参见麦迪森:《中国经济的长期表现:公元960—2030年》,上海人民出版社2008年版,第162页。

② 1952—1978年我国人口年均复合增长率2.02%。参见麦迪森:《中国经济的长期表现:公元960—2030年》,第106页。

③ 林毅夫等:《中国的奇迹:发展战略与经济改革》,上海人民出版社1994年版,第27—29页。

们付出了超乎寻常的努力,却没有得到相应的回报。实践表明,虽然高积累率是实现社会经济高增长的必要条件,却并非充分条件,中国经济必须尽快找到提高效率的适当途径。改革开放就是从这一现实问题考虑的战略性选择,目的是扩大前 30 年经济建设的成就,努力给老百姓带来更多的实惠。改革采取放开搞活的政策,将藏富于民的宏观政策与加强激励的微观制度相结合,极大地调动了人民群众劳动致富的积极性;经济增长加快,效率提升明显。由于高积累与高效率结合,经济增长速度明显加快。改革开放 40 年,GDP 总量平均年增幅为 9.7%,其中全劳动生产率对增长的贡献率达到 65%。劳动生产率的提高又可以分解为一二三次产业之间资源重新配置的结构效应和各产业内部效率提高的技术效应,40 年总体而言,结构效应的贡献大约为 40% 多,技术效应的贡献为 50% 多。[1] 而在改革开放初期则是结构效应的贡献更大,因为迅速的工业化将高生产率产业部门的份额扩大,显著提高了全社会生产力。[2] 到 1998 年,按不变价计算的人均 GDP 比 1978 年提高了400%。[3] 相应地,1978—1987 年资本产出比是 3.383,1988—1997 年资本产出比是 3.897,都比前 30 年平均 5 以上的资本产出比有明显改善。[4] 经济效率的提高与高积累率结合保证了经济高增长,进而保证了人民生活水平的明显提高。实践证明市场化改革的决策是正确的。改革开放怎么会造成剩余价值率近 20 年持续下降?这里有前 30 年消费滞后的补课因素,也有渐进式改革过渡性体制特征的因素。改革首先在大一统计划体制内部实施了"放权让利"的措施,经济增长的利益大幅度向老百姓倾斜,致使人民消费生活明显改善。1952 年到 1977 年全国居民消费水平指数提高 71.7%(以 1952 年为100%),而 1978 年到 1998 年这个指数却提高了 317.5%(以 1978 年为100%)。[5] 但是,造成消费急速上升的原因并不完全是政府有意而为的结果:一方面,农村联产承包责任制及乡镇企业异军突起,造成农民收入的大幅度

① 蔡昉:《国外经济学家对中国奇迹的误读最典型的观点有三种》,2018 年 1 月 29 日《北京日报》。
② 刘伟、张辉:《中国经济增长中的产业结构变迁和技术进步》,《经济研究》,2008 年第 11 期。
③ 中国统计年鉴编委会:《中国统计年鉴 1999 年》,中国统计出版社 1999 年版,表 3-4。
④ 史正富:《超常增长:1979 年到 2049 年的中国经济》,上海人民出版社 2013 年版,第 25 页。
⑤ 国家统计局:《新中国六十年统计资料汇编》,中国统计出版社 2010 年版,表 1-11。

增加;另一方面,渐进式改革中公有制企业的内部人控制造成经营行为短期化,形成自下而上推动工资侵蚀利润的强劲趋势。这种"上下配合"的格局突出表现在国有企业经营承包责任制的实践中,政府主管部门与企业签订的承包合同以工资奖金为第一激励因素,导致社会剩余(价值)率在波动中下降。这个过程造成双重后果,一方面是经济增长的利益更多向老百姓倾斜,另一方面,政府财政收入减少,财政预算用于投资的能力极大地削弱。这就带来了市场改革必然的投融资机制转换:在全社会固定资本投资来源中,居民储蓄大幅度增加,政府预算大幅下降,社会积累率继续保持高水平。也就是说,一部分劳动者报酬作为储蓄存款转化为投资,宏观经济中积累与消费的比例没有出现所预期的波动。整个 20 世纪 80 和 90 年代,社会资本形成率(投资率)始终保持在 30% 以上,多数年份高于 35%。[①] 在社会剩余(价值)率连续下降的过程中,基本实现了积累与消费协调发展的目标。

(四)利益分割点再次左移:竞争、创新与"后发优势"

20 世纪 90 年代末期,利益分割点时隔 20 年之后再次左移。社会剩余(价值)率由降转升,从 1998 年 130% 的低点上升到 2005 年 245% 的高点,剩余价值占国民收入的比重从 57% 一路上冲到 71%。毫无疑问,此次转变的推动者仍然是作为劳动者整体利益代表的政党和国家。坚持公有制为主体、多种所有制经济共同发展的社会主义基本经济制度是改革开放以来我们党的一贯方针。在毫不动摇地巩固和发展公有制经济的同时,毫不动摇地鼓励、支持、引导非公有制经济发展,推动各种所有制取长补短、相互促进、共同发展。这推动了不同所有制企业的市场竞争,强化了竞争参与者利润导向的经营行为。市场化改革改到深处,自然引发社会剩余(价值)率的向上运动。

问题是,对于变革的推动者而言,此次转向是否与前两次具有相同的目标取向?是否仍然坚持了提高人民福祉,满足人民群众日益增长的美好生活需要的不变的初心?

答案是肯定的。首先,创新红利分享空间的不断产生始终是劳动者消费生活改善的基础性前提。市场经济的高效率特别体现在它的创新激励机制,

---

① 中国统计年鉴编委会:《中国统计年鉴 1999》,中国统计出版社 1999 年版,表 3-11。

这个机制以企业追求超额利润为特点。超额利润是市场竞争对创新者数额巨大的奖励,它刺激企业家冒险精神,在生产经营中领先运用先进技术先进管理。与此同时,众多市场竞争者在巨额利润诱导下模仿跟进,分享创新利益,形成创新成果推广浪潮。最终由于创新成果的普及使得超额利润消失,下一个创新过程重新开始。这个在竞争中追逐超额利润的创新机制永不停息,社会劳动生产率在领先创新与跟进创新的交替中不断提高,这个机制是市场经济创新激励的唯一有效机制。马克思在对资本主义经济的研究中发现,劳动生产力的普遍提高会降低劳动力商品价值,给资本带来丰厚的相对剩余价值,因此也可以称作相对剩余价值生产机制。结合以上关于劳动者社会再生产过程的讨论,我们知道,这个机制也会给劳动者社会带来"创新红利分享空间",为劳动者个人利益与整体利益的协调,为劳动者长远利益的最优化带来机会,我们把它称作创新红利分享机制。创新进而提高劳动生产率是满足劳动者日益增长的美好生活需要的前提。尽管在多种经济成分并存条件下,创新红利的分配会涉及不同的阶层利益,但是分好蛋糕的前提是把蛋糕做大。因此,我们主动建立了多种所有制经济以利润为目标平等竞争的微观基础,在此基础上发展起充满活力的社会主义市场经济体制。

其次,充分利用生产力落后的"后发优势"是加快创新步伐,加快经济增长,最大限度提升人民福祉的重要手段。前 30 年的封闭环境是外力强加给我们的。虽然外边有现成的先进技术与先进管理经验可以借鉴,却苦于渠道不通而难以获益。改革开放以来对外开放的大门逐步打开,发挥落后经济后发优势的条件逐渐形成,但国际竞争的压力也随之而来。企业的盈利能力是提高市场竞争力和自我发展能力的必要前提,这一点不仅在国内市场竞争中具有"一票否决"的意义,而且在国际竞争中更加生死攸关。改革与开放是不可分割地联系在一起的。中国特色社会主义的发展道路借力技术创新的后发优势,我们与发达国家巨大的技术差距既是竞争压力,又是赶超机遇。借鉴别人成果节约自身创新成本是"后发优势"的重要特征,其前提是对外开放,利用一切可能的机会引进和吸收先进技术和先进管理。因此,我们的企业必须学会面对国外企业的竞争,学会在国际市场的竞争中生存和发展,学习与创新。这就迫使我们按市场竞争的规律来推进企业改革,建立市场秩序,积极参与到 WTO 的国际贸易秩序之中,包括充分利用低成本劳动力优势扩大出口,赚取外汇。事实证明,我们的策略是正确的。勤劳智慧的中国人民有能力在国际竞争的劣势环境下突围,实现自己的发展利益。开始阶段,我们的创新发展主要是在模仿跟进中实现。我们在技术引进中消化吸收,在对先进技术的边际改良中积累经验,锻炼队伍,逐步形成学习型国家的活跃氛围。开放竞争中落后者当然要付出更多代价,但同时我们得到应有回报。我们以持续 40 年的高速增长缩短了与发达国家的经济差距和技术差距。与改革开放之初相比,我国全员劳动生产率[①]已提高 7 倍多。其中 1996—2015 年,我国劳动生产率年平均增速为 8.6%,比世界平均水平高 7.3 个百分点,明显高于美国 1.6% 的水平。我国与世界平均水平及发达国家的差距不断缩小,1996 年我国单位劳动产出只相当于世界平均水平的 10.6%,2015 年已达到 40%,相当于美国的比重也从 2.1% 提升到 7.4%。[②] 尽管我们离世界先进水平还有很大的距离,但是,我们正在以极快的速度追赶,因此我们才能够以很快的速度提高全中国老百姓的生活水平。

可见,实践中利益分割点无论是向左移动还是向右移动,社会主义再生产都向着同一个目标,那就是提高人民福祉,满足人民群众日益增长的美好生活需要。

三、社会主义积累的现状与前景

(一)两极分化不可避免吗?

70 年经济增长成就辉煌,尤其是改革开放 40 年高速增长被称作中国奇迹。40 年实际 GDP 总量增长 30 倍;人均 GDP 实际增长 24 倍。由于经济规模巨大,这一增长成就更具有令人震撼的力量。2018 年中国国内生产总值超过 90 万亿元,按平均汇率折算,经济总量达到 13.6 万亿美元,稳居世界第二

---

① 指不变价 GDP 与就业人口之比。

② 国家统计局:《国际比较表明中国劳动生产率增长较快》,2016-09-01,(网易首页)财经频道,http://money.163.com/16/0901/16/BVT0JVH5002581PP.html。

位,[1]经济总量占全球经济份额从 1978 年的不到 1/20 上升到 2018 年的 1/6。在经济高增长的同时,我们极大地提高了人民群众的生活水平:2017 年社会消费总额为 1978 年的 30 倍;居民人均消费支出 18322 元,扣除价格因素,比 1978 年实际增长 18 倍,年均增长 7.8%。[2] 必须记住,成就的取得离不开前 30 年的努力。如果说中国增长奇迹的成功经验是高积累加上劳动生产率的持续提高,那么,改革开放前 30 年冲破低水平循环陷阱形成的高积累功不可没。高积累加上持续提高劳动生产率是高增长的原因,这与马克思主义政治经济学教科书完全一致,真的没有什么秘密可言。真正的问题在于,利用市场经济来实现高积累与高效率的结合,是否能够避免市场经济两极分化的自发趋势? 近 20 年来,中国经济中收入分配差距拉开,剩余价值实现困难有所显现,这些与资本主义市场经济有相似之处。中国道路的一部分批评者认为,市场经济的内在逻辑已经将中国特色社会主义演变成为中国特色资本主义,从根本上损害了劳动者利益。论者列举一系列统计数据在支撑自己的观点。譬如:收入分配差距拉大,基尼系数跨越不平等界限;企业劳资纠纷案件数和当事人数的增加;环境污染和生态破坏;贪污腐败和群体事件,等等。

回答此类质疑,我们要说三句话:第一,尽管收入差距有所拉开,但民众的生活取得持续大幅度增进却是基本事实;第二,近年来情况正在发生变化;第三,情况还会继续发生更大变化。

第一,改革开放以来,在收入分配拉开差距的同时,最大多数人民群众的收入水平持续大幅提高。皮凯迪等人近期研究了 1978—2015 年中国收入和财富不平等问题。[3] 给出一幅有趣的图景:相同时间内中、美、法三国的收入不平等程度都有扩大,但是中国经济增长要快得多,相应地,老百姓的收入增长也快得多。在近 40 年时间里,中国最基层 50% 人群享受了年均 4.5% 的收入增长,中间 40% 人口的年均收入增长率更高达 6.0%。这样的收入增长速

---

[1] 国家统计局网站,2019 年 1 月 21 日,中国 2018 年全年 GDP 同比增长 6.6%,首次突破 90 万亿元。

[2] 国家统计局:《改革开放 40 年全国居民人均消费支出增长 18 倍年均增长 7.8%》,2018 年 8 月 31 日, http://www.ce.cn/xwzx/gnsz/gdxw/201808/31/t20180831_30173694.shtml。

[3] Thomas Piketty, Li Yang and Gabriel Zucman. Capital Accumulation, Private Property and Rising Inequality in China, 1978—2015.

度超出美、法两国不同收入层次的几乎所有人（只有占美国人口十万分之一的超级富人除外）。相应地,40 年发展中我国有 7 亿多人口脱贫,脱贫人数占同期全球脱贫人数的 70%。

第二,情况正在发生变化,这是每一个客观的观察者都能够看得见的。联系 70 年经济发展的历史,理解导致情况变化的制度原因,是正确理解中国道路的前提。

按照齐昊的计算,企业单位的剩余价值率在 2008 年达到历史峰值,之后一直在 230%~250%徘徊,虽然未见明显回落,却也改变了一路上扬的趋势。我们按照社会剩余(价值)率口径计算,峰值应该也在 2005 年到 2007 年之间,此后的社会剩余(价值)率在 225%~245%波动,表现出大体稳定的走势。之所以出现这一变化有两方面原因:其一是劳动力市场供求关系的变化。由于连续数十年高速工业化,农村剩余人口逐步消化,而新增劳动人口也由于人口增长趋缓而减少。劳动力市场供过于求的局面正在改变,劳动者的议价能力有所提高,大规模使用农民工快速推进低成本工业化的发展模式已经走到尽头。其二是宏观决策者的主动调整。包括 2008 年出台、2012 年修订的《劳动合同法》,劳动者权益保护加强,最低工资制度等相关举措的逐步落实,以公平为目标的社会福利制度向着高水平、全覆盖的方向演进,以及一系列乡村振兴、城乡统筹,改变二元经济结构的政策效果显现等等。2017 年非私营单位职工平均工资相当于 2007 年的 3 倍,2017 年私营单位职工工资与 2009 年相比也增长了 1.5 倍,与同期名义 GDP 增幅相比基本持平,[1]这应该是社会总剩余(价值)率保持稳定的基本原因。

联系 70 年经济发展的历史,其中的制度原因不难理解。中国共产党决策中心始终围绕提高人民福祉。为此就必须发展生产力,寻找国家经济增长的最优动态路径,实现劳动者利益最大化。创新利益分割点的左移对于资本主义经济制度来说,是与其制度性质不可分割的一般规律,而对于社会主义经济制度而言,则只是发展之特定阶段实现既定目标的手段。我们可以在必要时启动它(为了提高企业竞争能力和创新能力),也可以在情势变化时调整

---

[1] 国家统计局:《中国统计年鉴 2018》,中国统计出版社 2018 年版,表 4-12、表 4-16。

它，限制它，或者改变它。例如，当收入分配差距过大，剩余价值实现困难时；当积累率高过产业升级和技术创新的需要，以至于资本边际产出持续下降，严重影响宏观经济效率时。当前我们经济宏观格局应当有所调整几乎是学界共识，因为不受资本利益的捆绑，政策上做出调整以改变利益分割点左移走势是顺理成章的事。

我们所建立的社会主义制度包括共产党领导和公有制为主体两个基本构件，进而党在选择和掌控中国经济增长的动态路径时具有最完备和最有效的手段。生产资料的公有制在全部社会经济中占主体地位，特别是国有资本在大规模生产大规模经营领域的主导性，如"普照之光"奠定了共和国经济基础的底色。它不仅是国家加快经济发展、熨平经济波动、保障经济安全的重要抓手，而且对企业劳资和谐、分配公平具有决定性的影响力，是执政党在社会经济关系的发展中掌握主导权，保证社会发展方向的镇山法宝。市场经济中劳动与资本的关系始终存在零和博弈的一面。一个私有制为主体的市场经济一定是资本家阶级主导的经济，少数人对多数人的压迫不可避免地具有对抗性。社会主义市场经济以公有制为主体，国有资本在企业中代表劳动者整体利益和长远利益，在这里"劳资关系"是劳动者自身当前利益与长远利益的关系，更容易形成劳资和谐关系，并且对非公经济产生"示范效应"。因此，社会经济整体而言会更加协调，创新发展与共享发展协同推进的可能性会更大。执政党在事关社会利益的重大决策中没有任何特殊利益，因此社会政策选择空间更大，利益分割点无论左移还是右移，都在可以选择的范围之内。由于国有资本在全部社会经济中的关键地位和主导性质，作为劳动者整体利益代表的执政党才有可能在生产力与生产关系两方面对国家经济走向形成控制力，能够按照自己对历史发展方向和最广大人民群众根本利益的理解去引导与调节经济发展的动态路径。中国经济 70 年增长的历史表明，执政者具备实现承诺的意志和能力。由于两大基本制度构件的作用，我们为实现目标可使用的手段比其他市场经济国家更加多样，必要时调整的速度更快，措施也更加有力。两极分化是可以避免的。70 年经济增长的动态路径已经初步显示，在经济增长中改善人民生活，提高劳动者能力，是社会主义积累的一般规律。

正如马克思所明确指出的那样:所谓工资铁律是根本不存在的。经济发展的规律是资本有机构成随着劳动生产率的提高而不断提高,这在资本主义条件下造成劳动相对于资本需求量不断缩小,产生相对过剩人口,导致工人阶级的贫困化。资本主义财富的积累伴随着劳动者贫困的积累,"这就是资本主义积累的绝对的一般的规律。"①但是,这绝不是市场经济的"自然规律"。马克思强调,资本主义社会生产力的高度发展已经为解决这一矛盾准备了物质前提:"如果明天把劳动普遍限制在合理的程度,并且在工人阶级的各个阶层中再按年龄和性别进行适当安排,那么,要依照现有的规模继续进行国民生产,目前的工人人口是绝对不够的。目前'非生产'工人的大多数都不得不转化为'生产'工人。"②在明天更加合理的制度下,资本积累与劳动节约的利益应该属于全体劳动者,劳动生产率的提高可以带来工作日的普遍缩短,而不会是失业人口的不断增加;它可以实现劳动与资本的共享发展,而不是劳动者的普遍贫困化。社会主义经济制度应当能够实现这一理想。

第三方面的内容我们在下文"当前面临的主要问题及解决问题的思路"中专题进行阐述。

(二)当前面临的主要问题及解决问题的思路

然而,中国当前的事情比马克思当年设想的要复杂得多。我们是在全球资本主义发达国家的包围中独立建设社会主义,当前的问题是,创新红利分配策略面临两难选择。在中国经济增长已经从主要利用模仿创新向更多依靠领先创新转折的历史关头,创新发展的重要性更加突显,这种两难选择的问题显得更加突出。从表面上看,这似乎是市场经济普遍存在的效率与公平的矛盾。效率要求生产要素按所谓边际产出率定价,分配往往偏向资本而降低劳动收入份额,收入分配的两极分化因此被认为不可避免。以上关于20世纪90年代末以来第二次利益分割点左移的必要性和不可持续性的分析,已经概括了我们所面临矛盾的两个方面。现在的问题是,尽管社会剩余价值率暂时被控制在225%~245%的区间。但是,公平与效率两方面的问题都没

---

① 马克思:《资本论》第1卷,人民出版社2004年版,第742、734页。
② 马克思:《资本论》第1卷,人民出版社2004年版,第742、734页。

有真正解决。收入分配的基尼系数仍然在 0.46 的高位,而企业成本压力并未解除,利润率下降因为失去了社会剩余(价值)率升高的缓冲变得更加难以应对。

往后去情况又会怎样?下一步我们应该怎样做?

首先,协调劳动报酬与劳动生产率同步提高,努力实现居民收入增速与经济发展速度同步,应当是今后相当长时间的稳定政策。这是稳定社会剩余(价值)率的题中之意,理论不需要多做解释。但是实践中必须防止一种倾向,即将这一宏观经济的调控目标错误地理解为对企业的限制性要求,是因为这样做不符合创新发展的基本规律。企业的效率提高,即使是最优秀企业的效率提高也只能是一个在波动中前进的过程。成功创新可以带来超额利润,但超额利润会在竞争中逐步稀释,因此企业利润一定会有较大波动。劳动报酬总体上具有刚性,如果在企业利润扩张期盲目加薪,很可能将企业经营推向危险境地。因此,劳动报酬增长与劳动生产率提高同步应该是一个宏观调控目标,应当由政府在全社会创新发展中统筹协调。对于各类所有制企业而言,基本的要求只能是工资与效益挂钩,应慎用"同步"二字。

其次,多方面帮助企业降低成本,化解劳动报酬提高的利润压力,提高市场竞争力,这方面政策空间很大,政府应当大有可为。

(1)深化市场改革,努力建设平等竞争的市场环境。首先是作为市场管理者的政府机构要保持风清气正,努力提高市场"裁判员"的素质。反腐倡廉的成果是基础性工作,下一步还应该在"两个坚持"方针指导下,按照"竞争中性"原则加强和完善市场管理。为此,国有经济需要按市场规律进一步深化改革,在与其他经济成分的平等竞争中实现自己的经营目标和社会责任。多种经济成分并存的混合经济在平等的市场竞争中将不断提高竞争能力,不断推进技术和管理创新,在开放的全球经济中显现出中国经济的强大生命力。在市场秩序营造中有一个问题需要特别强调:我们的市场经济必须鼓励"生产性企业家活动",抑制"非生产性企业家活动"。要将更多的企业资源,进而更多企业劳动者的努力引导到生产性创新的伟大实践中,更加强有力地推进实体经济发展,将亿万人民群众的勤劳和智慧最大限度地引导到做大制造业蛋糕,提升制造业质量的战略制高点。

（2）多种方式降低企业成本。企业要减税，政府要节支。但是必要的公共财政支出还是要增加的，因此，降低企业税率必须与增强税收征管相结合，这也与优化市场竞争环境的要求相一致。经济脱实向虚的倾向必须纠正，自我服务型金融的膨胀必须抑制，降低企业融资成本是当前实体经济发展的突出问题。因此，依赖金融业发展抽取过量剩余价值的办法不宜过度使用，这甚至可能有适得其反的效果。可以适当增加基础设施投资，改善企业流通环境，降低企业流通成本；控制基础性资源价格上涨，等等，这些都是政府当前应当采取也能够采取的举措。

（3）大力发展教育事业，加快推进医疗制度改革和社会保障制度改革，实现劳动能力发展的机会平等，提高劳动者素质，在劳动报酬与劳动生产率同步提高的过程中降低企业单位产出的劳动成本，增强企业人力资源质量的竞争优势。

再次，加快推进科技进步、产业升级，完善创新型国家的体制和机制，在国际科技竞争中发挥社会主义市场经济的制度优势，捍卫发展中大国的发展利益，从生产力落后的陷阱中强势突围。中国经济已经走到动力转换的关键节点，受科技霸权国家的打压和限制不可避免。自主创新的重要性日益突显，强势突围是必然选择。毕竟社会主义生产目的的实现需要持续不断的内涵扩大再生产，创新是提高劳动生产率的唯一途径。没有人能够阻挡中国人民依靠自己的勤劳与智慧创新发展的脚步。自主创新当然不是闭门造车，积极参与国际贸易与国际竞争，在世界各国科技进步的相互学习相互借鉴中竞争合作，共赢共享是最佳路径。以中国人民与世界人民的福祉为出发点和落脚点，我们愿意在一个更加自由开放的国际环境中与各国一起进步。

同时做好以上三方面工作，中国经济会有可持续的发展空间，创新红利分配也会有更多的选择，以协调公平与效率的矛盾，满足人民群众美好生活的需要。往后去，劳动生产率会持续提高，而利益分割点即使不会再次右移，至少总剩余价值率应当相对稳定，形成一条有利于劳动者整体与长远利益的经济增长动态路径。

（三）技术进步路径与社会主义积累规律

尽管如此，市场经济下公平与效率的矛盾仍然没有最终解决，这使得创新红利分割的决策空间变得狭小。假如工资只影响消费,生产只为资本积累所推动,那么增加工资对积累(利润转化为投资)就一定有负面影响。这种关系是与资本主义的技术进步路径相关联的。解决公平与效率的矛盾有待于技术进步路径的转变,这不是在短期内就可以实现的。

马克思在《资本论》的一个手稿:"直接生产过程的结果"中,提出了"本来意义上的资本主义生产方式"①概念。认为资本主义发展可分为两个阶段,第一阶段上它以工场手工业技术为基础,从生产资料所有制角度看,它的确是资本主义生产方式,资本家阶级通过劳动力商品买卖实现对劳动者的支配。但这还不是本来意义上的资本主义生产方式,因为这个生产方式仍然依靠工人的手工技能,技术工人仍然对生产过程有影响力。只有当资本主义生产方式最终实现大机器生产,整个生产过程完全依靠机器系统的科技性能,工人成为机器系统的附庸,其生产技能不再具有影响力,本来意义上的资本主义生产方式才真正形成。资本对劳动的控制才从单纯所有制形式上的控制上升为以技术属性为根据的实质上的控制,劳动对资本的从属深入生产方式骨髓里。这种本来意义上的资本主义生产方式,是一种完全依靠机器系统发展生产力的制度,为了强化对工人的控制,资本支配的生产技术进路总是向机器系统倾斜,倾向于用低技能工人操作的生产流水线,造成劳动者"去技能化"的一般趋势。这个生产方式阻碍人的能力全面发展。这是本来意义上的资本主义,因为它的技术特点和它的生产关系完全一致。

中国当前工业生产技术总体上还处于资本主义大机器工业的同等水平上,我们的技术总体上还是从发达资本主义国家引进或者在此基础上更新改造的,它仍然是一个以机器系统为中心的劳动依附于机器的技术。因此,虽然在公有制经济中,生产关系已经实现了劳动者(整体)对机器的占有和支配,但生产技术仍然具有劳动依附于机器系统的特征。从这个意义上说,我们今天的生产方式还不是"本来意义上的社会主义生产方式"。一方面以公有制为主体,公有制经济的生产资料归劳动者自己的国家所有,公有资本形式上隶属平等劳动。但是,另一方面,当今世界的先进技术是在资本主义生

---

① 《马克思恩格斯全集》第 49 卷,人民出版社 1982 年版,第 87 页。

产方式中形成和发展起来的,这些引进技术总体上偏向于资本,即它总体上是一种"去技能化"的大机器生产系统,偏向于使用低技能的操作工人,劳动者总体素质的提高与这个机器系统的效率没有必然联系。这原本是为了便于资本对劳动的控制,但是生产力落后的社会主义国家引进此类技术,以加快自身技术进步,缩短追赶路程。由于生产技术没有反映资本从属于劳动的社会主义特征,这样的生产方式还不是"完全意义上的社会主义生产方式",它只能是社会主义初级阶段的生产方式。

与社会主义生产关系相匹配的技术应该是怎样的呢?我们把它称作中性技术,但这里所说的中性技术既不是哈罗德中性,也不是希克斯中性,不要求生产的物质要素和人的要素等比例进步、资本有机构成保持不变。现实情况可能是资本有机构成还会提高,但在机器科技含量提高的同时,对工人的技术要求也会提高,两种生产要素的科技含量即要素质量协同演进,也就是说,在机器系统质量提升的同时,操作机器系统的工人的技能,他的劳动复杂程度也要相应地提高。至少是我们对技术的社会选择不存在资本主义技术进步中的那种制约,不会像资本主义企业那样,对有利于工人控制生产过程的技术动用一票否决权。这样,我们的技术进步路径就更宽,更加有可能实现理想中的技术进步最佳路径。

新一轮科技革命正在向我们展示这样一种可能性,智能化、自动化技术对工人科技素养的要求越来越高,这应该是基本事实。我们看到了前面的曙光,虽然我们现在感觉到这个变革过程会有许多问题,比如低技能工人被淘汰等,但这恰好从反面透露了未来的趋势。就业矛盾和财富分配问题正是过渡时期的阵痛。从长远看,新一轮技术革命所要求的机器和工人之间的关系可能就是二者的协同演进,否则,被机器控制、被机器奴役的就不仅是工人,而且是整个人类。说将来的智能化机器系统不需要技术工人,全体文盲也能上岗,这不可能。他一定是受过严格科技训练的高技能工人。他们的主要工作是在直接生产过程之外,作为它的监督者和调控者发挥作用。这就是我们看到的发展趋势。在这个过程中,企业会越来越愿意为高技术素养的员工支付高工资,因为工人的人力资本投资越多、科技能力越强,对企业生产效率的提升作用越大,成为企业的核心竞争力。这就是我们所谓中性技术进步的结果。

什么是社会主义积累的一般规律？积累促进经济增长，导致人民群众消费增长，劳动者利益与权利逐步提升，能力发展机会平等，创新潜能充分发挥，反过来推动更多创新，更快发展；这种创新发展和共享发展统一，生产力提高与人的能力发展相互促进，就是社会主义积累的一般规律。经济增长保证劳动者收入提高、生活改善。劳动者生活水平的提高不仅是生产过程的结果，家庭消费作为劳动力再生产的主要方式还是整个生产过程的起点，对社会劳动大军总体质量的全面提升具有决定性的作用。城乡居民消费结构、恩格尔系数随着收入水平的提高而改善是最能说明问题的指标；中国人传统的消费文化进一步强化了这一效应，教育费用在消费结构中比例提高与收入水平提高正相关，而国家在公共教育与医疗卫生方面的巨大投资，使这一效应进一步强化。中国人今天的平均受教育年限不算很高，但是它的提高速度很快。随着工业化的持续发展，这一指标的进一步提高是可以预期的。更重要的是，在共享的平等劳动下，劳动者工作与闲暇的关系也将得到相应调整，不仅工人工作日会缩短，而且额外加班现象也应当逐步减少。精神生活与物质生活持续地交替向上，劳动者素质的全面提升不可避免。社会经济的发展必须从数量为主的阶段转换到质量为主的阶段。另一方面，工业化进程中生产的人的要素与物的要素的互动发展有其自身规律。在社会主义市场经济下，劳动者经济的持续发育要求技术进步路径逐步向劳动倾斜，至少是保持两大生产要素在技术进步中的大体平衡。社会整体而言，平衡是最佳的技术进步路线，也与社会主义经济制度的本质更加统一。可以预期，在创新发展与共享发展的结合中，社会生产力提高与劳动者素质提高的要求会更加趋于一致，劳动者个人能力的发展将成社会生产力进步的最重要的推动力。随着企业劳资关系的不断改善，公私混合经济中的劳动者工作环境也将逐步改善，公有经济的示范作用会日益突出，劳动者在工作过程中的主体意识会逐步加强，企业劳动民主会不断发展，在一个劳资和谐的环境下，这一切都有利于工作效率的提高，有利于社会生产力的持续发展。

经济增长与人的发展结合起来，统一起来，这就是社会主义！如果有越来越多的企业做到这一点，那我们就形成了本来意义上的社会主义生产方式，人们对社会主义经济制度优越性的认识会更上一层楼。这是一个长期目标，不是短期内可以实现的。但是从中国经济 70 年的实践，我们已经看到这个目标是有可能实现的，从经济学理论层面，从生产的物质基础和制度保障层面、从劳动者社会经济增长的动态路径，我们看到希望。因此，愿意为了达成这一目标一代人接着一代人地持续努力。

（本文作者：荣兆梓　李艳芳）

产业结构
与
产业竞争力

FAXIAN ZHONGGUO ZHIHUI

中国产业结构变迁与经济增长*

本文导读

　　中国经济增长并非仅仅是数量扩张,也是结构优化和质量提高,这是理解中国奇迹的重要角度。经济总量扩大并不意味着经济的强大,这需要具有竞争优势的产业发展,具有高级化的产业结构,如何在经济规模扩大过程中实现产业结构转型升级对于国家或区域的发展至关重要。随着中国经济进入新常态,人口红利、资源禀赋逐渐弱化为中国经济发展带来新的挑战,来自于全球消费、投资与贸易的同步放缓,产业结构变迁过程中的不合理也加剧了经济增长的阵痛,如何摆脱经济增长过程中的产业结构不合理,实现产业结构升级对于缓解就业、解决资源约束问题以及提升区域竞争力具有重要意义。那么改革开放40年来,中国产业结构变迁有无规律可循?

　　《资本论》中产业结构理论是马克思主义经济理论的重要组成部分,为研究中国产业结构变迁奠定了方法论基础。在政治经济学中产业结构升级动力主要体现在比较劳动生产率的差异,在产业结构变迁过程中,生产要素将逐步从低生产率部门向高生产率部门流动,并由此提高全社会生产率,生产率红利将成为经济增长的推动力,此即产业结构转变促进经济增长的主要原因。政治经济学主要在于研究生产力与生产关系发展变化,其任务是揭示社会经济发展和运行中生产力与生产关系矛盾运动的规律性,并根据对规律性的认识,提出改革生产关系和上层建筑的方向,为促进社会生产力的发展提供理论支持,那么在马克思主义政治经济学中,如何阐述产业结构变迁,产业结构变迁对于中国经济增长的发展历程有何指导作用? 同时,将回答如下问题:改革开放40年来中国产业结构变迁有什么特点? 怎样从政治经济学角度解释产业结构变迁以及产业结构不同发展阶段对劳动生产率的合理选择。

---

*　本文主要内容载于《经济学家》,2019 年第 8 期。题为:"产业结构变迁与中国经济增长:基于马克思主义政治经济学视角的分析"。

一、产业结构变迁:马克思主义政治经济学的理论分析

政治经济学对产业结构调整的研究是通过对社会再生产的研究展开的,同时社会再生产过程就是促进经济增长的过程,产业结构是马克思所揭示的社会再生产两大部类相互关系的具体表现形式,它既反映了社会在生产过程中物与物的关系,也反映了不同经济部门之间的经济利益关系,核心要求是需要保持各产业间的合理比例关系,实现资源合理配置,主要涉及两大部类理论、社会必要劳动时间决定论及平均利润率。在新常态背景下研究马克思主义政治经济学的产业结构理论,对于促进中国产业结构优化升级以及实现经济高质量发展具有重要意义。

(一)社会扩大再生产是产业结构调整标志

马克思把社会生产部门概括为生产资料生产部门和消费资料生产部门。这两大部门主要从使用价值形态上形成社会物质产品生产结构,同时在商品生产与商品交换的条件下,通过交换的价值形态形成相互联系的经济关系。为了实现社会简单再生产,社会生产的两部类全部通过交换而得到实现,同时在两大部类的交换中,仅在价值量上的相等是不够的,还需要在使用价值上达到一致,也就是在生产资料市场与消费资料市场上同时达到供求平衡加之两个市场间也达到平衡,才可以实现社会简单再生产。在扩大再生产过程中两大部类提供的产品,除满足两大部类对原有生产资料的补偿外,还须满足两大部类对扩大再生产追加生产资料的需要,以及用于社会消费部分的需要,只有两大部类保持平衡,扩大再生产才能实现。可以看出在马克思的再生产理论中,无论对于简单再生产,还是社会扩大再生产,只有保持两大部类的适当比例,才能实现社会再生产,而且马克思认为国民经济各部门的比例关系首先是农业与工业的比例关系,正确处理好农业与工业的比例关系,不仅有利于工业和农业这两个部门的扩大再生产,而且有利于国民经济其他部门的发展,同时农业与工业经济部门必须保持合理的比例,强调全面发展的观念,这是保证国民经济全面增长的关键,各种产需平衡工作做得越细,调节越合理,再生产也就越顺利,而且马克思也强调了工农业和交通运输业、商业等其他部门的合理的比例关系,因此社会两大部类生产适当的比例关系,才是产业结构合理的体现,各个部门经济一定要按照比例协调发展。

(二)资本有机构成的提高引起产业结构升级

在《资本论》第一卷中,通过对资本积累一般规律的分析,认为由资本技术构成决定并且反映技术构成变化的资本价值构成,叫作资本有机构成,资本的有机构成主要反映一个企业或一个社会生产技术水平决定的生产资料和劳动力量的比例即不变资本与可变资本的关系,体现了一定时期内社会生产的技术水平。马克思认为资本技术构成决定资本有机构成,资本家为了追逐利润会努力提高劳动生产率,而劳动生产率的提高就意味着资本技术构成的提高,促进资本有机构成逐步提高。随着资本有机构成的提高,"机器在应用它的部门必然排挤工人,但是它能引起其他劳动部门就业的增加。""大工业领域内生产力的极度提高,随之而来的所有其他部门对劳动力的剥削在内涵与外延方面使工人阶级开始从事非生产性劳动",则资本有机构成的提高能够促使第三产业就业比重增高,导致劳动力逐步由第一、第二产业向第三产业转移,第三产业在国民经济中的占比将会逐渐提高,产业结构所包含的技术水平将会越来越高。因此,资本有机构成的提高会使可变资本部分所占的比重逐渐降低,产生相对过剩的人口,加快产业间的劳动力转移,影响产业结构的调整。

(三)平均利润率理论调整产业结构升级过程

马克思通过对平均利润率形成过程的分析表明,各产业利润率平均化的过程,实质上是不同产业部门在不同利润率驱使条件下产业结构调整的过程。马克思认为,各个生产部门的特点与技术水平的不同,资本有机构成和资本周转速度客观上存在很大的不同,在其他条件一致的情况下,由于各个部门等量资本获得的利润率不同,会引起部门之间对投资领域的竞争,这是由于等量资本要求获得等量利润决定的,这样"不同生产部门由于投入其中的资本量的有机构成不同,会产生不同的利润率,资本会从利润低的部门向利润高的部门流动。"利润的不断流入与流出,最终使得不同的产业部门都有相同的平均利润,价值转化为生产价格,那么平均利润率的调整过程就是产业结构调整的过程。即资本在产业各部门间的流通,使得等量资本获得等量利润。如果产业结构不合理就会表现出资本不能获得平均利润。促进资本自由流动对于利润的平均化,产业结构的合理化起到重要作用。

通过以上分析可知,马克思主义政治经济学主要基于资本主义社会的研究,在社会主义市场经济条件下,产业结构的发展变化是社会扩大再生产的核心问题,产业结构主要基于要素在不同部门、企业以及地区间配置的比例关系,主要涉及工业与农业、轻重工业间、上下游产业以及生产与流通企业等,在经济增长过程中产业结构可以调整产品市场的供求关系,决定国家与地区的经济效率,关系到国家与企业的竞争力,决定和影响贸易条件、进出口结构与效益,从而反映经济增长的新趋势,有利于政府依据产业结构调整与改善宏观调控与管理。但是在第三产业发展方面,由于在前期资本主义社会发展过程中,服务业所占比例较小,马克思并没有考察第三产业在国民经济结构中的重要作用,而马克思政治经济学中关于两大部类、劳动生产率以及社会平均利润等三个方面对第一、二产业发展以及内部结构的合理调整,为研究中国产业结构变迁的理论研究奠定了基础。

二、中国的典型事实

改革开放40年来,中国产业结构发生多次变化,研究中国三次产业间的变迁情况对于探究中国经济增长过程中的动力问题具有重要意义。本文将从三个方面分析中国的产业结构变迁情况。第一个方面,主要对中国三次产业占比情况进行比较,确定各产业不同的发展阶段;第二个方面,主要从劳动生产率视角去考察产业结构变迁;第三个方面,主要借鉴刘伟等(2008)的方法计算产业结构变迁程度。一般而言,随着经济发展水平以及技术水平的不断提高,三次产业占比以及劳动生产率都会发生重要变化,而三次产业占比以及劳动生产率的变化是反映三次产业结构变迁的重要推动机制,对于研究产业结构变迁具有重要意义。

(一)三次产业结构变化

改革开放40年来,中国三次产业结构变化趋势明显,第一产业占比逐年下降,第二产业成为国民经济发展的重要支撑力量,而且随着经济发展水平

的提高,服务业对于经济发展的作用也日益增强。本文将三次产业占比变化作为划分产业结构变迁的标准,结果如下:

1.第一次转折点:从产业占比来看,1985 年时第三产业占比为 28.7%,第一产业占比为 28.4%,第三产业占比超过第一产业,从 1978 年到 1985 年之间来看,第一产业占比逐年下降,而第三产业呈现逐年上升的趋势,1978—1985 年服务业占比上升 4.8 个百分点,到 1985 年时服务业占比超过第一产业。

2.第二次转折点:2001 年时服务业占比为 40.5%,工业占比为 39.7%,服务业占比超过工业,在这期间服务业占比除 1992—1996 年有小幅下降外,整体呈现上升趋势,在这一期间工业除在 1992—1997 年呈现上升趋势外,整体呈现下降趋势,服务业在 2001 年第一次超过工业。

3.第三次转折点:第三产业占比超过第二产业,2012 年服务业占比达到 45.3%,同期第二产业占比也达到 45.3%,第三产业占比首次超过第二产业。第三产业在国民经济中的作用日益明显,成为国民经济发展的重要引擎,对国民经济增长的贡献率进一步提高,主动力作用更加显现,同时在 2016 年时第三产业占比超过 50%。

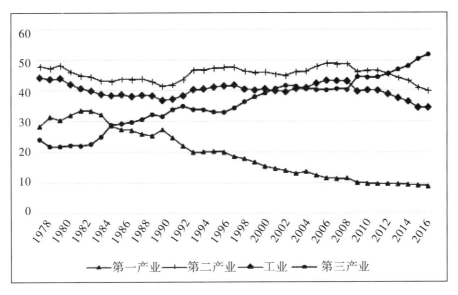

图 1　中国三次产业占比变化情况

(二)三次产业劳动生产率变化趋势

作为衡量一国经济发展效率和潜在增长动力的核心指标,劳动生产率的提升已经成为中国转变经济增长方式,跨越"中等收入陷阱",释放经济增长潜力的关键。对于中国三次产业劳动生产率变化趋势的分析有利于找出中国三次产业的劳动生产率变化方向。从计算公式来看,劳动生产率表示单位劳动人员所创造的增加值,可见劳动生产率是一个有量纲的数值,为了降低通货膨胀对于劳动生产率的影响,且使结果易于比较,借鉴刘伟(2008)的计算方法,以2005年人民币为基准,对改革开放40年来中国三次产业劳动生产率进行测算。劳动生产率标准化处理的公式为:

$$LP_{it}^N = \frac{LP_{it} - LP_{ib}}{LP_{if} - LP_{ib}}$$

式中,LP_{it}^N是进行标准化后的产业 i 的劳动生产率,LP_{if} 表示是选取的某工业化结束时的劳动生产率,LP_{ib} 表示工业化开始时的劳动生产率,LP_{it} 表示直接计算的劳动生产率。通过对1978—2016年三次产业劳动生产率变迁趋势的分析可以将中国三次产业的劳动生产率变化划分为如下阶段:

1.1978—1984年:从测算的劳动生产率来看,这一阶段,第一产业劳动生产率大幅提高。主要原因在于,改革开放以来,随着家庭联产承包责任制的不断推行使得农业生产力得到大幅提高。1982年《全国农村工作会议纪要》指出:只要是适合个人分散的劳动就可以采用承包到组、到户甚至到各个劳动力,农业生产规模的大小,并不体现在生产的进步与落后,实现了生产与当期生产阶段相适应,打破了传统的土地集体所有制,这一阶段的农业生产表现为"宜统则统,宜分则分",通过承包责任制,实现了统与分的协调发展,解放了农村生产力实现了第一产业的快速发展,直到1983年初,家庭联产承包责任制在全国大规模实施,为农村的快速发展奠定了基础,这也为中国城市后期的发展奠定了基础,而且在这一过程中中国也摒弃了"重工业有限发展"的理念实现了重工业向轻工业转型,轻工业与加工制造业协调发展的良好局面,同时第一产业劳动生产率的提高,也产生了大量的剩余劳动力,第三产业作为吸纳劳动力就业的蓄水池,使过剩劳动力开始向城市中对餐饮业、批发零售业等传统服务业转移,奠定了服务业发展的基础。

2.1985—2001年：随着中国"八五"计划的实施以及农村改革的成功，中国改革的方向开始转向城市，同时从1985年以后，改革开放的成效开始逐渐显现，珠江地区开始大力发展轻工业，渤海地区开始发展重工业，工业自身创新水平以及引进外资的不断增加，促使了第二产业劳动生产率的提高，加速了第二产业的发展，相比于第二产业的劳动生产率，中国第三产业的劳动生产率在1985年开始转为正值，但相比于第二产业的劳动生产率，第一、三产业劳动生产率上升幅度较小。

3.2002—2012年：随着中国改革开放力度的不断加大，中国经济进入快车道，国有企业的改革，私营企业的不断发展，尤其是加入世贸组织以后，使中国外资引入规模不断扩大，外资引入规模的扩大，不但使中国资金规模得到大幅提高，同时在引进资金的过程中也带来了国外先进技术以及管理经验的提升，在这个过程中三次产业的劳动生产率都得到了大幅提升，其中第一产业年均提高1.12个百分点，第二产业年均提高2.86个百分点，第三产业年均提高7.62个百分点。

4.2013—2016年：第三产业劳动生产率与第一、二产业劳动生产率差距逐渐拉大，主要在于现代技术尤其是互联网技术的不断发展，改变着服务业的基本性质，加快了资源的重组与组合，服务业的规模经济、范围经济以及长尾效应都使服务业的生产效率开始超过第二产业的劳动生产率（江小涓，2017），同时随着服务业中传统服务业向高技术服务业的转变，也促使服务业劳动生产率的提高，这也加大了第三产业劳动生产率与其他两个产业劳动生产率的提高。随着时间的推移，三次产业劳动生产率之间差距不断扩大，一方面意味着劳动力从传统部门向现代部门转移的激励加大，加速了劳动力部门间流动；另一方面，劳动生产率的提高也成为劳动力产业转移的重要推动力量，加快了产业结构变迁速度。

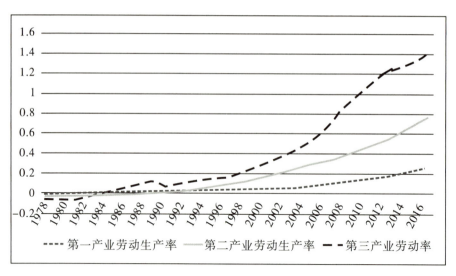

图2　中国三次产业劳动生产率变化情况

（三）产业结构变迁情况

产业结构变迁主要指原有要素和资源从劳动生产率较低的产业部门向劳动生产率较高的产业部门转移,新增的要素和资源也被配置到劳动生产率较高的产业部门,导致劳动生产率较高的产业部门份额不断上升,使得不同产业部门的劳动生产率共同提高。那么产业结构变迁本质上必须同时对劳动生产率以及产业份额进行衡量。因此,产业结构变迁需要包括两个方面:一方面比例关系的改变;另一方面必须强调生产率与技术复杂度的提高。只有一个国家或地区的劳动生产率较高的产业所占份额较大,才能表明这个国家或地区的产业结构变迁程度较高,因为劳动生产率的提高将会缩短社会必要劳动时间,加快资源优化配置。那么相对于产业结构变迁而言,不仅是比例关系的演进,也包括劳动生产率的提高,其中比例关系是对产业结构高度化水平的度量,而劳动生产率则是从质的方面凸显产业结构高度化的本质,那么产业结构高度化更深层地表现在劳动生产率的提高。因此,一个经济体的产业高度化水平越高,那么这个经济体中劳动生产率较高的产业所占的份额就较大。劳动生产率对产业结构变迁有何影响,通过构建产业结构变迁指标来分析产业结构变迁的本质在于要素从生产率低的产业、部门、领域、地区向较高的地方转移。本文借鉴刘伟(2008)从劳动生产率考察产业结构变迁

程度。公式为:

$$H = \Sigma V_{it} \times LP_{it}$$

其中,i 代表一个开放的经济体,可以取值为 1,2,3,分别代表第一、二、三产业,也可以为更加细分的产业,V_{it} 为 t 时间产业 i 的产值在 GDP 中的比重,LP_{it} 是 i 产业的劳动生产率,是 i 产业增加值与 i 产业就业人数的比值,表示单位产业就业人数所创造的增加值。如果一个经济体中的劳动生产率高的产业所占的份额越大,那么产业结构变迁程度就越高。

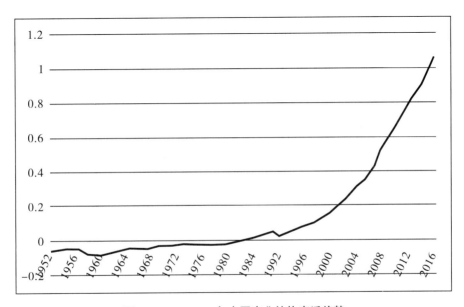

图 3　1952—2016 年中国产业结构变迁趋势

上述产业结构变迁程度测算验证了效率意义上的产业结构变化与经济发展阶段。从产业视角来审视中国改革开放以来产业发展历程具有重要意义,按照产业结构变迁的变化趋势同样将 1978—2016 年划分为四个阶段,与以产业占比情况划分产业结构高度一致。

(1)1978—1984 年,产业结构变迁程度均为负值,在这期间,中国的产业结构变迁程度一直负值徘徊,中国产业结构变迁提升速度不显著,基本上处在停滞、徘徊状态,尽管在这个阶段中第二产业的劳动生产率一直显著提升,但是第二、三产业劳动生产率均为负值,那么这一阶段产业结构变迁程度为负值。

（2）1985—2001 年,产业结构变迁变化趋势缓慢,主要表现为第一产业劳动生产率在经历小幅下降后,呈现加速上升趋势,第二、三产业生产率上升速度较慢,但是由于第一产业占比不断下降,第二、三产业虽然占比相对于第一产业有所提升,但是由于劳动生产率虽然较低,则这期间,劳动生产率上升速度较慢,除在 1990—1992 年期间,第三产业劳动生产率由 0.122 下降到 0.061,下降幅度达到 50%,则变化趋势在 1990—1992 年出现了波动,同时在这期间产业结构变迁程度呈现缓慢推进过程,表明这一阶段中国产业政策发展已初见成效。

（3）2002—2012 年,产业结构变迁进入一个新的发展阶段,表现出产业结构变迁程度大幅上升的趋势;年平均上升 0.050,分析其变化趋势,主要为第三产业劳动生产率有大幅提升,年平均增加 0.076,同时第二产业劳动生产率也由 2002 年的 0.225 上升到 0.540,年平均增长 0.024,第二、三产业劳动生产率的提升加快了产业变迁进程,中国产业结构正不断升级,向劳动生产率水平更高的行业集中。

（4）2013—2016 年,产业结构变迁程度接近于 1,产业结构发展质量进一步提升,并在 2016 年时产业结构变迁程度大于 1,产业结构发展进入新阶段。从发达国家的经验来看,产业结构高度的演进与经济发展水平的提升呈现明显的相关性,发达国家的产业结构变迁程度已经显著大于 1,而中国这一阶段的发展也表明中国向发达国家行列迈进,中国产业朝高质量发展阶段迈进,中国的产业结构越来越倚重于高生产率和高技术复杂度的行业。

可以看出,产业结构变迁是在产业占比数量与结构方面从低级向高级逐步递进的,各阶段发展过程可以缩短,但不可以逾越。只有在第一产业劳动生产率得到充分发展,第二产业的轻工业产业才能因为第一产业劳动力的解放得到应有的发展,第二产业的建立是在第一产业劳动生产率大大提高的基础上,而且重工业的发展是在轻工业劳动生产率提高的基础上,同时只有在第二产业的快速发展的基础上,第三产业发展才具有更加成熟的条件与基础。

三、实证分析

(一) 模型与指标选择

通过以上分析可知,中国三次产业占比、劳动生产率以及产业结构变迁在不同阶段都存在不同变化趋势,那么,在不同产业变迁阶段对经济增长的促进作用如何,各阶段产业结构变迁对经济增长是否存在差异性。同时经济增长不仅体现在经济总量的提高,也体现在经济质量的提高。在产业变迁过程中第三产业占比超过第二产业时以及产业结构变迁度大于 1 时,产业结构变迁对经济增长的作用是否更强。本文分别考察产业结构变迁对经济增长数量与质量的影响,探索中国现阶段产业结构变迁对经济增长质与量的关系。基于以上,本文构建如下模型:

$$1ngdp_{it} = \beta_0 + \beta_1 1nstr + \beta_2 1nX_{it} + \varepsilon_{1,t}$$

其中,经济增长(gdp)不仅包含 GDP 总量的增加,也包含经济增长质量的提升。本文将从经济增长的数量与质量两个角度分别分析产业结构变迁对经济增长的影响,在经济增长数量方面选择 GDP 增长率作为衡量指标,在经济增长质量方面借鉴陈诗一和陈登科(2018)、钞小静和沈坤荣(2014)以人均实际 GDP 加以衡量,所有的数据均按照 2005 年进行平减。产业结构变迁依据上文产业结构变迁程度来衡量,考虑到模型取对数的需要,分别在计算出的产业结构变迁的结果上分别加 1,以 str 衡量产业结构变迁。$X_{i,t}$ 为一组控制变量,结合已有研究,选择对外开放程度(open),固定资产投资水平(inv)、城镇化率(city)、劳动力供给(lab)、政府控制水平(gov)作为影响经济增长的控制变量,$\varepsilon_{i,t}$ 为随机扰动项。主要包括中国 1978—2016 年 27 个省级层面的数据,删除西藏、四川、重庆、海南数据缺失较大的省份,部分缺失数据采用插值法补齐。数据来源于《中国统计年鉴(1985—2017)》、《新中国六十年统计资料汇编》、各省统计年鉴等。

(二)计量结果与分析

本文根据豪斯曼检验选择固定效应进行实证分析,同时控制省份与时间固定效应,从而进一步解决遗漏变量偏误。具体计量结果见表 1 所示。

表1　中国整体产业结构变迁对经济增长的影响

	GDP 增长率	人均实际 GDP
lnstr	0.9495*** (0.000)	0.8559*** (0.000)
lnopen	0.0489** (0.029)	0.0662** (0.016)
lninv	0.1005*** (0.005)	0.2702*** (0.000)
lncity	0.2388** (0.014)	0.2363*** (0.007)
lnlab	0.3735** (0.037)	0.5272*** (0.004)
lngov	−0.2522*** (0.002)	−0.2600**** (0.003)
常数项	是	是
省份效应	是	是
时间效应	是	是
观测值	1053	1053

注：*、**、***分别表示在 10%、5%、1%的显著性水平下显著。圆括号内表示 P 值。

从整体来看,产业结构变迁对经济增长的数量与质量都起到显著的正向促进作用,可见促进产业结构向高级化变迁是促进经济增长的重要途径。但是产业结构变迁对经济增长数量的促进作用高于对经济增长质量的促进作用,其中产业结构变迁平均每提高一个百分点,GDP 增长率增长 0.9495 个百分点,人均实际 GDP 增长 0.8559 个百分点。可见产业结构变迁对经济增长数量的促进作用大于对经济增长质量的促进作用。这也说明了现阶段中国产业结构变迁更多的是促进经济发展数量的提升。从其他控制变量来看,对外开放程度、固定资产投资水平、城镇化率、劳动力供给均显著促进了经济增长,但政府干预水平抑制了经济增长。根据上文的分析,产业结构变迁在不同阶段具有不同特点,这就需要从时间异质性的角度去探讨产业结构变迁对经济增长的不同影响。

当以 GDP 增长率衡量经济增长时,分别按照中国三次产业结构以及产业结构变迁的变化趋势划分为四个阶段,分析产业结构变迁对经济增长的影响,结果如表 2 所示。

表 2　产业结构变迁对经济增长数量的影响

解释变量	GDP 增长率			
	1978—1984 年	1985—2001 年	2002—2012 年	2013—2016 年
lnstr	2.0273*** (0.001)	1.1004*** (0.000)	0.3698** (0.011)	0.6076*** (0.010)
lnopen	0.0215* (0.056)	0.0694* (0.058)	−0.0682** (0.041)	−0.0131 (0.341)
lninv	−0.0542** (0.049)	0.0854 (0.211)	0.1251*** (0.001)	0.0824*** (0.002)
lncity	0.0858 (0.160)	0.1933*** (0.009)	0.0070 (0.659)	0.3982* (0.070)
lnlab	−0.0034 (0.985)	0.3655* (0.059)	0.3186** (0.022)	0.5483** (0.013)
lngov	−0.1477*** (0.001)	−0.2440** (0.017)	−0.1648** (0.049)	−0.0510 (0.260)
常数项	是	是	是	是
省份效应	是	是	是	是
时间效应	是	是	是	是
观测值	189	459	297	108

注:*、**、***分别表示在 10%、5%、1%的显著性水平下显著。圆括号内表示 P 值。

从表 2 结果可知,从 1978—2012 年产业结构变迁对经济增长的促进作用逐渐减弱,但自 2013 年开始产业结构变迁对经济增长的作用逐渐增强,从产业结构变迁的计算方法加以分析可知,产业结构变迁不仅包括三次产业结构变化还包括劳动生产率的变化。1978—1985 年,产业结构变迁对经济增长的促进作用最强,这主要是因为改革开放以来,第二产业的劳动生产率被大幅释放同时第二产业占比也较高,使得这一阶段产业结构升级对经济增长的促进作用最强,但是随着产业结构的变迁,第三产业在经济增长中的作用逐渐增强的同时,也削弱了第二产业对经济增长的作用,当跨越 2012 年时,产业结构变迁对 GDP 增加率的促进作用开始增强,这说明了当中国第三产业占比超过第二产业时以及产业结构变迁程度大于 1 时,产业结构升级对经济增长的促进作用从逐年下降开始转为上升,可见作为产业结构变迁中的重要主导力量,第三产业发展与劳动生产率提高成为促进经济增长的重要途径,这也与十九大报告中指出的"促进经济结构优化升级"以及"提高全要素生产率"等相关举措不谋而合,进而为中国经济向高质量发展提供了理论支持。

当以人均 GDP 作为衡量经济发展质量的指标时,分析产业结构变迁对经济增长质量的影响见表 3 所示。从表 3 中可以发现,产业结构变迁对经济增长发展质量的促进作用系数的变化趋势与经济发展数量系数的结果高度一致,1978—2012 年产业结构升级对经济增长质量的促进作用逐渐减弱,自2013 年以后,产业结构升级对经济增长的促进作用呈现上升趋势,这也从经济增长质量的方面说明了第三产业发展与劳动生产率的提高对于经济增长具有重要提升作用。进一步地,比较产业结构变迁分别对经济增长质量与数量的作用时,可以发现产业结构变迁对经济增长数量提升的作用大于对经济质量提升的促进作用。可以看出,目前中国产业结构升级对于经济增长的作用更多体现在数量方面,但是通过计算两者系数差距大小的变化趋势发现产业结构变迁对经济增长数量与质量的促进作用的变化趋势在 1978—2012 年是呈现逐渐扩大的趋势(分别为4.67%、5.72%、21.91%),但是从 2013 年开始这种趋势从 21.91%下降到15.81%。那么,随着中国经济不断由高速增长阶段向高质量发展阶段转变,以及处于转变发展方式、优化经济结构、转换增长动力的攻关时期,为了进一步实现产业结构变迁对经济发展质量的促进作用,需要不断注重第三产业发展与劳动生产率的提高。

表 3 产业结构变迁对经济增长质量的影响

解释变量	人均实际 GDP			
	1978—1984 年	1985—2001 年	2002—2012 年	2013—2016 年
lnstr	1.9327*** (0.002)	1.0375*** (0.000)	0.2886*** (0.000)	0.5114** (0.012)
lnopen	0.0227** (0.048)	0.0732* (0.087)	−0.0598*** (0.002)	−0.0125 (0.306)

（续表）

解释变量	人均实际 GDP			
	1978—1984 年	1985—2001 年	2002—2012 年	2013—2016 年
lninv	−0.0447 （0.106）	0.0995 （0.147）	0.2687*** （0.000）	0.0641*** （0.008）
lncity	0.0965 （0.155）	0.2024*** （0.001）	−0.0272 （0.190）	0.3890** （0.040）
lnlab	0.0690 （0.703）	0.4262** （0.042）	0.3117*** （0.000）	0.5035** （0.012）
lngov	−0.1543*** （0.002）	−0.2410** （0.017）	−0.1377** （0.016）	−0.0647* （0.096）
常数项	是	是	是	是
省份效应	是	是	是	是
时间效应	是	是	是	是
观测值	189	459	297	108

注：*、**、***、分别表示在 10%、5%、1% 的显著性水平下显著。圆括号内表示 P 值。

综合以上分析可知，产业结构变迁无论对于经济增长数量与质量都有显著的提升作用，但是产业结构变迁对经济增长数量的提升作用大于对经济增长质量的作用。从变化趋势来看，产业结构变迁对经济增长的数量与质量在1978 年到 2012 年都呈现逐渐下降的趋势，但是从 2013 年开始，产业结构变迁对经济增长数量与质量的促进作用开始呈现上升趋势，在分析产业结构变迁对经济增长质量与数量的变化趋势时，可以发现产业结构变迁对经济增长数量的差距与对经济增长质量的作用从 2013 年开始逐渐减小，可见，随着第三产业占比逐渐超过第二产业作为国民经济发展的重要支撑力量，对于促进产业结构变迁，进而实现经济高质量发展具有重要意义。但是就目前而言，产业结构变迁对经济增长数量的提升作用大于对经济增长质量的促进作用，那么当第三产业占比超过第二产业时，产业结构变迁对经济发展质量的提升作用是否会高于对经济发展数量的促进作用。由于中国区域经济发展存在差异性，有相当部分区域的第三产业占比已经超过了第二产业，这就为我们进一步研究产业结构变迁对经济高质量发展提供了契机。

(三)稳健性分析

为了进一步验证产业结构变迁对经济增长发展质量的影响,本文进一步从城市层面选择 2013 年第三产业占比超过第二产业占比的城市分析产业结构升级与经济增长数量与质量的关系。本文选取 2013 年中国 284 个城市中第三产业占比超过第二产业的 23 个城市①,分析考察产业结构变迁对经济增长的影响,从而验证上文提出的经济增长从数量转向质量的过程中,产业结构变迁的促进作用更强,那么第三产业发展与劳动生产率的提高将必不可少。

表 4　城市层面产业结构变迁对经济增长的影响

解释变量	被解释变量	
	GDP 增长率	人均实际 GDP
lnstr	0.5809*** (0.000)	0.6897*** (0.000)
lnopen	−0.0338* (0.090)	−0.0231 (0.286)
lninv	−0.1105* (0.060)	−0.1235* (−0.054)
lncity	1.1463** (0.006)	0.9085** (0.041)
lnlab	0.5676*** (0.000)	0.9755*** (0.000)
lngov	0.2408*** (0.000)	0.1473** (0.022)

① 2013 年中国 284 个地级市中共有 45 个地级市第三产业占比超过第二产业,考虑到计算劳动生产率这一指标的城市三次产业就业人数的可得性,本文选取 45 个城市中的 23 个城市,2013—2016 年的数据进行实证分析。这 23 个城市为北京市、太原市、呼和浩特市、上海市、南京市、杭州市、舟山市、济南市、广州市、韶关市、深圳市、湛江市、茂名市、梅州市、清远市、东莞市、海口市、三亚市、成都市、西安市、兰州市、张掖市等。

（续表）

解释变量	被解释变量	
	GDP 增长率	人均实际 GDP
_cons	0.6127*** （0.004）	11.5964*** （0.000）
时间	是	是
城市	否	否
样本量	92	92

注：*、**、***、分别表示在 10%、5%、1%的显著性水平下显著。圆括号内表示 P 值。

从城市层面的数据来看，当第三产业超过第二产业时，产业结构变迁每提高一个百分点，经济发展质量提高 0.6897 个百分点，但 GDP 增长率上升 0.5809 个百分点，产业结构变迁对经济增长质量的促进作用大于对经济增长数量的促进作用 0.0988 个百分点，这就说明在第三产业占比超过第二产业的阶段，产业结构变迁对经济增长质量的促进作用就会更加明显。为了实现经济的高质量发展就需要注重产业结构向高级化变迁，而产业结构变迁的内生动力在于第三产业发展以及劳动生产率的提高。

四、进一步拓展分析

前面实证分析结果表明第三产业占比作为划分标准更能反映中国产业结构变迁的实际情况，实现经济高质量发展必须依赖于第三产业发展以及劳动生产率的提高，对此，本文尝试从以下方面加以分析与解释：

（一）工业化水平划分产业结构变迁的局限性

发达国家的工业化进程经历了相当长的一段时间，在这期间发达国家对于工业化进程处于不断探索的阶段，而后发国家通过学习模仿先进国家的制度、技术和生产方式，取得经济高速发展，尤其像中国这样的后发国家在经济增长的同时在产业结构的运行速度上也具有明显的"压缩性"演进特征；同时对于具有独特内在演进逻辑、历史发展背景以及要素禀赋的后发国家，在一个时点上，不同地区可能会分别处于工业化前期、工业化中期、工业化后期和后工业化阶段,在工业化史上实属罕见;另一方面,由于技术水平的差异,后发国家往往存在并不能延伸并覆盖本国全部迂回生产的链条,出现工业化进程逆转(乔晓楠,何自力;2016)。因此,如果以工业化水平来看待产业结构变迁可能对于后发国家而言具有一定的局限性。

(二)信息技术发展促进服务业生产效率的提高

制造业服务化的过程是技术含量增加与资源重新优化整合的过程。从产业结构变迁程度来看,第三产业劳动生产率开始主导产业结构变迁发展趋势,这主要是因为随着互联网以及信息技术的发展,实现了经济社会层面的高度联通,交易成本与资源配置成本的降低,加快了资源重组与聚合,改变服务业生产与消费中必须"面对面""同时同地""不可储存"以及"不可远距离贸易"的特点,通过规模经济、范围经济以及服务业发展的长尾效应实现服务业劳动生产率提升,并逐步超越了现代制造业的劳动生产率,而且随着科技水平的提高,高技术服务业在服务业中占比逐渐提升,也促进了服务业劳动生产率的提高,传统研究方法对服务业的生产率增长效应存在较为严重的低估现象。可见未来服务业将成为工业生产的基础,以服务业占比作为产业结构变迁的标准,对于促进产业由低劳动生产率向高劳动生产率转移具有重要意义。

(三)制造业服务化促进产业结构转型升级

制造业服务化进程的加快,使未来一段时期与服务业不相关的制造业企业将会越来越少,制造业服务化将会成为提高制造业竞争力的重要力量,而且制造业服务化将加速中国二元经济结构转型,同时在产业变迁过程中,通过生产性服务业与制造业融合,将优化资源配置,劳动力一定程度转移到非农产业,扩大就业,实现新的经济增长(杨仁发,2013)。因此,如果以服务业占比来衡量产业结构变迁能够更加突出服务业发展对于产业结构变迁的重要性,而且服务业的发展也是产业结构转型升级以及经济高质量发展的重要原因。

五、结论与政策建议

本文运用马克思主义政治经济学的方法论与原理、理论分析产业结构调整与变迁的过程,并通过对改革开放40年来产业结构变迁与中国经济增长深入研究,得出以下结论:(1)第三产业占比作为划分标准更能反映中国产业结构变迁的实际情况,这与传统理论中以第二产业占比进行划分存在不同。(2)产业结构变迁能促进中国经济数量型增长与质量型的提升,从产业结构变迁对经济增长数量与质量系数的变化趋势来看,从2013年开始产业结构变迁对经济质量型增长与对数量型增长的促进作用之间的差距逐渐减小,对质量型增长作用逐渐增强。(3)进一步拓展分析表明,当第三产业占比超过第二产业时产业结构变迁对经济质量型增长的促进作用高于数量型增长作用。

基于以上结论,为促进经济高质量增长,从产业结构变迁视角的政策启示为:(1)加快自主创新,形成产业结构变迁的创新方式。创新作为实现经济高质量发展以及提升三次产业劳动生产率的内生动力,中国应该加快自主创新,形成产业结构变迁的创新方式,实施基于内需的全球化战略,吸引全球优质资源集聚,推动技术创新和产业创新;尊重市场经济规律,让市场真正成为配置创新资源的决定性力量,让企业真正成为技术创新的主体,同时发挥政府在组织重大产业技术攻关方面的作用。在学习和模仿发达国家先进技术的过程中,重视消化、吸收和再创新,尽快向自主创新阶段转变,完善科技创新促进产业创新的机制,在技术追赶中实现技术超越,努力进入国际产业分工价值链高端,从而实现产业进步和经济高质量发展。(2)促进信息技术水平提高。现代技术尤其是网络技术的发展,有利于改变服务业的基本性质、提升服务业的生产效率。政府要加大对现代网络通信基础设施建设的投入力度,并通过有力的财政转移支付提高中西部服务业发展相对滞后地区对现代技术的可获得性;发展第三方支付等现代支付方式,降低价格信息的非对称性,提高服务产品的贸易机会;通过有效的制度改革,规避传统垄断性服务行业的技术垄断行为。(3)优化第三产业内部结构,提高服务业的劳动生产率。对于产业结构变迁而言,服务业劳动生产率的提高更能指导产业结构变迁的方向,应从第三产业内部结构入手,提高服务业劳动生产率。首先,发展生产性服务行业,提高金融、信息等高端服务业在第三产业中的比重。根据奥顿的理论,尽管中间投入要素的服务业的劳动生产率增速较慢,但可以通过向其他劳动生产率增速较高的产业提供服务来提升整体的劳动生产率。其次,发展现代服务业,提高服务业的"有效供给"。作为劳动密集型产业,服务业劳动生产率的提高受制于服务需求,增加服务业的"有效供给"以适应服务需求,促进劳动力资源得到充分利用,使得服务业内部效率最大化。最后,加强教育和科研投入提高劳动者的人力资本,提高服务业劳动力素质,提升服务业的劳动生产率。

(本文作者:杨仁发　李娜娜)

中国制造业参与全球
价值链的竞争力*

本文导读

　　改革开放以来,中国逐渐融入全球价值链分工体系,制造业规模不断提高,迄今已经成为世界级制造大国。在全球价值链分工体系中,这是否意味着中国制造业创造增加值竞争力的提升,中国制造业参与全球价值链的国际竞争力到底如何?以"商品总值"为统计口径的传统贸易统计存在重复统计,难以真实反映世界各国的竞争格局,贸易增加值方法因此被提出并受到人们的重视。然而,贸易增加值法由于忽略了大国重要的国内市场需求产品,而这些产品与出口贸易产品一样,与全球价值链分工体系密切相关,因此,在分析国家制造业竞争力时会和实际情形相背离。本文运用最终产品增加值方法,提出了一个理解世界各国制造业参与全球价值链竞争力的框架,并利用世界投入产出数据库,评估了中国制造业参与全球价值链增加值创造的竞争力。研究发现,中国制造业最终产品本地增加值比重一定程度下降不等于制造业国际竞争力下降;在中国制造业规模扩张过程中,尽管制造业最终产品本地增加值比重经历了先降后升再降的波浪式变化轨迹,但是它一直远远大于出口贸易本地增加值比重,而且制造业增加值在世界制造业全球价值链中所占份额呈稳步上升趋势。制造业中具有显示性比较优势的细分行业多为劳动密集型低技术行业和中技术行业,从20世纪90年代后期开始,在少数高技术行业逐渐获得显示性比较优势;中国制造业生产性服务化水平较低。大力发展中高技术制造业和不断提高中国制造业生产性服务化水平,是中国提升制造业国际竞争力的主要方向。

---

* 本文原载于《产业经济研究》,2015年第5期。题为"中国制造业参与全球价值链的竞争力——基于世界投入产出表的国际比较研究。"

一、引　言

当前,全球价值链正在快速发展。全球价值链主导世界经济的趋势日益明显。世界上越来越多的国家融入全球价值链中,成为全球价值链分工体系中某些环节的生产经营者,并根据自己的角色获得相应的增加值。改革以来,中国主要以加工贸易方式加入全球价值链分工体系,制造业规模不断提高,迄今已经成为世界级制造大国。在全球价值链分工体系中,这是否意味着中国制造业创造增加值竞争力的提升,中国制造业参与全球价值链的国际竞争力到底如何?目前人们对这一问题的争议较大。搞清这一问题,对中国制定制造业全球价值链发展战略、更好参与全球价值链分工并提升制造业国际竞争力的现实意义明显。

全球价值链的发展给研究世界各国参与全球价值链的竞争力带来了挑战。在以生产环节国际分割为特征的全球价值链分工体系中,同一产品的不同生产环节配置在不同的国家和地区,中间投入品通常会多次跨越国境,以"商品总值"为统计口径的传统贸易统计存在重复统计,因而难以真实反映世界各国的竞争格局。为了解决这一问题,增加值方法被提出并受到人们的重视。本文运用最终产品增加值方法,提出了一个理解世界各国制造业参与全球价值链竞争力的框架,并利用世界投入产出数据库(WIOD),对中国制造业参与全球价值链增加值创造的竞争力进行国际比较研究。

二、文献综述

随着全球价值链的发展,以"商品总值"为统计口径的传统贸易统计存在重复统计,因而难以真实反映世界各国的竞争格局。在这种情况下,贸易增加值方法应运而生。Hummels 等首次测算了一国贸易中的国外增加值情况。随后,Johnson 等、Koopman 等系统研究了增加值贸易方法,并建立了贸易增加值框架以测算全球价值链中的增加值贸易情况。这些研究对贸易增加值的计算是通过增加值率、列昂惕夫逆矩阵以及总出口相乘得到的。Timmer 等认为应采用最终产品而非总出口指标来进行测算。

国内外学者对中国增加值贸易的研究较多,其中一个焦点问题是中国制造业国际竞争力状况。迄今为止,相关研究结论差异较大。一种带有普遍性的观点认为,中国对外贸易高速增长陷入"只赚数字,不赚钱"的发展困境。Tempest 对芭比娃娃的价值链国际分布情况研究发现,在芭比娃娃9.34美元的增加值中,美国公司获得了 8 美元,而由中国劳动力获得的增加值仅 0.35 美元,占比不到 4%。邢予青和 Detert 研究表明 2007—2009 年中国获得的 iPhone 出口增加值占总出口金额之比分别为 2.8%、3.7%、3.6%。谭力文、马海燕、刘林青和卓越、张珉认为,中国纺织服装产业处于全球价值链低增加值环节,发达国家企业牢牢控制价值链的高增加值环节。这种分工格局使中国纺织服装出口陷入"悲惨增长"的境地,在生产和就业不断增长的同时,经济活动的报酬却不断降低。施炳展认为,中国制造业出口产品绝大多数处于低端位置,而且分工地位逐渐恶化。

另一种观点则认为,中国制造业的国际竞争力正在逐渐增强。金京、戴翔认为,中国虽是以初级要素以及利用外资以"低端嵌入"的方式,融入跨国公司主导的全球价值链分工体系,但不存在"低端锁定",中国制造业的国际竞争力正在逐渐增强。唐海燕、张会清认为,中国在参与产品内国际分工的过程中,价值链位置得到较大幅度的提升。Koopman 等认为,1997—2007 年间,中国制造业出口贸易国内增值比重由 50% 增加到 60%。另外,邱斌等发现,2001—2009 年全球生产网络促进了中国制造业分工地位的提升。最近,王岚、罗长远和张军都发现,自 1995 年以来,中国出口贸易国内价值增值比重经历了先降后升的"V"型轨迹。余娟娟也发现,全球价值链分工下中国出口技术结构呈现出不断优化趋势。

另外,学者们发现中国制造业竞争力存在显著的行业差异性。唐海燕、张会清和 Koopman 等认为,制造业优势仍然集中在技术含量较低的纺织服装等传统行业。但邱斌等发现,在技术密集型行业,全球生产网络明显提升了中国制造业分工地位,而在劳动密集型和资本密集型行业,这一提升作用不明显。

这些文献对于深入认识中国制造业国际竞争力具有参考价值,但也存在较大不足。第一,有的是以传统国际贸易统计数据为基础,无法消除"重复计算"可能带来的影响,如施炳展、邱斌等、余娟娟的研究。第二,芭比娃娃和 iphone 等案例研究,难以从全局把握制造业全球价值链中各个参与国的竞争力及其变化。第三,贸易增加值法由于忽略了大国重要的国内市场需求产品,而这些产品与出口贸易产品一样,与全球价值链分工体系密切相关,因此在分析国家制造业竞争力时会和实际情形相背离。本文在 Johnson、Timmer 等模型基础上,提出了一个理解世界各国制造业参与全球价值链竞争力的框架,并对中国制造业参与全球价值链的竞争力进行国际比较研究。

三、研究方法和数据来源

1.研究方法

本文假定世界有 m 个国家,每个国家有 n 个部门。每个国家每个部门生产一个产品,世界总产品种类为 mn。每个国家每个部门产出的生产使用国内生产要素和来自国内外的中间投入品。这些产出可以用来满足国内外的最终需求,也可以用作国内外生产中的中间投入品,见表 1。

表 1 世界投入产出表的基本形式

			中间使用						最终需求			总产出
			国家1			国家m						
			部门1	…	部门n	部门1	…	部门n	国家1	…	国家m	
中间投入	国家1	部门1	X_{11}^{11}	…	X_{1n}^{11}	X_{11}^{1m}	…	X_{1n}^{1m}	Y_1^{11}	…	Y_1^{1m}	X_1^l
		…	…	…	…	…	…	…	…	…	…	…
		部门n	X_{n1}^{11}	…	X_{nn}^{11}	X_{n1}^{1m}	…	X_{nn}^{1m}	Y_n^{11}	…	Y_n^{1m}	X_n^l
	…		…	…	…	…	…	…	…	…	…	…
	国家m	部门1	X_{11}^{m1}	…	X_{1n}^{m1}	X_{11}^{mm}	…	X_{1n}^{mm}	Y_1^{m1}	…	Y_1^{mm}	X_1^m
		…	…	…	…	…	…	…	…	…	…	…
		部门n	X_{n1}^{m1}	…	X_{nn}^{m1}	X_{n1}^{mm}	…	X_{nn}^{mm}	Y_n^{m1}	…	Y_n^{mm}	X_n^m
增加值			V_1^l	…	V_n^l	…	V_1^m	…	V_n^m			
总投入			X_1^l	…	X_n^l	…	X_1^m	…	X_n^m			

在表 1 中,用上标表示国家(或地区),下标表示部门。X_{ij}^{pq} 表示 p 国家 i 部门供给 q 国家 j 部门,Y_i^{pq} 表示 p 国家 i 部门供给 q 国家最终产品的数量。

根据世界投入产出表,我们可以得到第 p 个国家第 i 个部门产品市场出清的恒等式:

$$X_i^P = \sum_{q=1}^{m} Y_i^{pq} + \sum_{q=1}^{m} \sum_{j=1}^{n} X_i^{pq} \qquad (1)$$

X_i^p 为第 p 个国家第 i 个部门的产出,$\sum_{q=1}^{m} Y_i^{pq}$ 为第 p 个国家第 i 个部门对第 q 个国家最终需求的输出,$\sum_{q=1}^{m} \sum_{j=1}^{n} x_{ij}^{pq}$ 为第 p 个国家第 i 个部门对第 q 个国家第 j 个部门的中间投入。

将(1)式整理改成矩阵形式,可以得到以下恒等式:

$$X = AX + Y \qquad (2)$$

$X = AX + Y$ 其中,X 用向量表示为:$X = \{X_1^1, \cdots, X_n^m\}'$。$Y$ 用向量表示为:$Y = \{Y_1^1, \cdots, Y_n^m\}'$,其中 $Y_1^1 = \sum_{q=1}^{m} Y_1^{1q}, \cdots, Y_n^m = \sum_{q=1}^{m} Y_n^{mq}$。$A$ 为相应的直接消耗系数矩阵,其中 $a_{ij}^{pq} = \dfrac{x_{ij}^{pq}}{X_j^q}(p, q = 1, 2, \cdots, m; i, j = 1, 2, \cdots, n)$

由(2)式可得:

$$X = (I - A)^{-1} Y \qquad (3)$$

进一步可以获得直接价值增值系数:

$$V_j^q = \frac{V_j^q}{X_j^q} = 1 - \sum_{q=1}^{m} \sum_{i=1}^{n} a_{ij}^{pq} \qquad (4)$$

(4)式表示剔除中间品对产出的贡献后得到的第 q 个国家第 j 个部门对产出贡献的直接价值增值部分。在此基础上,可以得到各国各部门直接价值增值系数的 mn×mn 对角矩阵 $\hat{V}$。

结合(3)和对角矩阵 $\hat{V}$,可得最终需求形成的全球价值链收入为 $GVCI$:

$$GVCI = \hat{V}(I - A)^{-1} Y$$

令 $B = (I - A)^{-1}$,则

$$GVCI = \begin{bmatrix} v_1^1 B_{11}^{11} Y_1^1 & \cdots & v_1^1 B_{1n}^{11} Y_n^1 & \cdots & v_1^1 B_{11}^{1m} Y_1^m & \cdots & v_1^1 B_{1n}^{1m} Y_n^m \\ \cdots & \cdots & \cdots & \cdots & \cdots & \cdots & \cdots \\ v_n^1 B_{n1}^{11} Y_1^1 & \cdots & v_n^1 B_{nn}^{11} Y_n^1 & \cdots & v_n^1 B_{n1}^{1m} Y_1^m & \cdots & v_n^1 B_{nn}^{1m} Y_n^m \\ \cdots & \cdots & \cdots & \cdots & \cdots & \cdots & \cdots \\ v_1^m B_{11}^{m1} Y_1^1 & \cdots & v_1^m B_{1n}^{m1} Y_n^1 & \cdots & v_1^m B_{11}^{mm} Y_1^m & \cdots & v_1^m B_{1n}^{mm} Y_n^m \\ \cdots & \cdots & \cdots & \cdots & \cdots & \cdots & \cdots \\ v_n^m B_{n1}^{m1} Y_1^1 & \cdots & v_n^m B_{nn}^{m1} Y_n^1 & \cdots & v_n^m B_{n1}^{mm} Y_1^m & \cdots & v_n^m B_{nn}^{mm} Y_n^m \end{bmatrix} \tag{5}$$

根据(5)式,就可以按照国家和产业实现对任一国家任一部门最终需求引起的价值增值的分解。(5)式矩阵各列表示各国各部门最终产品价值增值的国家与部门来源,各行表示各国各部门提供中间产品给本国其他部门或者出口中间产品给其他国家各部门使用,形成最终产品而实现的间接增加值。因此,一国制造业参与全球价值链获得的全球价值链收入包括,该国制造业最终产品全球价值链中的本国增加值部分,该国制造业在世界其他国家最终产品全球价值链中创造的增加值。在此基础上,本文就可以分析中国制造业参与全球价值链增加值创造的竞争力并进行国际比较。

2.数据来源

本文数据来自世界投入产出数据库(WIOD)中的世界投入产出表(WIOTs)。WIOTs 提供的基础数据,重新计算了世界各国贸易额,重新考察国际分工地位和贸易利益分配,这为测量制造业全球价值链增加值,对中国制造业参与全球价值链增加值创造的竞争力进行国际比较提供了可能。WIOTs提供了1995—2011 年间的投入产出数据,涉及的地区包括 27 个欧盟成员国、其他 13 个主要国家(或地区)以及"世界其他地区"在内的 41 个经济体,涵盖 35 个部门,其中包括生产行为产品分类标准下的 16 个生产部门和 19 个服务部门。本文考察其中的 14 个制造业细分行业。

四、中国制造业参与全球价值链竞争力的国际比较

(一)中国制造业最终产品本地增加值比重及其国际比较

1.中国制造业最终产品本地增加值比重的变化

1995—2011年间,中国制造业最终产品本地增加值比重变化明显(见图1)。1995年中国制造业最终产品本地增加值比重为85.1%,1998年上升到87.9%,随后一直呈下降趋势,2005年为75.5%,从2006年开始,这一比例的下降趋势得到扭转,到2009年上升为82%,但是随后又出现了下降,到2011年变为79.4%。这种结果与从出口贸易角度研究本地增加值比重的文献存在明显差异。中国制造业最终产品本地增加值比重远远大于出口贸易本地增加值比重。Koopman等认为,1997—2007年间,中国制造业出口贸易本地增加值比重从50%左右,增加到60%;王岚认为这一比重在2000—2008年间从78.8%下降到66.7%;罗长远和张军认为这一比重2000年、2005年、2008年和2009年分别为79.41%、61.19%、64.33%和64.86%。而且,本文发现,中国制造业最终产品本地增加值比重呈现先降后升再降的波浪式变化轨迹,这与王岚、罗长远和张军等发现的出口贸易本地增加值比重先降后升的"V"型轨迹有差异。

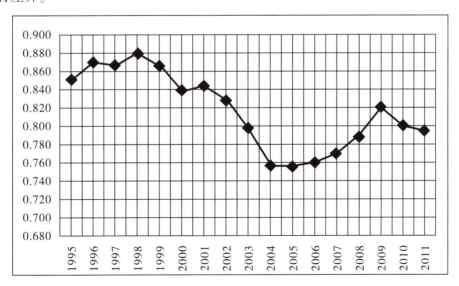

图1 1995—2011年中国制造业最终产品本地增加值比重

2.中国制造业细分行业最终产品本地增加值比重的变化

本文以中国制造业最终产品本地增加值比重最低点的 2005 年为界,把 1995—2011 年分成两个时段。从表 2 可以发现,在前一时段,在制造业最终产品中所有行业的本地增加值比重都有下降,降幅较大的行业中,煤炭、炼油和核燃料下降 15.1%,化学原料及其制品下降 9.2%,橡胶和塑料制品下降 7.3%,其他非金属矿物下降 5.9%,基础金属和合金下降 9.5%,机械下降 10.6%,电子和光学仪器下降 15.5%,运输设备制造下降 8.7%;在后一时段,在制造业最终产品中,除了少数行业(如煤炭、炼油和核燃料,基础金属和合金等)本地增加值比重下降外,大部分行业的本地增加值比重都有上升,有的行业甚至超过了 1995 年的本地增加值比重,如纺织及其制品,皮革、皮革制品和鞋类,其他制造业及回收等。

表 2　中国制造业细分行业最终产品本地增加值比重　(单位:%)

	1995	1997	1999	2001	2003	2005	2007	2009	2011
食品饮料制造及烟草加工业	91.7	92.9	93.5	92.5	90.6	89.1	89.1	90.6	88.9
纺织及其制品	82.4	84.7	84.1	83.0	81.5	81.0	83.5	87.4	85.7
皮革、皮革制品和鞋类	81.3	84.5	84.4	83.0	81.6	81.1	83.5	87.0	85.6
木材及其制品	84.0	88.4	88.2	87.8	85.1	82.6	82.3	86.6	83.5
纸浆、纸制品和印刷出版	85.6	87.3	87.1	86.8	84.1	81.6	80.5	84.2	81.7
煤炭、炼油和核燃料	79.4	80.2	82.8	76.2	70.4	64.3	62.6	67.5	56.9
化学原料及其制品	84.7	85.1	85.1	83.4	79.3	75.6	75.8	80.4	76.1
橡胶和塑料制品	82.1	82.9	83.3	82.7	78.8	74.7	75.4	80.4	77.2
其他非金属矿物	89.2	89.5	89.9	88.7	85.9	83.3	83.3	86.5	83.5
基础金属和合金	84.6	85.4	86.2	84.0	79.7	75.0	74.5	78.2	73.2
机　械	85.2	85.5	86.6	84.4	79.7	74.7	75.4	81.3	77.3
电子和光学仪器	77.9	79.7	78.2	74.6	67.2	62.4	65.3	73.2	71.1
运输设备制造	83.8	84.3	85.9	84.5	79.6	75.1	75.8	81.0	77.8
其他制造业及回收	84.7	88.1	88.2	87.7	85.6	84.0	84.6	87.8	85.6

由于制造业各细分行业技术密集度差异大,根据技术含量差异对制造业

各细分行业分类,有助于深入分析中国制造业参与全球价值链的竞争力。这里根据 OECD 行业分类以及中国制造业发展实际,把制造业细分行业分为高技术、中技术和低技术制造业三大类①。按照这种分类,从表 2 可以看到,1995—2011 年中国制造业中,中高技术制造业本地增加值比重下降相对较大;低技术制造业本地增加值比重变化相对较小,其中有的行业相对于 1995 年本地增加值比重上升。其中的主要原因是,这些低技术制造业属于劳动密集型,中国凭借廉价的劳动力能够完成该类最终产品中大部分的价值增值。

3.中国制造业最终产品本地增加值比重的国际比较

为比较中国与世界不同经济体制造业最终产品本地增加值比重,本文将 27 个经济体划分为新兴市场经济体、新兴工业经济体、发达国家和其他发展中国家(地区)等四种类型。从表 3 可以发现:

①中国最终产品本地增加值比重一定程度下降不等于中国制造业国际竞争力下降。这是因为,2005 年与 1995 年相比,27 个世界代表性经济体除了加拿大以外所有国家(地区)最终产品本地增加值比重都出现了下降;2011 年与 2005 年相比,中国最终产品本地增加值比重则出现了较大幅度的上升;2011 年与 1995 年相比,除了加拿大以外所有国家(地区)最终产品本地增加值比重都出现了下降,而中国的下降幅度并不是很大,低于美、日、德、英、法等国家。

②1995—2011 年中国最终产品本地增加值比重与许多代表性国家(地区)相比,并不令人悲观。与发达国家相比,中国最终产品本地增加值比重高于德国、法国等大多数发达国家,大多数年份也高于英国、意大利等国家。中国最终产品本地增加值比重虽然一直低于美国和日本,但从 2005 年开始这种差距呈缩小趋势。与新兴市场经济体相比,中国最终产品本地增加值比重低于巴西、俄罗斯,高于墨西哥,1995—2011 年间中国最终产品本地增加值比重赶上并超过了印度。与韩国等新兴工业经济体相比,中国最终产品本地增加值比重较高。与其他发展中国家相比,中国最终产品本地增加值比重高于

---

① 高技术制造业包括化学原料及其制品,机械,电子和光学仪器,运输设备制造;中技术制造业包括煤炭、炼油和核燃料,橡胶和塑料制品,其他非金属矿物,基础金属和合金;低技术制造业包括食品饮料制造及烟草加工业,纺织及其制品,皮革、皮革制品和鞋类,木材及其制品,纸浆、纸制品和印刷出版,其他制造业及回收。

罗马尼亚。

表3　中国制造业最终产品本地增加值比重的国际比较　（单位：%）

经济体类型	国家（地区）	1995	2000	2005	2009	2011	2005—1995	2011—2005	2011—1995
	中　国	85.1	83.8	75.5	82.0	79.4	-9.5	3.9	-5.6
发达国家	澳大利亚	84.8	83.3	83.3	83.5	82.0	-1.5	-1.3	-2.9
	奥地利	73.9	69.0	64.4	66.5	61.7	-9.5	-2.7	-12.1
	比利时	56.0	53.7	53.5	51.8	47.4	-2.5	-6.1	-8.6
	加拿大	69.2	66.9	69.6	72.1	72.7	0.3	3.1	3.4
	丹麦	74.7	71.9	69.6	71.1	66.8	-5.1	-2.8	-7.9
	芬兰	74.4	70.2	68.0	68.0	63.3	-6.4	-4.7	-11.0
	法国	78.6	73.9	73.2	73.0	68.0	-5.5	-5.2	-10.7
	德国	82.2	76.7	74.2	73.8	70.7	-7.9	-3.5	-11.4
	希腊	78.3	71.7	74.0	72.1	71.9	-4.3	-2.1	-6.4
	爱尔兰	59.1	50.9	51.8	50.0	48.9	-7.3	-2.9	-10.2
	意大利	80.0	77.3	76.0	76.7	71.1	-4.0	-4.9	-8.9
	日本	93.4	91.2	87.0	85.7	82.4	-6.4	-4.6	-11.0
	荷兰	65.0	60.9	61.4	59.9	55.6	-3.7	-5.7	-9.4
	葡萄牙	70.4	66.7	66.8	68.0	67.3	-3.6	0.5	-3.1
	西班牙	78.0	70.5	71.2	73.5	68.4	-6.7	-2.8	-9.5
	瑞典	72.5	67.2	66.2	64.7	64.1	-6.3	-2.1	-8.3
	英国	78.5	78.5	77.7	75.5	72.1	-0.9	-5.5	-6.4
	美国	87.4	86.2	83.1	84.1	80.1	-4.3	-2.9	-7.2
新兴市场经济体	巴西	90.7	86.2	86.5	87.7	85.4	-4.2	-1.1	-5.3
	印度	88.0	84.2	79.3	78.6	78.6	-8.7	-0.8	-9.5
	墨西哥	76.0	72.1	73.8	75.2	72.2	-2.2	-1.6	-3.8
	俄罗斯	86.8	83.2	84.9	88.7	85.7	-1.9	0.8	-1.2

（续表）

经济体类型	国家（地区）	1995	2000	2005	2009	2011	2005—1995	2011—2005	2011—1995
新兴工业经济体	韩国	75.5	70.6	70.0	65.7	62.5	−5.6	−7.5	−13.0
	中国台湾	67.7	64.9	59.1	60.6	54.8	−8.6	−4.2	−12.9
其他发展中国家	印度尼西亚	81.9	80.0	78.9	83.8	80.9	−3.0	2.0	−1.0
	罗马尼亚	78.5	74.8	71.8	74.8	75.1	−6.7	3.3	−3.4

注：表中最后三列分别表示两年最终产品本地增加值比重之间的差异。

（二）中国制造业产品增加值在制造业全球价值链中所占份额的国际比较

一国制造业产品包括最终产品和中间投入品，因此，一国参与制造业全球价值链获得的全球价值链收入包括，该国制造业最终产品全球价值链中的本地增加值部分，该国制造业产品作为中间投入品，在世界其他国家制造业最终产品全球价值链中实现的本地增加值。本文据此计算了中国制造业产品增加值在制造业全球价值链中所占份额并进行国际比较，见表4。

表4 中国制造业产品在世界制造业全球价值链中所占份额的国际比较（单位:%）

经济体类型	国家（地区）	1995	1997	1999	2001	2003	2005	2007	2009	2011
	中国	4.3	5.6	5.7	6.8	7.6	9.0	11.8	15.9	17.9
发达国家	澳大利亚	0.9	1.0	0.9	0.8	1.0	1.0	1.0	1.1	1.1
	奥地利	0.7	0.6	0.6	0.6	0.7	0.7	0.7	0.7	0.6
	比利时	0.9	0.8	0.8	0.8	0.8	0.8	0.8	0.7	0.6
	加拿大	1.8	1.9	2.1	2.2	2.2	2.2	2.0	1.9	2.3
	丹麦	0.6	0.5	0.5	0.5	0.5	0.5	0.5	0.4	0.3
	芬兰	0.4	0.4	0.4	0.4	0.5	0.4	0.5	0.4	0.3
	法国	4.4	4.0	4.6	4.3	4.7	4.4	4.2	4.2	3.3
	德国	9.9	8.3	8.5	8.0	8.9	8.5	8.5	7.3	7.0
	希腊	0.3	0.3	0.3	0.3	0.3	0.3	0.3	0.4	0.3
	爱尔兰	0.3	0.4	0.5	0.5	0.5	0.5	0.5	0.4	0.4

（续表）

经济体类型	国家（地区）	1995	1997	1999	2001	2003	2005	2007	2009	2011
发达国家	意大利	4.7	4.8	4.8	4.5	5.1	4.7	4.7	4.3	3.5
	日本	17.9	14.1	13.9	12.9	11.4	10.3	8.3	8.1	7.9
	荷兰	1.3	1.1	1.1	1.1	1.2	1.2	1.2	1.1	1.0
	葡萄牙	0.4	0.4	0.4	0.3	0.4	0.4	0.4	0.3	0.3
	西班牙	2.0	1.9	2.0	1.9	2.2	2.2	2.1	2.1	1.7
	瑞典	0.9	0.8	0.9	0.8	0.9	0.9	0.9	0.6	0.7
	英国	3.9	4.3	4.4	4.0	4.0	3.7	3.4	2.4	2.3
	美国	19.5	21.6	23.9	24.6	22.1	20.6	18.1	16.9	15.2
新兴市场经济体	巴西	2.9	3.0	2.0	2.1	1.9	2.6	3.3	3.6	3.9
	印度	1.9	2.1	2.0	2.1	2.4	2.7	3.2	3.5	3.7
	墨西哥	1.5	2.2	2.5	3.0	2.6	2.5	2.5	2.1	2.2
	俄罗斯	1.0	1.2	0.6	0.9	1.0	1.5	2.0	1.6	2.2
新兴工业经济体	韩国	2.3	2.1	2.0	2.1	2.3	2.5	2.4	1.9	2.2
	中国台湾	1.3	1.3	1.3	1.2	1.1	1.0	0.9	0.8	0.8
其他发展中国家	印度尼西亚	1.3	1.6	0.8	0.9	1.0	0.9	1.1	1.4	1.6
	罗马尼亚	0.2	0.2	0.1	0.2	0.2	0.3	0.4	0.4	0.3

　　从表4可以发现：第一，与发达国家比较，世界制造业全球价值链中各国（地区）所占份额显示，中国制造业在全球价值链中的竞争力呈逐渐增强趋势。1995—2011年中国制造业产品在世界制造业最终产品全球价值链总增加值中所占份额逐渐上升，由1995年的4.3%上升到2011年的17.9%。18个发达国家制造业产品在世界制造业最终产品全球价值链总增加值中所占份额之和从1995年的70.8%下降为2011年的48.8%，除了澳大利亚、加拿大等少数国家所占份额有所上升，美、德、日等大多数国家所占份额都出现了下降。第二，与新兴市场经济体和其他发展中国家比较，中国制造业产品在世界制造业最终产品全球价值链总增加值中所占份额更大，而且增长较快。

1995—2011年巴西、印度、墨西哥、俄罗斯等国制造业所占份额都有小幅度上升,但与中国相比,要小得多。第三,与新兴工业经济体比较,韩国等国家或地区制造业产品所占份额也有小幅度下降,这与中国制造业产品所占份额的稳步上升区别明显。

(三)中国制造业在全球价值链中的显示性比较优势

显示性比较优势指数是衡量一国产品或产业在国际市场竞争力最具说服力的指标。本文基于研究需要,根据制造业GVC收入,把显示性比较优势重新定义为,一个国家制造业细分行业某种商品创造的增加值占制造业总增加值的份额与世界制造业总增加值中该类商品增加值所占份额的比率。

表5提供了中国制造业在全球价值链中的显示性比较优势。从表5可以发现:第一,在低技术制造业中,中国具有显示性比较优势的行业包括:纺织及其制品,皮革、皮革制品和鞋类,木材及其制品。这些行业属于传统劳动密集型行业,中国凭借廉价的劳动力获得这些行业在世界的竞争优势。第二,在中技术制造业中,中国具有显示性比较优势的行业包括:橡胶和塑料制品、其他非金属矿物、基础金属和合金。第三,值得注意的是,在高技术制造业中,中国机械、电子和光学仪器等行业逐渐获得了显示性比较优势。这些发现表明,与已有的研究如唐海燕、张会清、Koopman等、邱斌等不同,中国不仅在不少劳动力密集型行业和一些中技术制造业细分行业中保持显示性比较优势,而且在高技术制造业细分行业中也逐渐获得显示性比较优势。

把中国制造业显示性比较优势与世界代表性国家比较,可以发现,中国的制造业发展正面临着巴西、印度等国从低端与发达国家从高端的双重竞争的压力。一方面,中国与巴西和印度等国家有相似之处,都在纺织及其制品、皮革、皮革制品和鞋类等劳动密集型行业具有显示性比较优势;另一方面,美、日、德、英、法等发达国家具有显示性比较优势的制造业细分行业多为中高技术行业,而且处于主导地位。而且,2008年以来,发达国家重新认识到工业特别是先进制造业对促进经济增长的重要作用,纷纷提出重振本国制造业的计划;越来越多的发展中国家纷纷加入制造业全球价值链,这些使中国制造业面临的双重竞争压力越来越大。

表5　中国制造业细分行业在全球价值链中的显示性比较优势

	1995	1997	1999	2001	2003	2005	2007	2009	2011
食品饮料制造及烟草加工业	1.01	1.09	1.05	0.94	0.85	0.79	0.81	0.73	0.77
纺织及其制品	2.27	2.08	2.27	2.34	2.23	2.18	2.13	1.83	1.82
皮革、皮革制品和鞋类	3.17	3.13	3.40	3.38	3.21	2.90	2.62	2.39	2.36
木材及其制品	1.20	1.33	1.08	1.04	0.92	0.89	1.00	1.07	1.04
纸浆、纸制品和印刷出版	0.48	0.48	0.42	0.39	0.34	0.35	0.30	0.30	0.33
煤炭、炼油和核燃料	0.44	0.35	0.35	0.39	0.34	0.31	0.25	0.25	0.24
化学原料及其制品	0.82	0.78	0.76	0.76	0.72	0.70	0.67	0.63	0.65
橡胶和塑料制品	1.21	1.33	1.31	1.34	1.21	1.13	1.09	1.11	1.09
其他非金属矿物	3.08	3.23	2.87	2.66	1.74	1.31	1.03	1.05	1.03
基础金属和合金	1.05	1.01	0.91	0.87	0.98	1.01	1.03	1.13	1.04
机械	0.96	1.01	1.04	1.07	1.14	1.33	1.27	1.34	1.34
电子和光学仪器	0.90	0.90	1.06	1.19	1.42	1.57	1.61	1.62	1.54
运输设备制造	0.52	0.52	0.52	0.53	0.66	0.68	0.69	0.85	0.81
其他制造业及回收	0.50	0.44	0.51	0.65	0.65	0.52	0.65	0.64	0.65

(四)中国制造业产品本地增加值分解的国际比较

当前,全球化已从"货物贸易的全球化"转向"非物质化的全球化",无形的服务贸易日益成为全球化的主角。服务业,尤其是生产性服务业在制造业升级中处于关键地位。因此,本文把一国制造业产品本地增加值进一步分解为服务业的贡献、生产性服务业①的贡献和其他行业的贡献,由此分析中国制造业参与全球价值链增加值创造的竞争力来源的差异。

表6提供了1995—2011年中国制造业产品本地增加值中服务业和生产性服务业所占份额的国际比较。首先比较服务业所占份额的情况,从表6可以发现:1995—2011年中国制造业产品本地增加值中服务业所占份额呈逐步上升趋势,由1995年的17.4%上升到2011年的19.6%,尽管如此,中国制造

① 本文对生产服务业的定义基于袁志刚等(2014)给出的划分,包括:交通运输业、邮电通讯业、金融中介业和商务服务业。

业服务化水平与发达国家有较大的差距。从 2011 年看,美国、英国、德国、日本、法国和意大利等国家制造业产品本地增加值中服务业所占份额分别比中国大 8.3%、7.3%、8.7%、4.9%、22.1% 和 14.4%。而且,中国制造业服务化水平也低于巴西、印度、墨西哥和俄罗斯等新兴市场经济体。

表6　中国制造业产品本地增加值中服务业与生产性服务业所占份额的国际比较(单位:%)

经济体类型	国家(地区)	1995		1999		2003		2007		2011	
		服务业	生产性服务业	服务业	生产性服务业	服务业	生产性服务业	服务业	生产性服务业	服务业	生产性服务业
	中国	17.4	9.9	17.6	10.0	17.4	10.7	18.0	12.2	19.6	12.7
发达国家	澳大利亚	30.3	17.8	31.5	19.1	31.2	19.7	31.2	20.9	30.8	20.8
	奥地利	21.2	10.9	20.1	10.6	21.9	12.0	19.8	11.5	21.1	12.3
	比利时	23.4	13.7	23.9	13.5	28.2	14.8	27.0	15.4	27.4	16.0
	加拿大	22.6	10.1	23.1	11.0	26.2	12.8	28.1	14.0	27.1	13.8
	丹麦	26.8	12.8	26.7	12.5	26.3	12.6	26.2	13.5	28.6	15.2
	芬兰	19.4	11.1	20.7	12.1	20.3	13.1	19.6	13.9	23.3	15.6
	法国	34.0	20.8	33.3	20.8	36.6	23.2	37.5	25.5	41.7	28.5
	德国	27.1	17.1	28.5	18.4	29.0	19.6	27.5	20.1	28.3	20.7
	希腊	25.6	11.8	24.8	11.0	30.2	14.6	27.1	13.7	25.5	14.0
	爱尔兰	19.2	8.9	13.7	7.4	14.9	7.9	16.0	10.3	10.1	6.6
	意大利	29.4	15.3	31.5	17.8	33.9	20.6	32.6	20.8	34.0	21.9
	日本	25.3	13.3	25.0	12.8	25.1	13.8	24.4	13.9	24.5	14.0
	荷兰	25.2	12.0	27.8	12.9	28.1	13.2	27.6	14.2	26.9	13.6
	葡萄牙	28.0	13.2	27.1	13.6	26.7	13.3	26.4	14.2	28.5	15.1
	西班牙	29.0	16.3	28.8	16.0	29.6	16.9	28.9	17.1	32.0	19.3
	瑞典	21.9	12.2	24.2	14.6	25.4	15.5	25.2	16.4	27.6	17.6
	英国	23.9	14.4	26.7	16.3	29.5	18.9	27.3	16.8	26.9	20.0
	美国	30.4	19.4	31.0	20.4	31.5	21.5	30.7	21.5	27.9	20.0

（续表）

经济体类型	国家（地区）	1995		1999		2003		2007		2011	
		服务业	生产性服务业	服务业	生产性服务业	服务业	生产性服务业	服务业	生产性服务业	服务业	生产性服务业
新兴市场经济体	巴西	25.4	12.9	25.8	13.6	25.0	12.7	28.1	15.0	28.0	15.1
	印度	28.1	15.4	29.3	16.3	30.3	15.4	31.1	15.6	33.8	17.5
	墨西哥	23.5	13.2	20.4	11.3	23.2	12.8	23.0	13.2	23.1	12.7
	俄罗斯	20.4	7.7	17.8	4.7	23.1	7.7	23.2	9.0	24.8	9.3
新兴工业经济体	韩国	17.6	12.2	16.8	11.4	17.7	12.3	16.1	12.8	15.0	12.3
	中国台湾	26.9	14.8	27.9	15.5	25.6	14.0	22.6	12.4	24.0	13.1
其他发展中国家	印度尼西亚	14.7	6.4	12.8	4.4	15.0	6.1	14.5	6.5	14.2	6.4
	罗马尼亚	17.4	11.7	17.9	9.4	15.3	9.4	16.5	10.3	17.0	10.2

　　由于生产性服务业在制造业升级中的关键地位,本文详细比较中国制造业产品本地增加值中生产性服务业所占份额的情况,从表6可以发现:第一,与发达国家比较,中国制造业的生产性服务化水平滞后,这种滞后是中国制造业服务化水平落后于发达国家的主要原因。1995—2011年中国制造业产品本地增加值中生产性服务业所占份额呈逐步上升趋势,由1995年的9.9%上升到2011年的12.7%,但是这一份额与发达国家的差距一直没有实质性的改变。1995年,除爱尔兰外,所有发达国家制造业产品本地增加值中生产性服务业所占份额都大于中国。1995—2011年间,除爱尔兰外,所有发达国家制造业产品本地增加值中生产性服务业所占份额呈上升趋势,到2011年,美国、英国、德国、日本、法国和意大利等国家制造业产品本地增加值中生产性服务业所占份额分别比中国大7.3%、4.1%、7.9%、1.3%、15.7%和9.2%。而且,中国生产性服务业发展滞后是中国制造业服务化水平落后于主要发达国家的主要原因。例如,2011年,美国、英国、德国、法国、意大利和澳大利亚等国家制造业产品本地增加值中服务业所占份额分别比中国大8.3%、7.3%、8.7%、22.1%、14.4%和11.2%,其中这些国家生产性服务业所占份额分别比中国大7.3%、4.1%、7.9%、15.7%、9.2和8.1%。

第二,与新兴市场经济体比较,中国制造业生产性服务化水平一直高于俄罗斯,1995年和2011年中国分别比俄罗斯大2.2%和3.4%;中国制造业生产性服务化水平与巴西、印度和墨西哥等国家的差距呈缩小趋势,1995年中国分别比巴西、印度和墨西哥小3%、5.5%和3.2%,2011年这一差距则分别变为2.4%、4.7%和0。

第三,与新兴工业经济体比较,1995—2011年间中国制造业产品本地增加值中生产性服务业所占份额由低于韩国2.2%变为高于韩国0.4%;这一份额虽一直低于中国台湾地区,但已由1995年低于中国台湾地区的4.8%缩小为0.3%。与其他发展中国家比较,2011年中国制造业生产性服务化水平高于印度尼西亚和罗马尼亚。总之,中国制造业服务化水平逐渐提高,但是不仅低于美、英、德等发达国家,而且低于巴西、印度等新兴市场经济体国家;中国制造业生产性服务化水平已超过韩国、俄罗斯等国家,与巴西、印度等国家的差距呈缩小趋势,但是与发达国家比较,中国制造业的生产性服务化水平滞后,这种滞后是中国制造业服务化水平落后于主要发达国家的主要原因。不断提高中国制造业服务化水平,尤其是生产性服务化水平,应该是中国制造业竞争力提升的一个主要方向。

五、结论与政策建议

本文主要结论为:第一,制造业最终产品本地增加值比重一定程度下降不等于制造业国际竞争力下降。第二,在中国制造业规模扩张过程中,尽管制造业最终产品本地增加值比重经历了先降后升再降的波浪式变化轨迹,但是它一直远远大于出口贸易本地增加值比重,更重要的是,制造业增加值在世界制造业全球价值链中所占份额呈稳步上升趋势。第三,中国在全球价值链中具有显示性比较优势的制造业细分行业多为劳动密集型低技术行业和中技术行业,从20世纪90年代后期开始,中国逐渐在少数高技术行业获得显示性比较优势。第四,虽然中国制造业服务化水平逐渐提高,但其不仅低于美、英、德等发达国家,而且低于巴西、印度等新兴市场经济体国家。中国制造业的生产性服务化水平滞后于发达国家,这是中国制造业服务化水平落后于主要发达国家的主要原因。

从这些发现来看,中国制造业已经走上了价值链提升道路,但也面临着其他发展中国家从低端与发达国家从高端的双重竞争压力。在这种形势下,采取合适政策促进中国制造业进一步升级意义重大。政策目标的关键不在于中国制造业最终产品本地增加值比重的提高,也不在于中国制造业产品增加值在世界制造业全球价值链中所占份额,而在于制造业细分行业中中高端制造业的发展,在于不断提高中国制造业服务化水平,尤其是生产性服务化水平。在这方面,本文引出了三点政策含义:首先,要优化中国制造业内部细分行业的结构,引导制造业从劳动密集型低技术行业向资本、知识密集型中高技术行业转变,提高政府在中高技术行业的支持力度,如增加对这些行业的研发资助,从这些行业选定企业和产品给予政府贴息、新产品减税免税等,调整招商引资战略,由过去通过廉价的劳动力、土地等要素吸引投资变为把重点放在中高技术项目和配套服务项目引进上。其次,鼓励加工贸易企业建立研究设计中心,向代设计和出口自主品牌产品转变,推动企业把加工制造环节转移到其他劳动力、土地等要素价格低廉、政策优惠的国家和地区,提高中国制造业对全球价值链的整合能力,降低对跨国公司控制的全球价值链的依赖,推动本国价值链中高端环节的进一步发展。第三,大力发展中国服务业,尤其是生产性服务业。目前,我国生产性服务业大部分是存在进入管制和垄断的行业,如金融、电信、铁路运输、信息等行业,因此,加快生产性服务业发展,关键是打破垄断、放宽准入领域以及建立公开、平等、规范的行业准入制度、促进有序竞争。同时,生产性服务业的核心是人力资本,尤其是高技能人力资本的投入。与发达国家相比,中国在人力资本、人才制度等方面还存在不足。在制造业服务化趋势下,中国政府和企业应当尽快转变观念,改变过去主要是针对物质资本投资,在土地利用、税收、信贷等方面实行优惠政策,将投资重点向人力资本领域倾斜。

(本文作者:陈文府)

技术进步与创新发展

FAXIAN ZHONGGUO ZHIHUI

现代农业创新体系中小农户的地位与作用

本文导读

　　创新发展是中国经济快速成长的重要法宝，为了推进创新，首先要在制度上突破，农业创新体系是其中重要环节。当前中国的农业发展存在明显的滞后，主要表现在两个方面：从国内来看，第一产业的农业发展明显滞后于第二、三产业的工业、建筑业和服务业等的发展；从国际上来看，中国的农业发展不仅明显滞后于人少地多的美洲、西欧等发达国家，也滞后于与中国有着相似国情——人多地少的日本、韩国等亚洲发达国家。为了实现未来中国经济快速稳定的发展，农业的发展速度、发展质量至关重要，农业的创新迫在眉睫。今天我国农业创新体系的创新主体主要是政府财政支持下的科研机构、高等院校和大规模的农业企业等。有一个关键的角色被人们忽略了，那就是数以亿计的小农户。当前我国农业科研成果推广环节成本居高不下，农业科研成果转化率低位徘徊，农业科研成果供需错位，其中重要原因之一是由于小农户创新主体的缺位造成的。小农户作为农业创新的主体近年来一直被忽略、被排斥，源于一些理论家们对创新的误解、对我国农业发展史的无视，以及对小农户创新实践的忽视。明确小农户创新主体地位，是农业创新体系亟须在理论上的突破，更是现实的需要。小农户有能力也愿意参与、主导中国农业的创新。但是现有小农户的实力与创新需求间还有差距，因而小农户需要在转型中升级。现有小农户应该沿着商品化、专业化、规模化的路径，不断进行完善和提升。唯有重视开发小农户的创新潜力，才能找到中国农业持续快速发展的内生原动力。

一、问题的提出

当前我国农业创新体系中存在的一个突出问题是：一方面，数量众多的小农户在农业创新体系中的地位不明确；另一方面，当前体系下农业科研成果推广环节成本居高不下，农业科研成果转化率低位徘徊，农业科研成果供需错位。这一困境如何破解？很多理论家们认为小农户主要作为农业创新的接受者，不可能成为农业创新的主体。正是由于忽略了小农户的创新主体地位才造成目前农业科研成果推广和转化的各种困境，因此，作者认为小农户是中国农业创新体系的最重要的主体，它应该与政府、研究机构、企业、合作社、大农户等一样，作为我国农业创新体系中的创新主体，发挥基础性作用。现有各创新主体唯有与小农户真正结合起来，依靠小农户，倾听小农户的声音，才能破解当前所面临的农业推广环节的各种困难，实现农业的长足发展。

截至 2015 年，全国农户耕地规模在 10 亩以下的占 79.6%，耕地规模在 10~30 亩的占 10.3%，耕地面积在 30 亩以下的小农户占全国农户的比重为 90%，小农户是中国农业实现现代化的基础。一直以来我国农业创新的主体是政府财政支持下的各级农业科研机构和高等院校，近年来，开始逐渐把农业企业纳入创新的主体中来。而作为农业创新的最终践行者——小农户却一直被忽略、排斥在创新主体之外。对学术文献的搜索表明，理论界对当前的农业创新体系研究的缺陷是忽视小农户，看轻小农户，看不到它的潜在能量和基础性作用。2018 年 9 月上旬笔者在中国知网上运用"农业创新主体"作为关键词进行搜索，在搜索到的 412 篇文献中，仅有 7 篇文献提到了把农民作为中国农业创新的主体。这 400 多篇文献侧重论述的农业创新主体是科研院所、农业企业、政府机构，很少提及小农户这一主体，即便有所提及，也认为小农户没有作为农业创新主体的可能。小农户的创新主体地位被我们的理论家们忽略了，这是我国当前农业创新体系的致命缺陷。轻视甚至忽视小农户在农业创新体系中的作用，后果就是我国的农业科技成果转化率远低于欧美等发达国家。欧美等发达国家的农业科技成果转化率为 70%~80%，而我国农业科技成果的转化率仅为 30%～40%,真正具有大规模转化率的还不足 20%,大量农业科技成果被"搁浅"。农业创新的很多成果仅仅停留在论文、专家鉴定或样品、样机上;科研和市场,农民和科学家之间脱节严重。忽视农业生产第一线的主力军——小农户的创新需求,忽视小农户的创新实力,必然会产生农业科学研究中为科研而科研的不良倾向,造成巨额科研经费的低效配置。因而亟须将小农户纳入创新主体行列,与政府、研究机构、企业、合作社、大农户等一起共同构成我国农业创新体系。唯有如此,才可以使我国的农业创新具有内生的持续动力,才会使我国的农业现代化进入良性循环状态。

二、三种观点

有关农业创新的主体,主要有三种观点。第一种观点认为资本主义的大农场是农业创新的主体。以罗伯特·布伦纳为代表的欧美学者通过对比中世纪欧洲的英国和法国的农业发展史,认为大规模的资本主义农场比小农户具有更强的创新动力。他们认为法国的农业发展滞后,创新动力不足的原因在于国家向农民征收高额的赋税,剥夺了农民的大多数劳动剩余,农民没有积累,也没有创新的能力;英国的资本家农场主依靠雄厚的资金,更新农业设备,改造农场,有能力承担风险,也有实力承受耗时很长的投资——回报周期。地主们借助于和佃农之间的合作来获得更多的租金,这种模式最终推动了英国农业的发展。在此基础上,罗伯特·布伦纳认为资本主义大农场比小农户具有更强的创新动力。

第二种观点认为国家应该是农业科技创新的主体,应该起主导作用。朱希刚(2004)认为政府的农业研究开发机构是农业研究开发体系的主体,依靠政府财政拨款,主要从事公益性农业技术的研究开发活动;对于经营性(竞争性)农业技术的研发,应引入市场竞争机制,鼓励企业积极参与,逐步使企业成为竞争性技术研发的主要力量。齐振宏(2006)提出农业新技术的研究,主要是由农业高等院校和科研院所来进行。刘春香、闫国庆(2012)在文中明确指出我国的农业技术创新是国家主导型的,与发达国家相比我国农业技术研究还有很多差距,农业科技成果转化率低。究其原因,一是受制于用于农业技术创新的资金短缺,二是由于我国农业研究偏重产中技术,忽略对产前和产后环节的农业技术创新。李洪炼等(2017)认为我国农业科技创新的主体为相关研究与发展机构,包括研究院、大学等,这些机构大多具有行政属性。当政府成为农业技术创新市场的主导,政府可以通过合理优化资源配置,加大对农业的重视程度和支持力度,或者创造良好的科技政策环境与激励机制。

第三种观点认为企业应该成为农业创新的主体。周建锋(2005)提出农业技术创新主体应该是农业科技企业,而在我国政府是农业创新的主体,农业技术创新主体存在错位的问题。因此,改变技术创新主体错位的局面,政府必须转变角色,培育农业科技企业,通过发展农业科技园与农业协作组织,才能增强我国农业技术创新能力。杜金沛(2011)通过农业科技创新主体的国际比较,鉴于农业科技创新的公共性和非排他性,提出农业企业才是农业科技创新最重要的主体,符合农业科技发展的主流趋势。

以上三种观点对我国农业创新主体的理解都具有明显的片面性。我国的农业创新主体不仅同时包括了以上三种主体,而且还应该包括作为农业生产经营的主角——小农户。小农户不应该仅仅作为农业技术的被动接受者,而应该作为农业创新的主体,发挥它应用的作用。农业创新与工业创新相比,具有研发周期长,创新难度大、风险高,创新成果地域性强、推广速度慢,创新产品公益性强等特点,这些因素决定了我国的农业创新体系应该将政府、科研院所、农业企业、合作社、大农户与小农户等所有的农业生产者和经营者有机联合起来,动员一切力量,构建一个不可分割的紧密整体,才能化解我国农业创新面临的各种困境,真正实现农业创新的良性循环。

三、四个误区

1.不理解中国特色社会主义政府在农业创新体系中的特殊作用而导致的认识误区。一些学者认为,由于农业基础理论研究的周期长、成本高、风险大,没有足够的资金实力,小农户无法承受创新所带来的高风险和巨额成本,只有实力雄厚的农业企业才有创新的意愿和能力。英国历史学家布伦纳通过对比英国和法国的近代农业发展史,明确提出法国农业之所以走向没落,原因在于法国农民没有资金积累,没有资金实力去进行种植业和动物养殖的专门化;特别是法国君主制国家的繁重赋税,地主对租地农民的压榨以及最终农民自身对土地的细分,降低了对农业的投资;亦无法根据市场需求及时调整生产以实现利润最大化。最终阻碍了法国农业的转型,进而使法国资本主义农业的发展滞后于英国农业的现代化进程。与此同时,随着英国资产阶级的出现,资本家具备承担农业创新风险的资金实力,他们通过大规模农业生产,利用专门化的竞争优势,拥有了大量的资金可以去进行技术革新,资本主义的农场主们完全有实力承受农业创新存在的风险,他们也有实力引进新技术(轮流畜牧和多样的灌溉系统),改善农业生产,土地产出率大幅度提高,同样的土地可以养活更多的人口,一部分劳动力从农业解放出来,发展副业,或是进入工业生产体系,从而使英国顺利跨越了马尔萨斯主义陷阱,为英国成为第一个经历工业化进程的国家提供了可能。因此,布伦纳得出结论,只有大规模的资本主义农场才是创新的主体,小农不可能成为农业创新的主体。

布伦纳从欧洲历史研究得出的有关资本主义农业发展的结论当然是正确的。但是将之套用到当代中国的农业现代化就存在极大的不适应性。立足于中国农业的发展实践,我国小农户创新所需的资金问题,在当前的中国惠农政策下,完全可以解决。2017年的中央支农补贴主要包括良种补贴、农机补贴、耕地地力保护补贴、生产者补贴、养殖补贴等13项,资金总投入约为2000亿元。从实施的效果来看,农业补贴重点不突出,手段不得力,预期效果不明显。我国政府应该对当前的支农政策进行调整,将分散式的、薄弱的农业补贴积聚起来,用于支持包括小农户在内的各农业生产经营者进行农业创新,致力于发挥优秀小农户的示范效应,从智力上扶持农业,支持农民。对小农户开发研究的各种成果,政府在关键阶段应给予资金、技术和人才的配套扶持。应将惠农资金专门划出一部分来支持小农户的创新,将小农户中的创新潜力充分挖掘出来。对于突出的农业创新,政府应该加大宣传,相关部门应给与充分认可和一定的物质奖励。通过政府的积极引导,鼓励越来越多的小农户积极投入到农业创新的实践活动中去。

2.对农业创新及创新机制理解的片面性导致的认识误区。很多学者认为小农户尽管具有较强的技术创新要求，但本身不能成为技术创新的主体。原因主要有二：一是农民没钱，无法承担农业创新的风险，二是农民文化素质较低，知识储备不够。农民只能是技术创新的接受者和跟进者，而不可能成为农业创新的参与者和实践者。这些认知均是建立在对创新的误解之上。他们理解的农业创新更多的是农业领域内重大理论成果的突破，只有大的发明、创造，才能视之为创新。然而，事实并非如此。创新不仅包括原创性的革新，也包括小改小革改良式、跟进式的创新。美国经济学家约瑟夫·斯蒂格利茨在《增长的方法》中明确提出创新主要包括两种，一是引起生产可能性曲线移动的创新，即所谓的重大理论突破；一是向着生产可能性曲线移动的创新，即跟进型的创新，也称之为小改小革的创新。这种"跟进型的创新是提高人们生活水平的核心推动力"。这一论述不仅适用于工业企业，也适用于农业及其他各领域。针对第二种跟进型的农业创新，小农户在实践中一直都在进行，这种跟进性创新尽管碎片化、边际化，却很重要，是技术创新在量上的积累，绝不应该被忽略。中国现行农业创新体系下一个重要的问题是重大科研成果的"落地"问题，现有科技成果无法转化推广，究其原因就是缺少在重大理论突破后的，结合各地差异化的地理气候条件进行的小改小革，恰恰在这最后一个环节的缺失，制约了我国农业现代化的进程。依靠政府支持的科研机构或高等院校，不论在资金上还是在人力上都无法承担此责任，必须把占农业经营者90%的小农户的创新能力激发出来，让他们结合各地生产生活实际，因地制宜，小改小革，才能使农业创新动力持续进行下去，才能适应我国各地农业生产实际，切实实现农业重大科技成果的落地问题。科研院校、农业企业、新型农业经营组织与小农户之间要互相学习，唯有如此，才能切实解决农业技术推广"最后一公里"的瓶颈问题。

农业创新不仅仅包括重大技术理论的突破，更包括数量众多的技术改进、品种改良。对创新的新理解，在理论上证明了小农户具备农业创新的可能。农业科研的"最后一公里"难题，是指农业创新成果无法根据各地的生产生活实际，因地制宜，稍加改良，大规模应用和推广的问题。我国应该借鉴以色列农业推广体系的经验，根据我国不同区域气候特点和农业生态条件，设立区域性的推广服务中心，解决当前农业创新各种重大理论成果的落地问题,必须充分发挥小农户因地制宜的优势。在国家农业技术推广中心的指导下,根据区域农业技术推广特点设立若干专门委员会,动员本地区具有创新能力的小农户,对技术进行对接、引进、改良,对于勇于尝试新技术、新产品的小农户,政府应该全程提供跟踪服务,化解其中的自然风险和市场风险,唯有如此,才能缩短新品种落地的时间。

3.对中国农业发展历史的无视导致的认识误区。有据可考的中国农业历史资料有力地证明了小农户持续的创新一直存在,并将继续存在。宋代以来,小农户在农业创新的表现一直抢眼。主要表现在:一是农具的改良和突破,新农具大量涌现,传统农具基本完备并趋于定型。在动力创新方面,以对水力的运用表现得最为突出,水转筒车、水磨、水碓、水碾、水转大纺车等,这些都是以水为动力来推动的灌溉工具和加工工具。二是农作物新品种的引进和大范围推广,种植业主要有豆子、棉花、玉米、马铃薯的种植得到人们的广泛接受和大范围推广;畜牧业、养殖业得到长足发展,对马、牛、羊等牲畜的良种选择、疾病防控均取得重大突破。三是为了缓解人地矛盾,梯田、圩田开始出现,农田水利建设持续发展。明清以来,人们在实践中创造出了人工生态农业,比较有代表性的,如太湖地区农、牧、桑、渔的互养;在珠江三角洲出现的桑基鱼塘,把种稻、植桑、养蚕、养鱼结合起来,实现了农业资源之间的空间与时间的充分利用,农业土地产出率和人均劳动生产率得到极大提升。黄宗智先生在《明清以来的乡村社会经济变迁——历史、理论与现实》(卷二)谈道:"过密化了的小农经济能够维持住顽强的地主制,一种有能力扼杀资本主义农业经营方式的地主制。过密化了的小租佃农场能通过低成本的、业余的和辅助的家庭劳动力战胜以雇佣劳动为基础的经营式农场。基于同样的理由,即使在国际资本主义的冲击下,这种小农经济还能在商业性的农作物生产中坚持占据主导地位。"中国农业的发展依靠家庭经营的强韧性沿着更加清晰的精细化、内卷化的路径发展。四是在农地制度及经营模式上,家庭联产承包责任制、乡镇企业异军突起均是起源于农民的智慧和结晶。这些制度的创新,极大地解放了农村社会的生产力,对我国经济社会的整体发展起到了巨大的推动作用,中国小农户在生存压力下的农业生产经营创新,具有内生性和持续性。小农户出于家庭收益最大化的目标,综合配置全家的人力资源、土地资源和有限的资金。最近的 20 年,占全国农户总量 90%的小农户发挥各自的聪明才智,克服生产经营中的各种困难,因地制宜,发展各种形式的种养结合、混养结合,改进生产经营方式,在承受着由城市化进程加快所带来的农业从业人口持续减少,可耕地面积持续减少的阵痛背景下,我国农业发展依然实现了全国粮食生产多年持续增长,这就是家庭生产具有顽强生命力的最有力的证明。中国数千年来农业生产的实践证明小农户的创新一直存在!

4.片面套用制造业领域有关创新的范式导致的认识误区。一些学者照搬工业经济中技术创新的思路,认为只有科研机构和企业是农业创新的主体,忽略了小农户作为农业生产经营环节的独立经营个体的属性,造成了对小农户创新主体的忽视。

企业技术创新体系坚持市场导向,以政府为主导,企业为主体,以完善创新投入、运行和激励机制为重点,实现经济可持续发展。在生产制造业,企业是独立的生产经营单位,具有能动性、创造性和自主性,具有规模大、存续时间长、稳定、地域集中的特征。如果合理借鉴制造业领域有关创新主体的范式,我们发现在农业领域,独立的生产经营单位主要是农户,农户也具有能动性、创造性和自主性的特点。除了规模不大之外,存续时间长、稳定、地域集中的特征均具有。而随着信息化的普及,在农业领域的创新不必囿于规模的限制。完全可以有突破,有创新。企业创新的动力来源于"获得利润最大化"的目标,迫于市场竞争的压力,企业必须改善生产经营管理,革新技术。因此,企业具有持续创新的外在压力。中国小农户的创新动力源于为其家庭成员提供更好的生活条件,这一质朴的目标却具备着最强大的最持久的内生动力。从外部看,加入 WTO 以后中国的农产品市场已经与国际农业品市场对接,中国的小农户必须面对世界农业市场竞争的冲击,必须接受国际市场的挑战,小农户具有创新的外部压力。从内部看,在市场经济占主导地位的中国,小农户从内心希望改善家庭成员的处境,使家人们过上幸福的生活。因此,必须不断创新,才能适应经济社会发展的要求,在激烈的市场竞争中获得较高的收入。因此,从内部看,小农户的每一个成员都具有创新的内生动力。依靠祖祖辈辈传承下来的劳作经验,中国的小农户在以自己可能的方式进行创新。

　　小农户数量众多,应充分发挥2.47亿小农户的智力,才能为中国农业的现代化提供源源不断的智力支持。"三个臭皮匠,顶个诸葛亮"。两亿多农户中必定蕴藏着很多的"诸葛亮",这一宝贵的人力资本不应该被我们的执政者们忽视。当前及今后相当一段时间内,小农户作为农业生产经营的主体,带着2000年来祖辈传承下来的经验和智慧,在自己的家乡,因地制宜,辛勤劳作,必能结出丰硕的果实。由于各地地形气候的复杂性所引致的创新风险(既包括农业创新的自然风险也包括市场风险),对于中央及省级的科研机构和大型农业企业来说很难规避,但是到了小农户的层面,这些风险基本就不存在。世世代代生于此、长于此的文化积淀,通过干中学,通过多种养殖种植配套模式可以大大化解风险。切实将农业创新中的产学研各主体的积极性充分调动起来,运用产业链的思想实现小农户、农业企业、科研机构、政府部门的合作共赢,使农业创新紧跟外部环境和需求的变化,才能提升农业技术创新成果转化率,实现创新的持续性,最终实现农业的飞跃发展。科研院所、大专院校要加强在信息、技术、培训、政策咨询、经营管理等方面的指导,为小农户创新营造良好的环境。

　　近年来,我国农村涌现的大量事实表现,小规模家庭经营的农民正以极大的热情投身到技术创新的潮流中。皖北果农在耕地面积有限的制约下,为了增加家庭收入,主动进行种养结合,在果树下养殖金蝉,使亩均增收2000多元,户均增收万元以上[①]。广州的农民苦于土地较少,想出了立体无土种植蔬菜的点子,通过立体种植基质栽培+水培,营养液供给利用现代科技控温、控水,较好地解决了人多地少的矛盾,实现了农民的增收致富[②]。山东农民吕德玉、赵洪章长期工作在农业生产一线,发明的玉米收割机申报了12项专利,开发出的七代样机在作业效率、适应性、多样性等方面取得了关键性突破[③]。……新事物层出不穷,势头越来越猛。这些事实有力地证明了小农户有意愿也有能力成为农业创新的主体。

① 案例来源于笔者在家乡的调研。
② 案例来源于2013年8月2日《南方都市报》。
③ 案例来源于王东宾:《农业机械化与后福特主义——基于山东德州调研的思考》。

四、农业创新体系中小农户缺失的后果

1.农业科研成果引进推广环节成本高,自然风险和市场风险无法化解

我国地域广阔,平原、丘陵、山地、林地、湿地等各种地形地貌都存在;纬度跨度较大,既有亚热带季风气候又有温带季风气候,既有温带干旱半干旱气候又有高山气候。不同的地质地貌和气候条件对农业技术的需求差异很大,因此,在农业科研成果推广的过程中就会要求大量的人力物力与之配套,唯有如此才能做到农业科研成果的"落地生根"。由于没有考虑小农户的技术需求,没有小农户的直接参与,小农户对农业新技术及新产品的接纳比较谨慎,再加上农业产业链比较长,新品种种植养殖的自然风险和市场风险基本由最终端的种植养殖户来承担,小农户的各种风险无法转移,出于理性,人们本能地选择拒绝新技术。尽管花费了大量的人力物力,在推广环节进行宣传推广、成果展示,但是,收到的效果却不理想。为了最大限度地规避市场风险和自然风险,对于新的农业技术在没有十足把握的前提下,理性小农从自身利益出发就会选择拒绝采用。农业技术推广环节的高成本即源于此。

因此,应改变当前我国政府主导的一元化的、线性的农业技术推广体系,实现多元化的农业推广体系,把农业技术转让、技术入股、联合攻关、共建基地、人才培养与交流等形式纳入农业推广体系中来,提升小农户的参与度,分散小农户身上背负的自然风险和市场风险,将风险化解到农业产业链的各个环节,打造农业产业链上的利益共同体,把小农户与科研单位、政府、农业企业、物流商、加工企业、分销商等各个角色有机联系起来,实现风险共担,利益共享。

2.农业科技创新供需错配,农业科技成果转化率低

2017年申强、徐莉莉等通过对北京市从事农业技术成果研究的高校教师、科研院所科研人员以及从事成果转化的相关企业进行问卷调研,86.25%的科研人员认为技术成果转化率低的原因是市场需求不足造成的。不仅仅北京市的农业科技成果转化存在这样的问题,当前很多的科研供给主体,包括政府部门也一直在强调农户技术需求不足。而事实上,原因不在于需求,关键是农户对技术供给不满意。当前的农业创新体系供需错配,将小农户仅

仅作为农业技术的接收者,既没有考虑小农户的技术需求,无法给予精准的技术供给,致使很多科研技术无法适应各地气候条件和地质环境的差异,农业成果无法落地。很多的农业科研成果停留在实验室环节,驻足在样品阶段。我国的农业科技成果转化率多年来一直徘徊在40%左右,而发达国家这一比例多在80%以上,还有的达到了90%以上。毛学峰、孔祥智等在论文"我国'十一五'时期农业科技成果转化现状与对策"中,通过对865家涉农科研单位和1220家涉农企业进行问卷调研了解到涉农企业农业科技成果转化率平均水平为47.24%,大量的农业科技成果被束之高阁,与国外相比科技成果转化率仍旧有很大差距。

3.农业现代化内生动力没有激活,农业创新路径单一

由于小农户在农业创新体系中的缺失,致使小农户的技术诉求声音被湮没,现有农业创新体系中的研究主体仅仅由科研院校、大型农业企业等参与其中,范围较小,不能充分调动两亿小农户的积极性,致使农业创新路径单一。未将小农户视为农业技术的供给方,忽略了小农户自身的技术创新能力和潜力,致使当前我国农业创新后续乏力,无法与欧美等发达国家相媲美。现有农业创新体系下,依靠政府的财政资金扶持科研院校和农业企业进行农业技术研发,一方面农业技术研究费用高,直接收益低,导致农业科研无效输出,造成农业科技资源的大量浪费。另一方面,现有农业创新体制下,农业创新人才纷纷挤入科研院所和高等院校,致使我国公共部门农业技术创新人员数量规模过于集中,在农业技术人才资源总量不足的情况下,地方及生产一线的技术创新人才更是紧缺。由于中央和地方职能交叉,重复研究过多,学科间相互渗透、协作不深入,很多科研工作者都是从理论到理论,无法结合生产实践进行技术突破,研究工作低水平重复现象突出,致使农业技术创新停滞不前。

农村的事情必须依靠农民来做。小农户是当前中国农业的主体,是实现农业现代化的基础。没有小农户的现代化,就不是真正的农业现代化。忽略两亿小农户这一庞大的群体,仅仅依靠小部分的农业技术工作者,这一做法无异于舍本逐末,将会造成中国农业的创新体系成为无根之水,无本之木。因此,要想实现中国的农业现代化,必须动员一切可以动员的力量,在现有农

业创新体系下,将小农户这一主体纳入进来,实现资源的充分利用,中国的农业现代化必将进入良性循环。

五、小农户的转型升级之路

综上可见,我们的理论研究和政策研究必须改进,小农户在现代农业创新体系中的主体地位和基础性作用应当得到充分肯定——相关政策也应当围绕提升小农户的创新主体作用而适当调整,更多地向农户倾斜。但是,同时也应当看到,数量巨大的小农户自身也存在不足,妨碍其在现代农业创新进程中更好地发挥主体作用。以下三点特别要引起决策者的重视。

1.小农户当前自给自足的比例还较多,需要沿着商品化的路径转型升级

在小规模、兼业化、老龄化的农业生产经营方式下,农产品商品化率较低,大多属于口粮农业,农户生产经营的目的,主要用来满足家庭成员(扩大化的家庭成员)的基本需求,有剩余的农产品才会将其带到市场进行销售,对于成本和收益考虑较少,对于来自市场的压力也不敏感,农户生产经营的动力有限,采用新品种、新技术的积极性较低。小农户沿着商品化的路径升级意味着小农户不再以自我需求为主导,而是以市场为主导,要突破原先自给自足的小农格局,融入社会化的大分工,在农业生产的各个环节真正实现规模化的农业生产,切实提高土地产出率和劳动生产率。由于面临市场竞争的压力,人们对新技术、新产品、新工艺就会有更大的需求,学习采纳的积极性就会大大增强。实践中,农户商品化的瓶颈是农产品的储存、运输和销售问题。这些环节对新技术、新工艺都提出了新的要求。这些都为农业创新提供了肥沃的土壤。

2.小农户经营兼业化方式较普遍,需要沿着专业化家庭经营的路径转型升级

黄宗智2007年发表在中国社会科学期刊上的论著深刻地揭示了农业兼业化的经济及制度根源。他指出,"在当前的承包制下,务农人口普遍处于土地过少而引起的'不充分就业'或'隐性失业',基本仍处于长时期以来人多地少的'过密'状态,因此大规模向城市求业,而他们的低农业收入又使其在

城市所能得到的工资被压到最低的糊口水平,迫使许许多多农户同时依赖低收入农业和低收入临时工,以部分家庭成员出外打工的'半工半耕'方式来维持生活。"当前的传统承包经营农户,仅仅依靠人均一亩三分地、户均不超过十亩的有限耕地,无法维持农户自身正常的生产生活需要,因此大量的青壮年劳动力纷纷进城务工,农业出现了依靠"386199"部队——"妇女、儿童、老人"为主力军的兼业化趋势。近年来,妇女和儿童也纷纷进城,中国的农业老年化趋势愈演愈烈。短期来看,这种阶段性的、动态的农业经营方式可以承受;但是长期来说,这种状态绝对不可以长时间持续,否则我国的粮食安全问题就无法保障。因此,未来中国农业经营的方式应该沿着专业化家庭经营的路径发展。

按照比较优势的理论,人们通过对进城务工和从事农业经营进行比较,找出适合自己的环境,适宜进城务工的,就留在城市;适宜从事农业生产经营的,就应该扎根农村,发挥各自优势,实现人尽其才,安居乐业。专业化家庭经营的路径,要求家庭成员从事农业生产经营的总收入不低于外出务工的总收入,完全能够实现家庭劳动力的再生产,满足家庭成员的生产生活需要。沿着专业化家庭经营的路径,小农户必须承担从事农业生产中的自然风险和市场风险,这些压力要求小农户必须从耕地、施肥、播种、田间管理、收获、储存、销售等各个环节关注农业生产的技术改进,鼓励他们进行各个环节的农业创新。这些农业创新,是小农户现实生活的需要,具有持续的内生动力。唯有农业成为能够实现人生价值的舞台,才能吸引越来越多的青年人投入到农业中来。

3.小农户整体的耕地规模较小,需要沿着规模化的路径升级

当前,户耕地规模在10亩以下的占79.6%,10~30亩的农户占全国农户的10.3%,30亩以上的农户仅占全国农户的10%左右。整体来看小农户的耕地规模还是偏小了。要想使农业成为有吸引力的、高回报的产业,唯有让农业的生产者通过农业所获得收入不低于务工收入,因此,现有农户的耕地规模还需要适度地扩大。农业农村部的最新数据显示,2018年第一季度,月均收入为3736元。当前一个四口之家的农户,如果有两位劳动力外出务工,平均每位的年收入为5万元左右,全家通过务工的收入为10万元左右,再加上

务农的纯收入大概在一至两万左右。若要留住农民,必须使农业的收入不低于 12 万元。因此,10 亩的耕地规模还是偏小了。未来我国小农户的经营规模扩大有两个方向:一是农地经营规模的绝对增加,从现在的不足 10 亩,根据自身经营能力逐步扩大到 10 亩、15 亩……最终规模保持在二三十亩,实现农户收入的绝对增加;二是农地经营的精细化,在现有种植的基础上,不断更新技术和品种,通过农业种植的套种、反季种植、种养结合等,最终也可实现农民收入的大幅增加。

要成为合格的创新主体,小农户必须加快实现从传统承包农户到适度规模家庭农场的转型。截至 2017 年,新型职业农民总数达 1500 万以上,平均农业经营收入为 27800 元。在这一队伍中,45 岁及以下的农民比例为 54.35%,学历层次在高中以上的比例为 30.34%。大中专毕业生、务工返乡人员、科技研发推广人员等新生力量占 40.6%。沿着商品化、专业化、规模化的路径,小农户充分发挥家庭中每一个成员的能力,包括家庭中辅助劳动力的力量,依靠家庭经营的韧性,因地制宜,人尽其才,一定能够创造出更多的奇迹。

六、政策建议

1.在顶层设计上,政府应该明确小农户的创新主体定位。将小农户提升到与科研机构、高等院校、农业企业同等的位置。高度重视并充分挖掘两亿多小农户在科研创新中的重要作用,找到我国农业科研创新的持续内生动力。两亿小农户在农业生产的第一线,广泛分布在 960 万平方公里的国土之上,带着 2000 年来祖祖辈辈积累的农业生产实践经验像两亿只触角随时关注每一个气候环境的变化,随时调整农业生产的每个环节,这一强大的力量不能也不容许被忽略。唯有充分发挥两亿小农户创新的内生动力,才可实现我国农业创新的良性循环。

2.理顺小农户和政府部门、科研院所、农业企业之间的关系,使各农业创新主体之间形成优势互补。这需要我们的理论家们寻找新的视角为我国的农业创新提供智力支持。习近平总书记主持召开中央全面深化改革委员会第四次会议并讲话:"……要坚持小农户家庭经营为基础与多种形式适度规模经营为引领相协调,按照服务小农户、提高小农户、富裕小农户的要求,加快构建扶持小农户发展的政策体系……"将小农户作为创新主体纳入现代农业创新体系,将小农户与现有农业创新主体结合,可以降低农业推广费用,规避农户采用新技术的风险,又可以激发现有农业技术创新主体的积极性,创造出符合各地农业生产实际的农业技术需求,从根本上扭转供需错配的尴尬局面。

3.政府应该制定切实的政策,为小农户创新创造环境。为小农户提供人才、资金、信息等全方位的支持。通过各种技能培训,提高小农户的生产经营管理才能;在小农户创新的关键环节给予及时有力的资金支持;通过各种渠道为小农户提供最新的信息。通过完善产权制度,规避搭便车行为,切实保护小农户的技术成果产权。当前,随着适度规模家庭农场的出现,农户的经营规模有了提升,农场主面对市场竞争的压力,他们对创新也更加渴望。遵循土地流转的内在规律,合理引导,拥有适度规模土地农户的创新能力将会很快展现。

中国的农业创新,必须调动一切可以调动的力量。科研单位、高等院校、农业企业、新型农业经营组织、大农户和小农户都是创新主体,应该各取所长,构建更加完备的现代农业创新体系。农业研究具有公共属性,需要也应该由政府进行财力支持,通过加大对政府扶持下的科研院校投入强度,引导农业研究的方向,通过重大理论成果的突破,奠定我国农业科研的国际领先地位。通过农业企业的参与,提高农产品的市场化水平,实现科研与市场的有效结合。通过小农户创新主体地位的确立破解农业技术推广环节的瓶颈。正视小农户发展的现实需要,重视小农户的创新能力,构建以政府、科研院所、农业企业、新型农业经营组织和小农户等多元化有机结合的现代农业创新体系,是理论的突破,更是实践的要求。

(本文作者:邵　平)

新技术革命下市场经济的未来前景

本 文 导 读

随着新一轮技术革命持续推进,大数据、人工智能技术及其影响逐渐成为社会关注的热点。其中引起巨大争论的莫过于在大数据、人工智能等新技术背景下计划经济的可行性问题。实际上,从20世纪20年代起,关于计划经济可行性的论战给后人留下了丰厚的思想遗产,与之相关的争论一直持续至今。在大数据、人工智能的背景下,学界逐渐演化出截然不同的两类观点,即计划经济不可行论以及计划和市场融合论。持计划经济不可行论观点的学者们从技术的局限性、信息的不完全性、激励不足等方面描述了即使在大数据、人工智能技术的影响下,计划经济体制仍不可行的原因。而另一些学者则认为在新技术革命的影响下,计划和市场将不断融合演变:以大数据以及人工智能等技术为支撑,在发挥市场配置作用的同时,可以更好地发挥计划体制的作用,并逐渐形成一种新型的经济体制。上述议题的种种争论实际上牵涉现代经济学的两大理论问题,即社会主义计划经济能否实现静态资源配置的高效率;社会主义计划体制能否推动创新创业和生产率提升,从而实现社会经济的动态效率。本文认为以大数据、人工智能等为代表的新技术革命可以不断帮助社会主义市场经济体制实现更加优化的资源配置。同时,相较于资本主义制度,社会主义市场经济体制在推动大数据、人工智能等新技术以及经济效率的动态持续提升方面存在更大的优势。

一、引　言

近年来,以物联网、大数据和人工智能等技术为代表的新技术革命使信息化渗透到了人类生产和生活的各个方面,给人类社会的发展带来了空前深刻的变革。随着信息化不断向纵深发展,社会经济形态将发生重大转变。一些学者认为此次新技术革命将对经济、社会、企业造成前所未有的颠覆性影响,生产、消费、运输与交付体系等都将被重塑。[1] 因此,能否在此次新技术革命来临之际,顺应并推动新技术的发展以及各项社会制度的变革将成为我国未来经济是否能够保持高质量发展的关键。

对经济学界而言,新技术革命的相关研究逐渐成为学术热点,而其中引起巨大争论的莫过于在大数据、人工智能等新技术背景下计划经济的可行性问题。实际上,关于"计划"与"市场"(抑或"政府"与"市场")关系的探索一直是构建中国特色社会主义政治经济学体系中重要的一环。[2] 从20世纪20年代起,关于计划经济可行性的论战给后人留下了丰厚的思想遗产,与之相关的争论一直持续至今。而当今在大数据、人工智能等新技术革命的背景下,对这一问题的分析与研究依旧具有重要的理论和实践价值。

二、计划经济可行性争论的历史溯源

20世纪初关于社会主义经济核算的论战揭开了(社会主义)计划经济可行性问题的序幕,其争论的核心为生产资料公有制的社会主义经济体制下实现准确经济核算在理论与实践上的可行性,也即计划经济能否实现静态的资源配置效率。理论上,以米塞斯为代表的奥地利学派学者认为计划经济中中央计划的制定者必须要做出成千上万个决策来决定生产什么商品、生产多少以及如何生产,同时还必须决定每个厂商的销售渠道等等。然而,由于计划

---

① 克劳斯·施瓦布:《第四次工业革命:转型的力量》,中信出版社2016年第1版。
② 实际上,笔者认为在1992年确立社会主义市场经济后,计划与市场关系的讨论从话语上逐渐转变为对政府与市场关系的探索。

当局不可能掌握计算均衡价格从而进行合理资源配置所需要的信息,因此他们断言市场是唯一有效的进行资源配置的机制。[1] 就实践而言,哈耶克等认为即使计划经济合理配置资源在理论上成立,但实际操作中却会因为生产资料公有制而难以实现。同时,由于计划经济必须建立在大量可获得的动态数据以及高水平计算能力的基础上,现实技术水平的差距只会使得精准的经济核算以失败而告终。[2] 针对上述学者对社会主义计划经济可行性的否定,以泰勒、勒纳、兰格为代表的经济学家却提出了相反的观点。他们指出中央计划者能够起到瓦尔拉斯普遍均衡分析中的拍卖者的职能。兰格通过将"试错法"嵌入分权式的市场社会主义经济框架中,展现了社会主义条件下瓦尔拉斯式完全竞争市场的资源配置效率特性。[3]

20世纪80年代,关于计划经济资源配置问题的争论逐渐偃旗息鼓,奥地利学派的继承者们把对计划经济可行性讨论的重点从静态的资源配置转向了动态的效率提升,即社会主义计划经济能否有效地促进技术创新活动和生产效率提升。按照哈耶克的理论,由于经济社会中存在大量分散的默会知识(通过文字、图表、语言等方式表达出来的知识),任何创新创业活动都必须通过企业家的市场行为才能够实现。同时,市场中的创新活动都必须存在一定的利益和激励机制,因此只有在私有产权以及自由的市场环境的条件下,创新创业活动才能够得到持续的推动。实际上,上述理论逻辑表达出了资本主义市场经济与创新、生产率提升以及增长之间存在着内在的必然联系,即所谓资本主义市场经济的合法性。而社会主义计划经济则由于公有制和僵化的计划管理使其无法推动生产力的持续进步。对此,社会主义学者提供了不同的观点,曼德尔指出"在一个以民主方式进行计划的自治经济中,生产者为实现合理的技术进步而尝试各种机会的动机会十分强烈。"[4]阿德曼则认为默会知识以及创业行为的产生,并非必然由个人单独承担。现实中,很大一部

---

[1] Hayek, F. (1935). Collectivist Economic Planning: Critical Studies on the Possibilities of Socialism, London: Routledge.

[2] 奥斯卡·兰格:《社会主义经济理论》,中国社会科学出版社1981年版,第4、5页。

[3] 奥斯卡·兰格:《社会主义经济理论》,中国社会科学出版社1981年版,第9至22页。

[4] 厄内斯特·曼德尔:《权利与货币》,中央编译出版社2002年版。

分创新创业活动是由社会群体进行推动的。[1]

从以上的理论回溯可以看出,对于计划经济可行性的争论实际上可分为两个主要阶段,而这两个阶段中的种种争论实际上涉及现代经济学的两大理论要义:第一阶段学者们讨论的焦点在于社会主义计划经济能否实现静态资源配置的高效率。而第二阶段的重心则转移到社会主义体制能否推动创新创业和生产率提升,从而实现社会经济的动态效率。[2]

三、大数据、人工智能背景下计划与市场之争

2016 年,马云发表观点认为未来 30 年计划经济会越来越大,由此引起了国内商界和学术界关于大数据、人工智能背景下关于"计划经济"可行性的广泛讨论。[3] 总体看来,学界对于大数据、人工智能背景下计划经济的可行性问题可分为以下两种具有代表性的观点:

(一)计划经济不可行论

持计划经济不可行论观点的学者们认为,虽然目前大数据和人工智能技术取得了很大进展,但计划经济仍然是不可行的。其具体原因有以下几种:

1.技术能力的局限。有学者认为:"实行计划经济的关键,在于人类能不能做到精准配置社会资源,而不是仅仅做到合理配置社会资源。"[4]但在现阶段的技术水平下,全面实现社会资源的精准配置还不具备任何可能性。仅以中国为例,市场环境中所涉及的人口、行政单位以及产品和服务的数量非常巨大,现有的大数据计算速度还远远不能达到实时、集中核算的要求。[5]

2.信息的不完全性。由于信息的非对称性,信息机制不可能建立在传统

① Adaman,F. and P. Devine(2002):A reconsideration of the Theory of Entrepreneurship:a Participatory Approach. Review of Political Economy,14:329～355.
② 卢获、罗塞尔・斯迈斯:《"可行的社会主义经济学"新论》,《政治经济学评论》,2004 年第 1 辑。
③ 马云:"马克思主义讲到的市场经济和计划经济到底哪个好? 我认为这个观念我们过去的一百多年来一直觉得市场经济非常之好,我个人看法未来三十年会发生很大的变化,计划经济将会越来越大。"http://tech.sina.com.cn/i/2016-11-20/doc-ifxxwrwk1500894.shtml.
④ 何大安、杨益均:《大数据时代政府宏观调控的思维模式》,《学术月刊》,第 50 卷,2018 年 5 月。
⑤ 盛洪:《"大数据+人工智能"能否支持计划经济?》,《汕头大学学报(人文社会科学版)》,2017 年第 9 期。

计划经济条件下,即使在大数据和人工智能的技术条件下,完全的、真实的信息在现实中也是不可能获得的。[①] 具体来看,上述信息的不完全性可归因于:第一,广义上的信息(包含知识、习俗等)既涵盖了可客观描绘的信息,也包括了无法用语言、文字、数字等表达和传递的默会知识,如诀窍,观念、直觉,而默会知识即使运用人工智能也无法获取。第二,在计划经济体制下,市场的消弭反而将使得重构计划经济的核心即大数据,完全消失,形成计划经济的悖论。[②] 第三,经济社会中的信息处于不断动态演变的过程中,影响经济社会动态演变的因素具有巨大的不确定性,很难准确捕捉,同时也难以将其用于预测未来。[③] 第四,传统计划经济中等级制特征很可能造成决策受个人专断和官僚体制等负面影响和支配,导致信息在创造和传递过程中严重失真。[④]

3.激励不足。传统的计划经济除了信息不完全所导致的资源配置严重缺乏效率以外,还存在严重的激励问题。即使随着大数据、人工智能的发展,数据信息的获取变得越来越容易。但只要人的决策仍然起决定性作用,人的激励问题就始终不能被忽视。传统计划经济不可行的重要原因之一,就在于其始终无法解决激励问题。[⑤] 同时,个人的利益是非常主观的,无法利用数据和人工智能技术进行度量。[⑥] 因此,倘若失去了私有产权、市场、自由的环境,仅仅依靠大数据和人工智能等先进技术并无法解决创新中激励机制缺失的问题。[⑦]

综上可以看出对于持大数据和人工智能背景下计划经济仍不可行论的学者,其理论依据仍然延续了 20 世纪计划经济可行性争论中奥地利学派及其他自由主义经济学者的核心理论要义。他们认为由于存在种种制约条件,传统的计划经济既不能达到静态资源配置最优,也无法促进创新和生产效率的提升。

---

① 吴敬琏:"有了大数据也不能搞计划经济"。http://finance.qq.com/original/caijingzhiku/QJLDSJ.html.
② 张维迎:《"大数据+人工智能"能否支持计划经济?》,《汕头大学学报(人文社会科学版)》,2017 年第 9 期。
③ 张旭昆:《大数据时代的计划乌托邦——兼与马云先生商榷》,《探索与争鸣》,2017 年第 10 期。
④ 晏智杰:《大数据时代:重议计划与市场》,《中国经济报告》,2018 年第 1 期。
⑤ 钱颖一:"马云口中的计划经济错在哪。"http://finance.sina.com.cn/zl/china/2016-12-06/zl-ifxy-iayq2447146.shtml.
⑥ 张曙光:《"大数据+人工智能"能否支持计划经济?》,《汕头大学学报(人文社会科学版)》,2017 年第 9 期。
⑦ 许成钢:《人工智能、工业革命与制度》,《比较》,第 95 辑。

(二)计划和市场融合论

与上述完全不可行论不同,一些学者认为在新技术革命的影响下,计划和市场将不断融合演变。以大数据以及人工智能等技术为支撑,在发挥市场配置作用的同时,可以更好地发挥政府的作用。但由于对大数据和人工智能技术能力、市场的演化趋势等方面认识的不同,使得此类学者的具体观点呈现了细微的差别。

第一类观点认为大数据和人工智能并没有改变社会主义市场经济的制度优势,但新技术为完善社会主义市场经济体制提供了必要的技术手段。具体来看,大数据技术能够通过扩展人类理性和减少机会主义行为来降低市场的交易成本。但由于其难以准确地挖掘和预测默会知识以及自然环境的变化,大数据始终无法完全消除交易成本。因此,受制于交易成本,市场和政府在不同的情境下仍具有各自的比较优势。[①] 还有学者指出,在信息化不断深入使得市场化趋势加深的同时,也促使行业、区域以及国家层面的计划配置资源能力空前提高。社会主义市场经济体制的升级方向并不是所谓的"新计划经济",而是市场调控、信息调控与计划调控多种资源配置手段有机结合的"新鸟笼经济"。[②]

第二类观点在坚持市场基础性作用的同时,更加强调大数据和人工智能技术对于提升社会主义经济计划可行性的价值。这种可行性是建立在大数据和人工智能下述功能之上:(1)发现和利用默会知识。(2)具有完备和实时预测的能力。(3)可利用集中计划和个性计划的方式促进供需动态平衡,同时促进多样化、个性化的供给与需求。(4)推动企业组织和商业模式的深刻变革。同时,大数据技术将促进政府治理范式向更加协同合作、多元共治、精准治理的方向转变。利用大数据实现数据监督,保障人民权利,有效地防范官僚主义行为。[③] 通过引入"平台经济组织"替代中央计划局在传统计划经济

① 程承坪、邓国清:《大数据与社会主义市场经济体制——兼与马云先生和张旭昆教授商榷》,《探索与争鸣》,2018 年第 4 期。

② 鄢一龙:《新计划经济还是"新鸟笼经济"》,《经济导刊》,2017 年第 8 期。

③ 孙倩倩、张平:《大数据的计划逻辑:大数据时代社会主义市场经济实现"有计划的社会生产"之可能性》,《企业经济》,2018 年第 5 期。

中的核心作用,可以较大程度地缓解官僚制组织所内生的官僚主义及其对资源配置的扭曲。因此,在大数据背景下,以大数据为技术条件、平台经济为制度和组织条件,可以构建起一种计划主导型市场经济体制。[①]

第三类观点则从更长期的角度,描绘了计划与市场的未来走向。他们认为在进入大数据时代之后,由于信息具有了公共性、及时性、预测性和动态性,伴随生产力的发展,计划赖以实现的客观和宏观信息越来越丰富可测。而主观和微观信息,作为市场发挥作用的基础却越发模糊,导致社会主义计划的边界有不断扩展的潜力。[②] "大数据"正驱动着工艺范式上的"大工业机器体系"向代表更发达生产力的"大数据物联网"生产体系的转换。物联网生产体系运转的智能,开放、共享的特征必将引发人类物质生产方式以"资本主义范式"向"社会主义范式"转换。在基本"范式"的竞争上,世界的天平已开始向社会主义倾斜。[③]

整体看来,虽然三类观点都认为在大数据和人工智能的背景下市场和计划将出现互相融合演化的新趋势,但由于对新技术的能力、信息的演化趋势等问题的认知存在差异,从第一类到第三类观点,新技术将促使"计划要素"在经济体制中的地位和实际作用不断加深。

四、新技术革命背景下市场和计划的演变

通过对计划经济可行性的理论溯源以及对大数据和人工智能背景下计划经济可行性争论的归纳,可以发现不同学者间的共识和差异。总体而言,无论是不可行论者还是融合论者,都承认市场机制在当前生产力水平下对于静态资源配置和动态生产率提升中的积极作用,并且也都反对苏联式的僵化等级制的传统计划经济体制。然而,由于对大数据和人工智能等技术的能力

① 王彬彬、李晓燕:《大数据、平台经济与市场竞争》,《马克思主义研究》,2017年第3期。
② 王丰:《"企业家才能"批判:大数据视域下社会主义计划的新证、边界及走向》,《教学与研究》,2017年第9期。
③ 刘方喜:《"大机器工业体系"向"大数据物联网"范式转换:社会主义"全民共建共享"生产方式构建的重大战略机遇》,《毛泽东邓小平理论研究》,2017年第10期。

以及经济体制演化趋势的认知存在差异,对社会主义经济计划究竟在经济运行中能够起到什么样的作用,学者们的观点却存在较大分歧。

实际上,上述两种主要观点在理论上都存在一定的不全面或不准确的地方。接下来,笔者试图在分析上述观点偏误的基础上,阐述大数据、人工智能背景下计划与市场关系及其演化的趋势。

具体看来,上述观点理论上的不足体现在:第一,对大数据、人工智能以及默会知识等技术和理论的理解不够准确。当前,在大范围场景内应用的"人工智能"实际上是一种"模式识别"技术。这一技术是否能够得到准确、高效的应用需要三方面的基础作为支撑:数据、处理器和算法。也就是说,要想人工智能技术充分发挥自身功能就必须拥有:海量的数据、先进的处理器和高效的算法。大数据作为人工智能技术得以充分发挥的基础要素之一,其获取途径除了已有的静态数据以外主要来源于物联网。通过将物理信息传感器、条形码或二维码嵌入各种商品实物中形成万物互联的基础网络,可以获得远远超过互联网时代的数据。通过对不同场景数据的计算和分析,大数据和人工智能基础可以使消费者一部分的隐性信息显性化,例如,通过大数据和智能算法的分析可以根据消费者以往消费行为推测出消费者的偏好。[1]也能够使生产者以工业大数据为基础,从策略层面来实施维护流程,实现预测性维护,以提高生产效率。[2] 但现阶段,经济社会中的所有默会知识并不都能够通过大数据和人工智能技术获得,尤其是市场中创业的行为产生的知识。

---

[1] 以全球第二大食品公司卡夫对其产品——维吉酱的营销为例,其澳洲分公司通过相关大数据的分析工具对 10 亿条社交网站帖子、50 万条论坛讨论内容进行抓取分析,最终得出消费者购买的三个关注点:健康、素食主义和食品安全,并且发现产品中含有的叶酸对孕妇尤其重要。于是卡夫针对这个信息进行营销,打开了孕妇消费者市场,维吉酱销售额大幅增加,创造了该产品销售的历史最高纪录。

[2] 例如,通用电气(GE)近年来在其产品,如机床、涡轮发动机、火车和喷气飞机引擎以及医疗成像等设备中嵌入传感器,使其获得设备的产生的数据流。通过对大数据的分析,通用电器可以保证这些设备以最高效的效率运行,并且科学地预测设备状态,从而进行主动干预式的保养维护,使工期缩短,提前消除故障以保证生产的顺利进行。SKF(瑞典轴承制造商)通过将小型的、自供电感应器置入其智能轴承的相关产品,便可以把产品的运行情况持续不断地向总系统通报。基于物联网与大数据技术,轴承可以被实时监控,在此基础上的企业提供的数据服务可以使客户及时了解轴承的损耗程度,并采取补救措施,比如加润滑油或减少超载从而避免事故发生。机器因此变得更加可靠,同时也减少了停运的可能。

第二，对新技术革命的考察不够全面。2008年金融危机后逐渐兴起的新技术革命是以新型信息通信技术（物联网、大数据）为核心，以新能源技术为动力支撑，以新型制造技术为表现形式的创新技术集群。因此，在讨论当前以大数据、人工智能为代表的新技术革命背景下计划经济可行性的问题时，对新技术形式的聚焦点应该拓展到新型制造技术、新能源技术等一系列技术变革。毕竟，在上述理论设想中，动态的供需平衡不仅仅需要大数据、人工智能对供给和需求进行实时准确的捕捉和预测，还需要以可重构生产体系、3D打印为代表的更加弹性、高效的物质生产技术作为支撑。同时，社会生产力的持续进步而最终达到物质丰裕的状态也是社会主义必要的物质基础。

第三，以大数据、人工智能为代表的新技术在上述理论争论中依旧是一个外生变量。这一缺陷直接导致不可行论者对待大数据、人工智能技术演变的静态观念，也即以当下新技术暂时性的不足来断言实时、精准计划和预测的不可行性。例如，有些学者认为由于当前人工智能还无法识别幸福、愤怒、悲伤等主观认知的感受，即所谓"热数据"与"热识别"问题，人工智能目前还存在很大的局限性。但是人工智能当下研究的重点以及未来的发展趋势正是对认知感受进行准确的识别。利用深度学习加上复杂逻辑的混合方法，通过数据学习进而借助"高纬度矢量"表示诸如"愤怒"等主观感受正是当下人工智能研究的焦点。同时，新技术的外生化也使得部分融合论者过分强调社会主义"按计划进行生产"的主观构建，而忽视了其必然性。"社会主义按计划生产"不是空洞的理念和道德说教，资本主义市场经济在长期发展的过程中虽然促进了生产力的发展，但生产效率提升造成大量商品的堆积和价值实现的困难。为此，个性化弹性化的生产方式应运而生，而大数据、人工智能的发展恰恰给按需生活提供了必要的技术手段。因此，正是资本积累的矛盾不断推动了新技术的发展和应用，同时也为未来更高阶段的社会形态铺平了道路。

新古典经济学和市场社会主义的最初理论（即兰格模式）均认为市场是一种稀缺资源配置的中性的工具。但对于市场本质的认识如果仅仅停留在工具性的物质层面是远远不够的。"马克思主义认为，资源配置具有二重性，即物质形式和社会形式。社会的资源配置，归根结底是资源在相互间存在利益差别以至利益冲突的不同人们之间的分配。而价值就是反映市场社会形式的一个范畴。"①市场经济配置资源以价格信号为核心,价格又以价值为基础,反映了市场中不同行为个体的交换关系,而交换关系又是建立在一定社会分工基础之上。因此,在技术进步和生产力发展的影响下,社会分工方式的演化会使市场制度本身也随之发生转变。

从马克思主义经济学看,在持续技术创新的作用下,分工的发展推动着市场规模的不断扩大以及劳动生产率的持续提升,这就意味着有更多的产品需要实现它们的价值,也即其支出的私人劳动需要成功地转化为社会劳动。然而,由于市场的需求和供给都存在巨大的不确定性,供求双方可能存在极大的结构不平衡,当上述结构失衡影响到企业价值增值能力时,一些企业便会利用技术创新以缓解价值实现的困难,而这一类技术创新往往会导致社会分工形式的变化。② 当前新技术革命的影响下,以 3D 打印技术为代表的增材制造技术和可重构生产系统提高了制造快速成型的能力,降低了定制化生产的成本,缩短了生产周期。通过物联网技术将工厂与工厂相连,使得同一生产网络中的企业共享数据,加之大数据、人工智能使得整个生产系统更加实时化、数字化,智能化,使得从消费者到生产者直接连通——订单生产成为可能,从而在技术上规定了生产的直接社会性。同时,作为商品价值表现的货币,在网络化电子货币形式上已经不再与任何具体的商品使用价值相联系,它表现为一个数字符号。毫无疑问,这个数字符号背后的实质,仍然是商品生产中的社会必要劳动时间,但是劳动时间通过使用价值体来表达的颠倒的关系,至少在技术上已经不再必要。电子货币的形式预示着直接用劳动时间衡量和调节社会经济的技术可能性,这里可调节的不仅是生产,而且包括分配和消费。

未来在新技术革命背景下的"社会按计划生产"绝不是苏联式等级式僵化的指令经济,中心控制并不是计划经济的本质特征。现代互联网、物联网、人工智能技术的快速发展,预示着未来社会有计划生产的可能性。我们完全

---

① 张宇:《过渡政治经济学导论》,经济科学出版社 2001 年版,第 61、62 页。
② 谢富胜、李安:《分工动态与市场规模扩展——一个马克思主义经济学的分析框架》,《马克思主义研究》,2009 年第 9 期。

可以设想由亿万全面发展的自由个人,运用更高效的智能计算技术,掌握更全面的社会经济大数据,在一个分布式社会网络系统中形成社会经济决策,来预先调控社会生产、流通、分配和消费。未来计划经济条件下的人并不是毫无主见、盲目服从、机械式的个体,马克思所设想的未来社会,是一个自由人联合体,每个社会成员都是自由个性得到全面发展的具有高度自主性的个体,社会组织本质上一定是自治的。同时,新技术革命所带来的生产率的持续提升为共享发展提供了可行的空间,生产的社会性使得任何人都可通过社会媒介和众包等形式参与到生产的创新过程中来,并可以分享其产品的利润。[①] 随着劳动对象的改变和劳动者自身素质的提高,劳动者不再成为机器的局部工具,而是可以通过生产改造自身,成为真正"富有的人",即自由全面发展的个体。[②]

当然,新技术绝不可能自觉地修复资本主义市场经济的内在矛盾,达成上述可行性必须发挥社会主义的优越性。在大数据、人工智能等为代表的新技术革命背景下,不断完善的社会主义市场经济体制既可以发挥市场机制在资源配置、生产效率提升方面的积极作用,还能够更好地发挥政府的作用,主动克服当下自由市场主义的缺陷。

五、以社会主义市场经济体制促进新技术革命的必要性

经过长期不懈的努力,中国的经济发展当前取得了一定的成就。十九大报告指出:中国特色社会主义进入新时代,我国社会主要矛盾已经转化为人民日益增长的美好生活需要和不平衡不充分的发展之间的矛盾。而中国经济能否转变发展方式、优化经济结构、转换增长动力,构建现代化经济体系以实现平衡、充分的高质量发展的关键在于我国能否在目前新技术浪潮来临之际不断推动创新,占领新技术革命的制高点。

纵观历史上数次工业革命可以发现,但凡在新技术革命中成功实现技术

---

① 王飞跃:《从社会计算到社会制造:一场即将来临的产业革命》,《中国科学院院刊》,2012 年第 6 期。
② 迈克尔·A.莱博维奇:《何为 21 世纪的社会主义?》,《国外理论动态》,2016 年第 12 期。

跨越式发展的国家都充分、合理地运用了市场和政府的力量;在推动创新能力提升的过程中,实现了市场手段和计划手段的良好的互动。

不言自明的是,在至今 200 多年历史发展的过程中,资本主义市场经济呈现出了比历史上出现的任何一种社会形态都超越的生产力和技术进步的动力。实际上,马克思、恩格斯在他们政治经济学著作中(例如《资本论》中绝对剩余价值生产和相对剩余价值生产)曾描绘了市场这一机制如何促进技术进步与创新。从整体来看,马克思政治经济学体系中资本主义社会技术进步的动力主要来自于如下两个方面:第一,从企业外部来看,由于资本家面临着外在竞争的压力,获取剩余价值和超额利润是资本家生产的目的,因此竞争环境迫使资本家采用先进技术以求得在市场中生存。"剩余价值的生产是生产的直接目的和决定动机。资本本质上是生产资本的,但是有生产剩余价值,它才生产资本。"[①]"因此,资本作为无止境地追求发财致富的欲望,力图无止境地提高劳动生产力并且使之成为现实。"[②]马克思的核心观点在于无论采用什么样的方式和手段,竞争是激励资本主义永久生产力变革的主要因素。但是,企业通过先进的机器、组织结构等获得的竞争优势(更高的利润)并不可能长期存在。企业的竞争性促使它们迅速采用新的方法(除非新技术有专利限制或被垄断力量保护起来)。这一竞争的结果将是跨越部门的技术上的巨大创新。一旦市场中的竞争者对原先采用先进技术的企业完成了赶超,被超越的资本家为了保持先前获得的超额剩余价值便有了再一次进行技术创新的激励。第二,从企业内部来看,资本生产不仅仅是物质生产的过程,同时也是价值增值和劳动力受剥削的过程。在此过程中,资本不停地通过技术创新使新技术成为对劳工进行有效控制的手段,这便是技术进步的又一动力。对劳动过程和劳工的控制一直以来都是资本获取利润、保持资本积累的核心能力。因此,资本家为了实现商品生产的效率而对雇佣劳动进行控制是资本主义劳动过程的核心。总体来说,不论是面对企业外部残酷的竞争,还是对企业内部劳动过程的控制所采取的技术创新实际上统一于资本家对剩余价

---

① 马克思:《资本论》第 3 卷,人民出版社 2004 年版,第 997 页。
② 《马克思恩格斯全集》第 30 卷,人民出版社 1995 年版,第 305 页。

值和超额利润的追逐。

然而,资本主义市场经济发展至今,以超额利润为导向的自由市场机制对创新的促进作用出现逐渐弱化的迹象,其大致表现在:第一,创新以及创新所必需的物质技术条件具有巨大的外部性和公共品特征,仅仅依靠市场机制已经远不能够满足当前技术创新的需要。以弗里曼、佩雷兹为代表的演化经济学家通过对历史上数次技术浪潮的研究发现:凡是在新技术长波前期,针对此次技术变革进行充分的基础设施建设的经济体均获得新技术革命的成功以及此次技术长波内持续的经济增长。当前,大数据与人工智能技术的持续演化与发展需要海量的数据作为支撑,而丰富充足的数据采集又是建立在物联网全面普及的基础之上。但由于物联网建设需要巨大的投入,并且具有一定的外部性和公共品性质,目前掌握人工智能前沿技术的私营企业没有足够的激励进行相关的基础设施建设。因此,国家在宏观层面对涉及物联网相关基础设施建设进行统筹规划,同时借助市场的力量推动相关新技术革命物质基础条件的完善就显得尤为重要。例如,德国对其"工业4.0"的核心——"物理信息系统",即物联信息系统的建设过程中,就采取了政府、行业协会与私人企业相结合的方法。①

第二,20世纪70年代资本主义进入金融化阶段后,经济上的新自由主义与金融创新所带来的超高利润使得国民经济越来越虚拟化。加之信息技术的崛起与全球化的日益深入,生产者可利用全球劳动力套利的手段,即资本进行空间重塑,把生产转移到具有丰富廉价劳动力的国家,来保持较高的利润率,从而导致经济体出现产业空心化现象。上述现象说明以利润为导向的市场机制并不必然促进技术创新和生产率的提升。相反,却造成了实体经济的创新不足,甚至工业化的中断。在一定的制度和政策背景下,经济金融化和产业空心化甚至可能成为国民经济演化的必然趋势。因此,在当前新技术革命方兴未艾的背景下,除了发挥市场基础性作用外,应更好地发挥政府的作用。例如,促进实体经济的良性竞争,同时通过制度建设调节不同部门间

---

① Recommendations for Implementing the Strategic Initiative INDUSTRIE 4.0, Acatech and Forschungs Union, http://www.acatech.de/fileadmin/user_upload/Baumstruktur_nach_Website/Acatech/root/de/Material_fuer _Sonderseiten/Industrie_4.0/Final_report__Industrie_4.0_accessible.pdf.

利润率的差别以抑制经济虚拟化的趋势。争取利用市场和计划两种手段,构建良性的积累结构以持续推动创新和实体经济发展。

第三,纵观工业革命史可以发现,在资本主义条件下,以利润为导向的技术创新极大地削弱了劳动者在劳动力市场上的议价能力,例如先进机器、人工智能技术对部分体力和脑力劳动者的替代,从而导致收入的两极分化以及有效需求的不足,而市场需求的下降某种程度上又抑制了市场的创新能力。因此,既要利用市场机制发展生产力创造巨大的财富,形成可持续发展的物质基础,也要充分发挥社会主义经济制度的优势以保障创新成果为社会所共享。公有资本主导的企业着眼劳动者根本利益,保证劳动报酬与生产力同步增长;以人民利益为根本出发点的执政党,能够保障社会政策、再分配政策更多向劳动者阶级倾斜,保证全社会劳动者及其子女劳动能力发展机会的平等。由于劳动者收入随着创新发展持续增长和企业生产经营中劳动者地位的提高,我国人口总体素质必将出现大幅度提升。劳动者素质的普遍提升,将极大提高我国科技创新和产业革新能力,对国家创新体系的建设构成最扎实的基础,为我国产业国际竞争力的提升提供最重要的保证。

综上所述,以大数据、人工智能为代表的新技术集群可以更好地优化市场配置资源的能力,并且更好地发挥政府的作用。新技术的演化和发展虽然离不开市场机制,但当下技术的持续发展和完善同样需要有效地发挥政府的作用,以促进我国经济更好质量的发展。

总之,新的一轮科技和产业革命在未来30年,将为实现我们党第十九次代表大会所提出的奋斗目标作出贡献,并且在更长时间内,对中国特色社会主义的建设和完善发挥重要作用。我们正在不断完善的社会主义经济体制,将与这一在科技革命推动下加速发展的社会生产力相互促进,相得益彰。科技创新提高劳动生产力,创造共享发展的巨大财富;社会主义的按劳分配为主的分配制度保障财富的共有共享;劳动者收入持续增长,劳动者的民主权利不断提高;人民群众的美好生活需要日益满足,我国人口总体素质大幅度提升;劳动者创新能力提升,极大提高了我国科技创新和产业革新能力,对国家创新体系的建设构成最坚实的基础,为我国产业国际竞争力的提升提供了最重要的保证。这是一个生产、分配、消费正向联动机制,必将加快我国经济与社会高质量发展的步伐。不仅如此,科技革命展现的长远前景,也使我们更加坚定了共产主义的信仰。中国特色社会主义在市场经济条件下能够克服资本主义市场经济对生产力的阻碍,形成可持续的经济增长,在经济增长和人的发展互为前提的良性循环中,坚定而持续地接近一个更加美好的理想社会。我们甚至认为,从社会主义市场经济向未来社会的过渡会在渐变中实现。一个信息流、能量流与物质流合一的分布式网络系统会在社会主义的生产关系与生产力发展的良性互动中孕育产生,并逐渐完善;一个在全球网络技术基础上建立的、由全体社会个人参与的、拥有高度智能化工具的分布式神经网络型经济计划系统将逐步在国民经济中发挥作用。先是与市场机制并存、互补,再往后作用逐步加强,直至最终消灭商品货币关系,从而形成以全球联网的,人机合一的,全人类参与,自下而上为主,中心协调为辅的社会劳动分工和劳动时间按比例分配机制。这是一个渐进的过程,漫长的过程,同时又是一个当今科学技术发展可以预期的过程。中国特色社会主义应当克服前进道路上的一切障碍,沿着这样一条劳动生产力持续发展的中国道路,从社会主义市场经济渐进地长入共产主义。马克思、恩格斯生前未能想象这样的前景,而中国特色社会主义的演化路径正逐步向我们展示这样一种历史的可能性。

(本文作者:王亚玄)

均衡增长
与
协调发展

FAXIAN ZHONGGUO ZHIHUI

供给侧结构性改革的均衡增长逻辑*

本 文 导 读

　　作为现阶段我国宏观经济政策的主线,供给侧结构性改革一经提出就成为理论研究的热点命题。但直到目前为止,关于改革的属性问题,即供给侧结构性改革到底是什么? 究竟属于解决中国经济发展阶段性困难的短期策略,还是因应市场经济演进必然规律的长期发展战略? 理论依据又是什么? 理论界一直没有给出清晰而令人信服的解读。以至于,供给侧结构性改革的解读出现两种混乱倾向,其一是陷入按政策文件亦步亦趋地逐一注解的教条,或者直接将其简单等同于"三去一降一补";其二是泛化为无所不包的大杂烩,无论什么样的政策工具或者改革措施,都一揽子归为供给侧结构性改革,甚至一些刺激需求总量的短期政策也被归结到供给侧结构性改革中。在这种情形下,改革目标、政策体系以及改革措施与作用机理等的进一步讨论,自然不得要领。为此,文章按照马克思扩大再生产理论,分析资本主义生产方式下经济均衡增长的条件及其不稳定性,以及由此衍生的系列矛盾与风险,并说明凯恩斯需求管理的局限性。在此基础上进一步说明,我国现阶段宏观经济的系列困局,是社会生产两大部类长期失衡及其衍生矛盾的一次集中爆发,供给侧结构性改革既是化解我国现阶段两部类失衡现实矛盾的当务之急,也是中国特色社会主义市场经济条件下生产方式的调整和完善。

＊　本文原载于《当代经济研究》,2019 年第 8 期。题为:"供给侧结构性改革:均衡增长的理论与逻辑——基于马克思扩大再生产理论的演绎"。

一、引 言

作为我国现阶段宏观经济政策的主线和重点,供给侧结构性改革一经提出就在理论界引起广泛关注,学者们基于各自的学术背景,研究的视角及其侧重点各有不同。总体上看,现有文献大致可以分为三条线索:其一是什么是供给侧结构性改革。诸如把供给侧结构性改革界定为从供给端入手,通过实质性改革措施,打通要素流动通道,优化资源配置,提升整个供给体系质量和效率的举措;或者认为供给侧结构性改革,是针对供给结构不适应需求结构变化的矛盾而产生的全要素生产率低下问题,所进行的结构调整和体制机制改革,以提高供给体系的协调性、高效性和高质性;而胡鞍钢等则认为,供给侧结构性改革是旨在通过结构性改革,转变以往要素依赖型的经济增长方式,使创新成为新的经济增长动力。其二是为什么要进行供给侧结构性改革。主要包括从需求调控面临的现实困境角度寻找依据,从生产要素、产品服务、劳动和社会发展等领域的制约因素角度寻找依据,以及从供给结构与需求结构不相适角度寻找依据三种分析路径。其三是供给侧结构性改革应该如何改。这一线索的研究涉猎较为广泛,其内容包括产业发展、调控政策、财税制度、资本市场、人力资源、技术创新等多个层面,结论则更是多种多样。

尽管上述研究提出了诸多富有见地的结论与见解,但直到目前为止,仍有一系列理论问题尚未厘清,最为突出的是改革的基本属性,即供给侧结构性改革到底是什么? 究竟属于解决中国经济发展阶段性困难的短期策略,还是因应市场经济演进必然规律的长期发展战略,理论依据又是什么? 相关研究一直含糊其辞。这就使得供给侧结构性改革的解读出现两种混乱倾向,其一是陷入按政策文件亦步亦趋地逐一注解的教条,或者直接将其简单等同于"三去一降一补";其二是泛化为无所不包的大杂烩,无论什么样的政策工具或者改革措施,都一揽子归为供给侧结构性改革,甚至一些刺激需求总量的短期政策也被归结到供给侧结构性改革中。在这种情形下,有关改革目标、政策体系,以及改革措施及其作用机理等的进一步讨论,自然不得要领。

究其根源,问题主要在于研究的理论基点出现偏差。尽管不照搬西方经济学的理论似乎已在学术界形成共识,但一旦回到具体问题,很多学者往往会不自觉地回到西方经济学的分析逻辑。一种情况是依据自由主义的经济思想,把当前中国经济一系列发展困局归结为近年来政府干预与政策刺激的累积后果,主张通过全面的制度改革,化解制约,释放经济社会潜力,提高经济增长活力;另一种则从凯恩斯主义理论出发,倾向于通过扩大社会需求来化解各种现实矛盾,政策手段也多为加大公共基础设施建设、加快城市化步伐、提高低收入群体的收入等。按照这种逻辑,供给侧结构性改革要么就被视为切除政府干预负效应的一次性手术刀,只要放松管制、释放活力、让市场机制发挥决定性作用,也就万事大吉;要么就被视为总供给与总需求失衡情况下的权宜之计,需要以适当的需求侧调控为其铺垫必要的景气条件,甚至干脆认为,供给侧改革不具备宏观调控手段所需的逆周期调节能力,故而不应该成为宏观调控的常规手段。事实上,市场万能的自由主义思想早已在历次经济危机的实践中反复证伪,立足于自由主义的供给学派主张同样也被证明是一次不成功的实践,而凯恩斯主义的局限性,以及由此引发的各种问题更是在理论上得到充分阐释。以西方经济学的理论依据来讨论供给侧结构性改革,显然是根本说不清的。

按照马克思主义经济学的观点,经济发展是一个生产、分配、流通和消费四个环节相互影响且相互转化的过程,而生产在其中始终起着支配的作用,并决定着经济发展的性质和特点。供给侧结构性改革正是坚持了从生产出发去进行分析的马克思主义经济学方法论,是习近平总书记基于对市场经济运行一般规律的洞悉和我国现阶段经济社会发展主要矛盾的准确把握而提出来的一个系统性工程。正确理解供给侧结构性改革,必须坚持以马克思主义经济学为指导。为此,本文从马克思社会再生产理论中两部类均衡的条件出发,分析资本主义生产方式下均衡的不稳定性,以及均衡打破时所衍生的各种矛盾与风险,并剖析凯恩斯主义的需求侧管理在治理两部类失衡矛盾上的局限性。在此基础之上,进一步说明供给侧结构性改革的现实背景、政策内涵与实践依据,其意义不言自明。

二、经济均衡增长的条件:两部类均衡及其不稳定性

供给侧结构性改革是新常态背景下我国政府为实现经济持续健康发展而采取的政策措施,就其本质而言,属于经济均衡增长范畴的命题。在马克思主义经济学的理论架构中,这一问题的讨论是从社会总资本的再生产展开的,通过对资本主义再生产的实现与平衡条件的说明,马克思揭示了资本主义经济均衡的脆弱性和增长的不稳定。

(一)马克思两部类均衡的基本公式

马克思认为社会资本的再生产运动"不仅是价值补偿,而且是物质补偿,因而既受社会产品的价值组成部分相互之间的比例的制约,又要受它们的使用价值,它们的物质形式的制约"。为此,马克思从实物形式角度把社会总产品划分为生产资料和消费资料两大生产部类,从价值形式角度划分为不变资本(c)、可变资本(v)和剩余价值(m)三个组成部分。马克思的论证分为简单再生产和扩大再生产两个层次,为简化讨论,文章直接从扩大再生产开始分析。现记初始条件下即 T 期社会总产出如下:

第 I 部类: $C_1^t + V_1^t + M_1^t = W_1^t$

第 II 部类: $C_2^t + V_2^t + M_2^t = W_2^t$

在由 T 期进入 $T+1$ 期的扩大再生产中,资本家会将 T 期生产的剩余价值在扣除自身消费 $(\frac{m}{X})i(i=1、2)$ 之外,全部用于追加可变资本 $\Delta C_i(i=1、2)$ 和不变资本 $\Delta V_i(i=1、2)$ 的过程,则 $T+1$ 期再生产的投入结构为:

第 I 部类: $(C_1^t + \Delta C_1^{t+1}) + (V_1^t + \Delta V_1^{t+1})$;

第 II 部类: $(C_2^t + \Delta C_1^{t+2}) + (V_2^t + \Delta V_1^{t+2})$

其中: $\Delta C_1^{t+1} + \Delta V_1^{t+1} = M_1^t - (\frac{m}{X})_1^{t+1}, \Delta C_2^{t+1} + \Delta V_2^{t+1} - (\frac{m}{X})_2^{t+1}$

按照马克思的分析, $T+1$ 期社会资本扩大再生产顺利实现,即两大部类均衡的基本条件是,第一部类补偿原可变资本、追加可变资本与资本家消费部分的价值之和,等于第二部类补偿原不变资本与追加的不变资本的价值之和,即:

$$(V_1^t + \Delta V_1^{t+1}) + (\frac{m}{X})_1^{t+1} = (C_2^t + \Delta C_2^{t+1}) \qquad ①$$

(二) 两部类均衡持续的必要条件及其不稳定性

那么,如果 ① 成立,即 $T+1$ 期扩大再生产能够实现均衡,在其后的持续地扩大再生产过程,这一均衡能否始终保持,如果可以,其前提条件又是什么? 为进一步说明,文章在此沿着马克思的均衡条件基本公式作进一步推演。记剩余价值率为 $\gamma_i = \frac{M}{V}(i=1、2)$,资本家消费且在剩余价值中的占比 $\varphi = \frac{(\frac{m}{X})}{M}$,且令 $\gamma_i(i=1、2)$、ϕ 既定,另记资本有机构成为 $\beta_i^j = \frac{C_i^j}{V_i^j}(i=1、2,j=t、t+1、t+2\cdots\cdots)$。鉴于两部类的追加资本,价值上均等于其剩余价值扣除资本家消费部分,故:

$$\Delta C_1^{t+1} + \Delta V_1^{t+1} = M_1^t(1-\varphi) = V_1^t \gamma_1(1-\varphi)$$
$$\Delta C_2^{t+1} + \Delta V_2^{t+1} = M_2^t(1-\varphi) = V_2^t \gamma_2(1-\varphi)$$

若 $T \to T+1$ 期两部类资本有机构成均不变 $\beta_i^{t+1} = \beta_i^t(i=1、2)$,则

$$\frac{C_1^t + \Delta C_1^{t+1}}{V_1^t + \Delta V_1^{t+1}} = \frac{C_1^t}{V_1^t} = \frac{\Delta C_1^{t+1}}{\Delta V_1^{t+1}} = \beta_1^t , \frac{\Delta C_2^{t+1}}{\Delta V_2^{t+1}} = \beta_2^t$$

易得:$V_1^t + \Delta V_1^{t+1} + (\frac{m}{X})_1^{t+1} = [1 + \gamma_1 \varphi + \frac{\gamma_1(1-\varphi)}{1+\beta_1^t}] V_1^t$;

$$C_2^t + \Delta C_2^{t+1} = [1 + \frac{\gamma_2(1-\varphi)}{1+\beta_2^t}] C_2^t ,$$

因此,$T+1$ 期再生产均衡条件可整理为:

$$[1 + \gamma_1 \varphi + \frac{\gamma_1(1-\varphi)}{1+\beta_1^t}] V_1^t = [1 + \frac{\gamma_2(1-\varphi)}{1+\beta_2^t}] C_2^t \qquad ②$$

鉴于 t 期的生产投入中的 V_1 和 C_2^t 是其上一期($t-1$ 期) 社会产出在两部类之间交换的结果,在默认初始状态即 t 期的社会再生产保持均衡的前提下,必有 $V_1 = C_2^t$,那么两大部类均衡的条件可化为:

$$[1 + \gamma_1 \varphi + \frac{\gamma_1(1-\varphi)}{1+\beta_1^t}] = [1 + \frac{\gamma_2(1-\varphi)}{1+\beta_2^t}] \qquad ③$$

即只要③成立,②一定成立。继续维持资本有机构成不变,依次递推,易得 $T+2$ 期 $T+n$ 期扩大再生产两部类均衡的条件即为:

$$[1 + \gamma_1\varphi + \frac{\gamma_1(1-\varphi)}{1+\beta_1^t}]^2 V_1^t = [1 + \gamma_1\varphi + \frac{\gamma_2(1-\varphi)}{1+\beta_2^t}]^2 C_2^t \qquad ④$$

$$[1 + \gamma_1\varphi + \frac{\gamma_1(1-\varphi)}{1+\beta_1^t}]^n V_1^t = [1 + \gamma_1\varphi + \frac{\gamma_2(1-\varphi)}{1+\beta_2^t}]^n C_2^t \qquad ⑤$$

比较②④⑤,容易得出,在给定剩余价值率和资本家消费占比的前提下,只要保持资本有机构成始终不变,则社会再生产可以持续维持均衡。但社会再生产过程中资本有机构成不变的假设是十分苛刻的,"只要资本主义生产过程的动机和决定目的,是资本尽可能多地自行增值,也就是尽可能多生产剩余价值",在资本积累和竞争压力的持续推动下,企业就会竞相采用更高效率的生产方法和更多数量的机器设备,使得"一定价值量的可变资本所能支配的同数工人或同量劳动力,会在同一时间内推动、加工、生产消费掉数量不断增加的劳动资料,机器和各种固定资本,原料和辅助材料 —— 也就是价值量不断增加的不变资本",资本有机构成因此也必然不断提高。正如马克思所说"可变资本同不变资本相比,从而同被推动的总资本相比,会相对减少,这是资本主义生产方式的规律"。因此,资本主义扩大再生产中的两部类均衡也是偶然的和不稳定的,一旦资本有机构成提升,两部类之间的均衡将就此打破。

为简化讨论,这里仍令剩余价值率和资本家消费占比为 $\gamma_i(i=1、2)$、φ,$T \to T+1$ 期扩大再生产中两部类的资本有机构成仍维持 $\beta_1^{t+1} = \beta_1^t$、$\beta_2^{t+1} = \beta_2^t$,且②式成立,即:

$$[1 + \gamma_1\varphi + \frac{\gamma_1(1-\varphi)}{1+\beta_1^t}] V_1^t = [1 + \gamma_2\varphi + \frac{\gamma_1(1-\varphi)}{1+\beta_2^t}] C_2^t$$

考察自 $T+2$ 期开始,两部类资本有机构成由 $t+1$ 期的 $\beta_1^{t+1} = \beta_1^t$、$\beta_2^{t+1} = \beta_2^t$,提高到 $\beta_1^{t+1}, \beta_2^{t+1}, \cdots$,且 $\beta_1^t = \beta_1^{t+1} < \beta_1^{t+2}$,$\beta_2^t = \beta_2^{t+1} < \beta_2^{t+2}$,则易得 $T+2$ 期的投入结构中:

$$I : \frac{C_1^{t+1} + \Delta C_1^{t+2}}{V_1^{t+1} + V_1^{t+2}} = \beta_1^{t+2} > \frac{C_1^{t+1}}{V_1^{t+1}} = \beta_1^{t+1} = \beta_1^t$$

$$\text{II} : \frac{C_2^{t+1} + \Delta C_2^{t+2}}{V_2^{t+1} + V_2^{t+2}} = \beta_2^{t+2} > \frac{C_2^{t+1}}{V_2^{t+1}} = \beta_2^{t+1} = \beta_2^t$$

容易证明 : $V_1^{t+1} + \Delta V_1^{t+2} < \left[1 + \gamma_1 \varphi + \frac{\gamma_1(1-\varphi)}{1+\beta_1^t} \right]^2 V_1^t$,

$$C_2^{t+1} + \Delta C_2^{t+2} > \left[1 + \frac{\gamma_2(1-\varphi)}{1+\beta_2^t} \right]^2 C_2^t$$

即 : $V_1^{t+1} + \Delta V_1^{t+2} + \left(\frac{m}{X} \right)_1^{t+2} < C_2^{t+1} + \Delta C_2^{t+2}$ ⑥

从而,第一部类对生活资料的补偿需求小于第二部类对生产资料的补偿需求,这将使得第一部类的生产资料相对短缺,第二部类的生活资料则相对过剩,至此,两部类均衡打破。

(三) 一个必要的说明

以上关于两部类均衡及其不稳定性的推演,忽略了剩余价值率、资本家消费占比、劳动力价值与实物构成变化、资本的加速折旧与贬值、劳动者参与剩余价值分配等因素的影响,且只分析了两大部类生产的剩余价值全部用于本部类的资本追加的情况。如果放松假定,并把相关的影响因素考虑进去,两部类均衡的演变规律将会变得更加复杂,但这并不意味着两部类失衡的一般趋势会发生改变。

本文认为,资本家消费占比与生产活动无必然的因果关系,本身可视为外生变量;在不考虑资本家消费占比变化时,如剩余价值率提高,则再生产中的资本追加的规模会因此扩大,两大部类失衡的程度将会进一步提高;劳动生产率的提高会导致资本加速折旧,对资本有机构成提高有抑制作用,但鉴于生活资料进而活劳动本身的价值量也因此同步贬值,对均衡的影响很大程度上会相互抵消;劳动者参与剩余价值分配可缓和两部类失衡的进程,但其影响等效于资本家消费在剩余价值中占比的提高,也不改变一般趋势。限于篇幅,不再一一讨论。

此外,两大部类生产的剩余价值在转化为资本时,并不局限仅用于本部类资本追加,具体会投到哪个部门,一般会受资本利润率引导,哪个部类资本利润率高,资本就会向哪个部门流动。但鉴于本文首先需要分析从 T 到 $T+1$

期生产转换时两大部类均衡的条件,因此潜在地假定了两大部类资本利润率是相等的①,即不考虑剩余价值用于本部门之外资本追加的情况,而把这一情况放在两部类失衡的风险中进一步加以讨论,这样可避免问题复杂化。

三、两部类失衡衍生风险的推演:产能转移与产能过剩

两部类失衡对于开放形态的小国经济,乃至于经济总量在世界经济中占比较小的开放性发展中大国影响十分有限。通过国际市场的有效调节,这些国家不仅可以通过进出口来输出相对过剩的生活资料,补充资本品供给的不足,甚至由于外部投资的快速进入,刺激国内生产与消费同时增加,并迅速放大经济总量,实现经济的全面繁荣。但对于封闭经济体,或者国际市场调节不足以全面对冲国内结构性矛盾的经济大国,一旦两部类出现不平衡,必然会产生一系列连锁反应并诱发各种经济风险。

(一) 第二部类的相对过剩与产能转移

按照理论上的推演,两部类失衡的直接后果是,受制于生产资料的相对短缺,整个社会的再生产活动只能按照第一部类产出的补偿能力来确定其规模,并且会优先满足第一部类的补偿需求;与此同时,第二部类的生活资料超出再生产的补偿需求会出现相对过剩,与此对应的产能会因此闲置,再生产规模也将相对萎缩。尽管第二部类的生产萎缩不仅会导致其自身就业机会的相对减少,同时也会波及第一部类,减少对第一部类生产资料产出的交换需求,进而形成一系列连锁反应,但由此引发的经济波动总体上是有限的。

事实上,由于生产资料相对短缺而供不应求,必然会在交换环节形成一定的产品溢价,并为第一部类带来超额的剩余价值,而第二部类生活资料则由于相对过剩,无法顺利实现其全部价值,而出现相对贬值。这会诱发资本以及与资本对应的社会生产能力由第二部类向第一部类转移,第一部类生产能力因此将进一步扩大,而且,那些原本需要淘汰、劳动生产效率和资本有机

---

① 如果初始条件下两部类资本利润率就不相等,则意味着均衡从一开始就要打破,或者说一开始就已经不平衡了。

构成相对较低的生产方法与生产能力,也会因为产品溢价和超额剩余价值的存在,第一部类在补偿、追加和从第二部类转移资本的过程中,被部分地保留下来①。这不仅在一定程度上缓解了生产资料补偿能力的不足,使再生产循环继续推进;同时转移到第一部类的产能也会吸纳一定数量的劳动,从而部分冲抵因可变资本使用相对减少而减少的劳动就业机会,以及与之相对应的生活资料过剩②。

特别是,现实经济运行中,社会生产两大部类间各子部类的再生产周期并不是按照整齐划一的统一步调展开,而是错落开来,相互衔接的,因此,两部类之间的不平衡的也是局部和渐进的,只要其中一些子部类开始出现不足或者过剩,与之对应的社会生产能力转移也将会同步跟进。因此,两部类不均衡在初始阶段的经济表现往往也是温和可控的。

(二) 生产与消费的背离和生产资料的自循环

第二部类产能向第一部类转移虽然暂时缓解两部类失衡,以及由两部类失衡引发的生活资料过剩,但同时也会导致生产与消费的背离,而这种背离恰恰正是两部类失衡风险的要害所在。

只要社会总资本中有机构成不断提高的趋势不变,两部类不平衡、进而社会生产能力转移的趋势也将不可逆转,这必然导致第一部类的生产能力不断累积变得越来越大,而不断扩大的产能所形成的产出"无论是补偿不变资本和可变资本部分,还是代表剩余价值的部分,都必须卖掉。如果卖不掉,或者只卖掉一部分,或者卖掉时价格低于生产价格 …… 这时,榨取的剩余价值就完全不能实现,或者只是部分地实现,甚至资本也会部分或全部损失掉"。但由于资本有机构成提高过程中劳动者就业机会的相对减少,且对抗性分配关系使"社会上大多数人的消费缩小到只能在相当狭小的界限以内变动的最低程度,这种消费力还受到追求积累的欲望的限制,受到扩大资本和扩大剩

---

① 其含义是,资本有机构成理论上可由 β_i^{t+1} 提高到 β_i^{t+2},但由于第一部类的产品溢价和第二部类相对贬值,资本有机构成实际上只会提高到 β_i^*($\beta_i^{t+1} < \beta_i^* < \beta_i^{t+2}$)水平上。

② 资本有机构成提高并不意味着就业机会绝对减少,因为资本有机构成提高是在扩大再生产过程中进行的,虽然单位资本的可变资本使用下降了,但由于社会总资本量的增加,总的可变资本量完全有可能上升。

余价值生产规模的欲望的限制。"社会消费力在社会总产品消耗中的占比必然越来越小,而社会消费力相对萎缩又限制了第二部类的生产规模,进而第二部类与第一部类交换获取生产资料的愿望和能力降低。如此,第一部类生产的生产资料只能通过其内部的自循环,即用于生产新的生产资料过程中实现其价值,生产资料生产的目的也逐步演变为生产更多的生产资料,生产与消费完全脱节和背离。

从某种意义上说,资本主义生产与消费的这种脱节和背离,是资本主义社会再生产不可调和的结构性矛盾,"使市场的联系和调节这种联系的条件,越来越采用一种不以生产者为转移的自然规律行事,越来越无法控制"。这一矛盾根植资本主义生产方式,且"生产力越发展,它就越和消费关系的狭隘基础发生冲突",成为经济危机全面爆发的主要风险之一。

(三) 平均利润率下降与全面产能过剩

第一部类产能不断累积、生产与消费脱节和背离,一旦这些矛盾与资本平均利润率下降形成叠加共振,将诱发全面产能过剩与经济危机。

资本有机构成提高,本质上是由部门内企业间的竞争,即单个企业为追求超额剩余价值而率先引用新技术和新的生产方法引起的。从生产部门乃至整个社会生产的角度,资本有机构成提高不仅不能提高利润率水平,反而会导致"活劳动中物化为剩余价值的无酬部分同所使用的总资本的价值量相比,也必然不断减少",使得"在劳动剥削程度不变甚至提高时,剩余价值率表现为一个不断下降的一般利润率"。这就给社会再生产过程叠加了一组新的矛盾,一方面,企业间的竞争和获取超额剩余价值的冲动,迫使单个企业竞相采用新的技术与方法并提高资本有机构成,而资本有机构成提高又会导致两部类失衡,并刺激生产资料需求的增加,进而带动第一部类资本新的追加和产能的不断扩大;另一方面,资本有机构提高导致资本平均利润率下降,这必然又反过来抑制企业追加新资本的冲动,以及与此关联的新的生产资料需求。一旦资本平均利润率下降达到资本家投资利润率的阈值水平以下,新增的资本追加即社会投资必然会大面积减缓甚至停滞,生产资料需求的增长也会出现断崖式下降。

如此,生产资料在第一部类的自循环不再顺畅,此前快速累积的巨大产能及其库存,因为得不到需求的有效支撑而无法释放,社会产能和库存将进入全面过剩阶段。这也意味着,两部类失衡不可能通过社会生产能力转移而消除,甚至这种社会生产能力转移越多,累积的风险反而越大。特别是在经济周期起始阶段,经济的复苏与繁荣往往伴随着一些具有全局影响的重大技术进步诞生,这些技术波及范围广、持续时间长,并带动全社会大多数行业资本有机构成的普遍提高。从而,整个社会投资空前旺盛,诱发的社会生产能力转移规模,进而第一部类产能的累积规模也是空前的,其风险与破坏性因此会更大。一旦经济周期越过这一阶段,且新的技术进步不能快速跟进,危机必然会随时爆发出来。

四、凯恩斯主义的实质:需求管理的适用性和局限性

两部类失衡及其负反馈效应表明,经济周期性波动与生产萎缩本质上是资本主义生产方式固有矛盾外在的表现。而西方经济学却一直对此视而不见,并试图从技术层面寻找解决问题的途径。其一是自由主义学派,由于其笃信资本主义经济存在自行趋稳的内在机制,虽然能找准经济波动与萎缩的症状,却无法找对根源,除了开出减少政府干预的万能灵药之外,不可能有所作为。与自由主义相比较,凯恩斯主义不失为一种进取型的理论,但凯恩斯同样也没有从资本主义生产方式的固有矛盾出发来解决问题,其局限性也因此不可避免。

(一) 需求管理的适用性

凯恩斯认为,资本主义经济之所以出现周期性波动与生产萎缩,关键在于有效需求不足。有效需求包括投资需求和消费需求,主要受消费倾向、灵活性偏好以及资本边际效率三大心理定律的影响,而资本边际效率在其中发挥决定性的关键作用。资本边际效率"取决于资本的预期收益,而不仅仅取决于其现行的收益""但预期之基础,非常脆弱,其物证变换亦不可靠,故预期常有骤然而剧烈的变化。" 特别是在经济繁荣后期,由于人们对未来收益可靠性的疑虑,或者因为当前收益已出现下降趋势,会导致人们预期中的幻灭感骤起,从而资本边际效率急剧下降,社会投资锐减,而投资减少又会进一步

影响就业、收入与消费需求,并在乘数的共同作用下,致使国民收入与社会就业大幅度下降。由于"决定资本之边际效率者,乃是不受控制的、无法管理的市场心理。""在自由放任情形之下,除非投资市场心理有彻底改变,否则就没有办法避免就业量之剧烈波动;然而我们没有理由可以预料会有此种彻底改变。所以我的结论是:我们不能把决定当前投资量之责任放在私人手中。"

因此,凯恩斯主张政府干预刺激消费和增加投资,以实现收入增长与充分就业。由于凯恩斯对资本主义经济危机成因的解读同样也是以结构性矛盾为始点,且有效需求不足和马克思主义经济理论中的生产相对过剩本身就是同一问题的正反两面,其内容指向上并无根本不同。因此,凯恩斯的危机管控策略和马克思主义经济学的分析与推断是能够相容的。从政策效果来看,凯恩斯主张在经济萧条时期,通过降低企业赋税和市场利率水平以刺激民间投资需求,并同时增加政府投资,以提升整个市场的投资水平;同时加大转移支付和减税的力度,来增加居民收入,特别是边际消费倾向较高的中低收入者的收入水平,进而促进居民消费需求。这些举措对于消化市场在两部类不均衡条件下自发演进形成的全面生产过剩,至少在短期内有其积极作用。从这个意义上说,凯恩斯的需求管理有其适用性。

(二)需求管理的局限性

凯恩斯主义的主要问题在于,没有从资本主义生产方式以及由此形成的对抗性分配关系中,寻找经济危机形成的真正根源,而将其归结为捉摸不定的心理因素变化的后果,其局限性也在所难免。

其一,引起投资边际效率变化的任何心理活动都是有踪可寻,不可能脱离资本平均利润率这一物质基础。减税和降低利率来刺激民间投资增加,前提是资本平均利润率可以独立于生产活动之外,当企业赋税和利率水平下降时,投资变得有利可图,投资需求也因此增加,但现实中这一前提并不成立。按照马克思主义经济理论,资本主义生产的利润唯一的来源只能是剩余价值,在剩余价值率不变的条件下,利润率水平从根本上决定于可变资本在总资本中的占比,这是一个内生的变量。只要资本替代劳动的趋势不变,一旦利率下降引起投资增加,资本对劳动的替代就会进一步深化,从而整个平均利润率也会随之同步下降,这反过来又会抑制投资的增加,因此,减税和降低利率即便由于货币政策幻觉等因素而有所作用,也注定只是短期的。至于政府直接投资,其效果更是一种表象,由于自身存在挤出效应,作用也必然是有限的。

其二,按照马克思主义经济学的观点,"参与生产的一定形式决定分配的特定形式,决定参与分配的形式",消费不足只不过是"资本主义利润下降而削减生产的结果,而不是引起经济危机的原因"。事实上,由于经济萧条时期就业严重不足,减税更多的是有利于中高收入者,边际消费倾向对收入变化较为敏感的中低收入者,由于本身税基较小难以真正从中获益,而增加转移支付由于受到财政负担的刚性约束,也不可能大幅度增加中低收入者的收入,因此,减税和转移支付对于增加社会总体消费需求方面的作用十分有限。尤其是,经济萧条时期剩余劳动人口的大量出现,政府转移支付、减税客观上为资本雇佣劳动提供更大的议价空间,使得工资水平有了进一步降低的空间,这在客观上也削弱转移支付和减税促进消费需求的效果。

(三)凯恩斯需求管理的后遗症

通常,两部类失衡在进入生产全面过剩阶段,市场自发的修复方式就是经济危机。在此过程中,大量企业倒闭,工人失业,经济全面萧条,尤其是技术上相对落后的社会产能在经历一次大的洗牌后也将彻底出局。此后,经济将进入新的增长周期,伴随着新技术出现和产业结构的升级,社会投资被重新激活,且"不断实行的改良,这会相对地减少现有机器、工厂设备等的使用价值,从而减少他们的价值",社会存量资本大幅度贬值,资本平均利润率下降得以明显改观,甚至会在一定时期内显著回升。从而经济再次进入良性循环,投资快速增长、社会就业增加、国民收入迅速提升,经济逐步走向繁荣。反观凯恩斯主义的政策干预,虽然在短期内有其积极效果,但由于打乱了市场自行修复的秩序,不仅不能从根本上解决危机,甚至恶化了市场自我修复的环境,并留下了一系列更为严重的后遗症。

首先,凯恩斯的需求管理直接阻碍和延滞了技术进步与产业升级。每一次经济危机都是对过剩产能的去除过程,过剩产能既没有需求支持,技术上往往也不再具有竞争力,每当危机来临,相关企业都将率先受到冲击。但凯恩斯的政策实施客观上为这类企业创造了继续生存的空间,甚至在刺激政策带来的短期市场繁荣引导下,使这类企业有进一步扩大生产的冲动。如此,整个经济必然在"平均利润率下降 — 投资趋缓 — 资本品过剩 — 降息减税和增加政府支出 — 资本品进一步增加同时利润率进一步减少"的负反馈中恶性循环,在经济体内部没有新的内生动力替代时,不仅危机早晚仍然会爆发,而且爆发的程度会愈发剧烈,冲击范围更大,延续时间也会更加持久,对经济社会的危害性也将更为突出。尤其是,过剩产能在政策的庇护下得以进一步延续、甚至扩大,不仅挤占了社会资源,同时也抑制了企业技术进步与产业升级为生动力的形成。

其次,凯恩斯的需求管理会诱发经济脱实向虚和高杠杆化。在凯恩斯的干预政策中,财政政策发挥着关键作用,但由于经济萧条时期税收条件和财政收支的恶化,财政政策腾挪的空间十分有限,必须通过货币政策配合才能发挥作用,这就迫使政府当局加大货币的发行量。而增发的货币一旦通过商业银行进入市场,必然会作为资本参与经济循环,并获取相应的利润。但经济处于停滞乃至萎缩时期,实体经济领域的资本平均利润率通常都低于资本家投资的阈值,新增货币资本的进入实体经济的动力显然不足。要解决货币资本免于闲置,又能获取一个高于实体经济、令资本所有者满意的利润水平,途径只有一个,即脱实向虚。而资本市场的整体利润水平同样也受实体经济资本平均利润率水平的制约,因此最好的办法就是通过运用杠杆来放大资本量,并加快资本周转速度与频率,以获取高于实体经济的利润水平。高杠杆不仅会加剧资本市场热点转换节奏与大起大落的风险,同时也推高了经济体的整体债务水平,一旦进入债务非正常状态时,高负债开始对经济运行产生负反馈作用,并使资本市场风险向实体经济传导。

五、供给侧结构性改革:一个马克思主义经济学的解读

两部类失衡及其衍生的各种矛盾长期以来一直是资本主义经济最大的威胁,每当其累积到一定程度就会集中爆发,并给相关国家的经济社会发展带来灾难性的冲击。同样,我国自 20 世纪 90 年代以来,实行中国特色的社会

主义市场经济制度,市场经济的共性决定了资本主义经济这一普遍存在的困扰,在我国现行经济运行中也不同程度地存在,这是个无法回避的事实。鉴于两部类失衡内生于社会生产过程,从需求层面来解决这一矛盾注定是隔靴搔痒,唯一的出路就是从生产端即供给侧入手来寻求对策。

(一) 两部类失衡与供给侧结构性改革的现实背景

近年来,我国宏观经济遇到一系列前所未有的困局,经济下行压力持续加大,GDP 增速逐年下降,并从 2010 年以前两位数增速降到 2016 年的6.7%,创下了进入新世纪以来的最低点。尽管这一困局是外部经济形势和国内资源环境等多重因素交织共振的结果,但"根源是重大结构性失衡",是社会生产两大部类长期失衡及其衍生矛盾的一次集中爆发。

改革开放以来,我国国民经济经历了长达 30 多年的持续高速增长,但这种超常规发展具有典型的粗放型特征,且长期依靠高积累、高投资的驱动,致使社会生产在资本存量持续提高的背景下,引致就业的能力却不断弱化,劳动就业增长缓慢。数据显示,过去 30 多年我国全社会固定资产投资占 GDP 的比重,从 20 世纪 80 年代22%开始一路攀升,到 2007 年已超过 50%,尤其是工业部门内部,这一趋势更为突出,仅过去 11 年多,规模以上工业企业固定资产投资已从 2005 年的 3.77 万亿元增加到 2016 年的 22.80 万亿元,资产总额从 24.48 万亿元增加到 108.59 万亿元,而同期的年均用工人数仅从 6896.0万人增加到 9475.6 万人,资本存量增长远远快于劳动就业人数增长,人均资产占用急剧上升。这不仅直接刺激了生产资料部门的高速增长,且增长速度远远快于同期 GDP 增速;同时也致使劳动收入在 GDP 中的占比长期低位徘徊,居民消费增长持续乏力,社会最终消费占比已从 20 世纪 80—90 年代的60%以上,下降到 2008 的 50%以下,远低于发达国家 80%左右比例。

随着对外贸易增长势头的减缓和人口红利的逐步消失,此前一直因为经济快速增长而掩盖的两部类失衡的矛盾开始显现。一方面,工业企业的资本利润率已从 2011 年 9.08%的高点连续下降到 2016 年年度为 6.62%;另一方面,产能过剩与企业库存增加十分严重,尤其是资本品生产较为集中的钢铁、水泥、火电、煤炭、有色金属、炼油等行业,设备闲置和库存积压更是普遍存在。不仅如此,由于多年来沿用凯恩斯主义的宏观调控政策,更是积累了一系列较为严重的政策后遗症,经济脱实向虚,企业杠杆普遍高企。数据表明,我国工业部门的 GDP 同比贡献率 10 多年来一直不断下滑,从 2004 年底的 47% 跌至 2016 年 9 月的 31.29%,而金融业对 GDP 同比贡献率,却从 2004 年底的 2%,快速上升到 2015 年的 16.4%。同样,2014 年我国非金融企业的杠杆率为 123.1%,在主要经济体中是最高的,非金融企业部门的债务率为 125%,远高于发达国家 82.8% 的平均水平。

总体上看,现阶段我国国民经济两部类失衡特征十分显著,各种衍生风险也大有一触即发之势。在这一背景下,放任市场自发演进,则国民经济不可避免地会受到危机的冲击,而继续采用凯恩斯主义的调控策略即便能将危机再次向后延缓,必然会使未来危机爆发的烈度进一步加剧,这是我国经济社会发展不能承受之重。供给侧结构性改革正是在这一背景下提出的,是以习近平总书记为核心的党和政府审时度势、科学决策的结果。

(二)供给侧结构性改革政策内涵与马克思主义均衡增长逻辑

鉴于当前我国经济宏观理论与政策已发生重大转变,而供给侧结构性改革恰恰是这一转变中的政策主线。因此,必须从习近平总书记近年来关于我国经济发展系列讲话精神和十八大以来党和政府各项重大经济战略部署的立体架构中,理解供给侧结构性改革政策内涵,其内容不仅包括"去产能、去库存、去杠杆、降成本、补短板"等短期政策措施,同时也涵盖以优化经济增长方式、调整经济结构为中心的长期发展战略等。

就短期效果而言,供给侧结构性改革直接抓住了当前我国宏观经济两部类失衡的要害,是剔除危机隐患的主动之举。首先,产能过剩的不断累积,尤其是那些技术较为落后、与需求严重脱节的过剩产能和库存,是两部类失衡最突出风险,主动有选择地"去产能、去库存",有助于缓解这一矛盾并削弱其爆发的物质基础,进而避免市场以危机方式自主调节带来的巨大冲击,同时也为技术上先进、行业前景较好的企业或产业开辟了生存和发展空间。其次,作为两部类失衡衍生的另一个重要隐患,经济脱实向虚主要以"高杠杆化"为工具和载体的,这也是经济大幅波动、危机爆发烈度不断加剧的推手,而"去杠杆"恰好是釜底抽薪之举,无疑能有效遏制经济虚化,并引导资本回流并注入实体经济。此外,"降成本"通过减轻企业负担,优化平均利润率普遍下降背景下不断恶化的企业生存环境,提升企业生产与投资的积极性,可以预防社会生产大面积萎缩;"补短板"则通过补齐薄弱环节,并以高端装备、核心技术和高端产品的突破以点带面,带动整体供给水平提升,促进生产与消费有效对接,引导外溢需求回归国内市场。这些举措,对于化解两部类失衡矛盾并剔除危机隐患,将有十分积极的作用。

从长期意义上看,供给侧结构性改革是消除两部类失衡及其衍生风险的生成基础,引导我国国民经济持续均衡发展的根本措施。长期以来,出于快速追赶发达国家的战略需要,我国经济发展导向一直强调速度优先,并依托资源和要素的比较优势,通过提高工业部门的相对资本存量和产出,减少消费者的最终消费,实现资本快速积累,进而带动整个经济规模在短期内迅速扩张,甚至为实现这一目标,不惜允许和鼓励"让一部分人、一部分地区先富起来"。这种发展导向通过市场机制不断催化,必然经济驱动倚重投资,收入分配资本优先,社会生产中积累与消费关系,以及收入分配中劳动与资本比例关系严重扭曲,成为我国国民经济中两大部类严重失衡的主要根源。供给侧结构性改革正是按照马克思主义均衡增长逻辑,从经济发展新常态的大逻辑出发,通过发展速度上要从高速转向中高速,发展方式要从规模速度型转向质量效率型,经济结构调整要从增量扩能为主转向调整存量、做优增量并举,发展动力要从主要依靠资源和低成本劳动力等要素投入转向创新驱动来优化经济增长方式,调整经济结构,并把落脚点放在"使发展成果更多更公平惠及全体人民"。这一转变,不仅可以从技术层面弱化依靠资本替代劳动实现劳动生产率提高,这一资本有机构成持续上升的动力;也从根本上避免了生产目的是为追求剩余价值和资本增值,而不是全体人民物质生活水平提升,这一两部类失衡生成的根源。

(三)中国特色的制度优势与供给侧结构改革的实践依据

两部类失衡是"资本主义生产方式的本质的、无法根除的特征"。但鉴于中国特色的社会主义市场经济在本质上与资本主义经济制度存在明显区别,有效根治这一在资本主义世界里无法消除的顽疾也是完全可行的。

首先,中国特色社会主义最本质特征是中国共产党的领导。长期以来,中国共产党具有强大的组织动员力和巨大的社会影响力,凭借其丰富的执政经验和驾驭全局的掌控能力,能够切实把握时代趋势,统筹经济社会发展,顺利解决前进中的各种困难和问题,这一点已为近代中国历史反复证明。尤其是,中国共产党人"来自人民、服务人民,党的一切工作必须以最广大人民根本利益为最高标准",这种以人民为中心的发展思想,必然要求以"增进人民福祉、促进人的全面发展作为发展的出发点和落脚点"。因此,中国特色社会主义市场经济条件下,生产的最终目的是让人民成为发展的最大受益者,带领人民实现共同富裕,而不是追求剩余价值和资本增值,当然也更不可能发生类似资本主义的那种对抗性分配关系。中国共产党的领导既是中国特色社会主义市场经济与资本主义经济的最本质区别,也是我国推进供给侧结构性改革的强有力组织保障。

其次,中国特色社会主义基本经济制度是公有制为主体、多种所有制经济共同发展。供给侧结构性改革就其本质而言是社会生产体系的一次自我革命,无论是基于短期目标的"去产能、去库存、去杠杆、降成本、补短板",还是从长期上对经济增长方式的优化,对于既有体系中的相关主体都意味着重大利益调整,其中也必然有一部分企业和个人,特别是既得利益的资本所有者及其集团需要为此做出巨大牺牲。对于私人占有制为主体,且资本主导政治经济秩序的国家,指望资本家自觉地做出这样的牺牲,无疑是与虎谋皮,这是资本主义国家不可能有序推进供给侧改革,也从来没有真正意义上的供给侧改革的根源。而我国基本经济制度是公有制为主体,国有经济在国民经济中占主导力量,国有经济和国有资本属于全体人民所有而没有私利,也最能够为最广大人民根本利益、为国民经济持续健康发展做出必要的利益牺牲。这是我国推进供给侧结构性改革的物质基础。

总体上看,推进供给侧结构性改革既是我国现阶段经济社会发展的当务之急,也体现了中国共产党人推进中国特色的社会主义建设的理论自信与制度自信。这是马克思主义均衡增长理论在新时期中国特色社会主义经济建设实践中一次新的"否定之否定",是当代马克思主义重大理论创新和实践创新。

(本文作者:吴义刚)

扩张的交通规模与经济稳增长 *

本文导读

  大规模基础设施建设是改革开放 40 年来中国投资驱动增长模式的一个缩影,其中,交通基础设施大规模扩张正好处于中国经济结构转型期,发展速度快且规模空前。交通基础设施作为基础设施中的重要组成部分,其对经济增长的影响一直是研究热点。然而交通基础设施影响经济增长的路径是什么? 核心微观机理是什么? 当经济连续减缓时期,是否具有足够的动力引致经济跨越低稳均衡? 这些问题的深入厘清直接关系到今后我国交通基础设施投资政策能否优化调整,或者选择适宜的投资规模有效推动中国经济步入一个更具质量和稳定的增长阶段。

  另一方面,一国的经济稳增长取决于技术创新和要素配置。然而,因为薪酬激励,当前中国大量具有创新潜力的科技人才到非生产型、非创新型的部门就业,在缺少更高质量和更多数量的高人力资本流入时,研发部门创新效率低下,进一步加剧人力资本在部门间错配。因此,本文通过构建稳定经济增长的多重均衡理论模型,以人力资本在部门间的错配为突破口,挖掘交通基础设施影响经济增长的作用机制,并以此为依据分析产生多个增长均衡点的原因。在此基础上,进一步考察交通基础设施产生稳增长动力的实施条件,以避免经济体落入"低均衡陷阱",实现向"高稳态均衡"处收敛。本文的主要贡献在于:第一,提出了一个公共基础设施投资影响经济稳增长的理论框架,为当前关于交通基础设施影响经济增长的争论给出新的理解;第二,从人力资本错配的角度分析经济稳增长问题,抛开了常规的政策偏向、资源垄断以及要素市场扭曲等导致人力资本错配原因的分析路径;第三,重点关注转型期增长的稳定性,转变了只关注经济增长的视角,并且建构了用以刻画经济稳定增长的指标。

---

* 本文原载于《当代经济科学》,2018 年第 5 期。题为"交通规模扩张稳定增长的内在机制——基于人力资本匹配的视角"。

一、问题提出

大规模基础设施建设是改革开放 40 年来中国投资驱动增长模式的一个缩影,其中,交通基础设施大规模扩张正好处于中国经济结构转型期,发展速度快且规模空前。2015 年,中央预算内投资 340 亿元人民币用于推进重大交通基础设施项目建设,包括中西部铁路、城际铁路等。至 2014 年底,建设涉及铁路、公路、水路、机场等交通重大工程 203 项,综合交通网络总里程达到 481 万公里,铁路运营里程达到 11 万公里,公路通车里程达到 446 万公里,沿海港口 2116 个。仅高铁一项,预计到 2020 年,全国高速铁路营运里程将达到 3 万公里,覆盖 80% 以上的大城市。交通基础设施作为基础设施中的重要组成部分,其对经济增长的影响一直是研究热点。世界银行发展报告指出,交通基础设施即便不能成为牵动经济发展的火车头,也是促进其发展的车轮。早在 20 世纪初,Fogel(1962)就曾系统研究铁路对美国经济增长的影响,后来,Aschauer(1989)的研究进一步激发了众多学者对交通基础设施与经济增长关系的研究热情,比如 Fernald(1999)和 Fan et al.(2004)分别系统考察并分析了发展中国家和发达国家的公路对生产率和经济增长的影响。Atack et al.(2009)和 Donaldson(2010)具体研究了美国和印度铁路对城市化进程和经济增长的影响情况以及作用机制。

当前,中国正处于经济二次转型的关键时期,在劳动力增长动力消失和"干中学"效应趋于递减的压力下,维持一个稳定的经济增长速度,是快速推进结构化改革所必需的,因此,对这一问题的认识对于当前中国经济而言尤为重要。直观来说,依照现阶段中国发展的特征,交通基础设施建设投资是稳增长不可替代的手段,但是过多依赖大规模的基础设施投资拉动经济的做法也备受批评(经济增长前沿课题组,2004;贾俊雪,2014)。根据近年来的研究文献也发现,关于交通基础设施是否具有经济增长效应学者的观点并不一致。比如,Donaldson & Hornbeck(2013)认为,交通基础设施是推动区域经济增长的重要因素之一,区域间交通基础设施的改善在促进经济增长同时,也会引发要素在空间上的转移和优化配置,并称之为经济分布效应(economics distributional effecs）。Snow（2012）研究认为,交通基础设施的网络属性可以显著推动区域经济一体化进程,促进周边城市的经济增长。Xu & Nakajima（2015）通过系统的实证研究发现,接入高速公路的县可获得大城市经济增长溢出效应和经济增长红利,尤其能获得更好的重工业增长。沿着新经济地理学理论框架,Duranton & Turner（2012）和 Duranton et al.（2014）指出,在不完全竞争的条件下,交通基础设施可以显著拉近"中心"和"外围"的空间距离,使得经济集聚能够形成地理上的"中心—外围"经济分布模式,为经济要素在区域间流动提供便利的通道。国内学者,李煜伟和倪鹏飞（2013）基于中国城市样本数据实证研究也发现,交通运输网络的改善加速了要素集聚,促进中心城市经济增长的同时,也带动其他非中心城市经济的协同发展。

与之相反,另一些学者则认为,区域间交通基础设施的改善将使要素资源向中心城市转移,增强区域中心城市对周边城市的经济集聚,抑制相邻区域的经济增长（Faber,2014;Qin,2014）。Preston & Wall（2008）和 Hall（2009）也认为,当高铁提升了所连接大城市的交通可达性时,也使得沿途的中小城市被忽略,进而产生"隧道效应"（Tunnel effects）,从而在很大程度上剥夺中小城市的发展红利。Albalate & Bel（2012）指出,作为区域间交通基础设施的重大提升,高铁的开通可以显著促进总体经济增长,在增强区域间经济增长空间溢出的同时,也引发了区域经济空间分布格局的改变以及经济的极化水平,使得整体经济增长不平衡。国内学者,张克中和陶东杰（2016）的研究进一步发现,作为衡量交通基础设施质量的重要标杆,高铁的开通显著降低了沿途非区域中心城市的经济增长率,并且距离区域中心城市越近的地级市受到高铁开通的负向影响越大。

目前,有关交通基础设施与经济增长的相关研究已有不少,遗憾的是,这些研究大多侧重于采用主体优化理论考察交通基础设施对总量经济增长的影响,并从区域外部性角度对其中机制进行解释,或者测算交通基础设施的产出弹性。尽管这些文献为本文提供了一个良好的研究基础,然而对如下分析尚缺乏深刻的理论认识:从宏观框架,交通基础设施影响经济增长的路径是什么？核心微观机理是什么？当经济处于连续减缓时期,是否具有足够的动力引致经济跨越低稳态均衡？无疑,这些问题的深入厘清不仅具有良好的理论意义,也直接关系到今后我国交通基础设施投资政策能否优化调整,或者选择适宜的投资规模有效推动中国经济步入一个更具质量和稳定的增长阶段。

从根本上讲,一国的经济增长取决于技术创新和要素配置。目前,中国人力资本在数量上已经达到足够规模,质量上也得到很大程度提升,但中国的人力资本在部门间不匹配,引起摩擦从而严重影响中国"转方式,调结构"战略实施成功的可能性。具体而言,因为薪酬激励,大量具有创新潜力的科技人才到非生产型、非创新型的部门就业,那么,在缺少更高质量和更多数量的高人力资本流入时,研发部门创新效率低下,进一步加剧人力资本在部门间错配。因此,本文通过构建稳定经济增长的多重均衡理论模型,以人力资本在部门间的错配为突破口,挖掘交通基础设施影响经济增长的作用机制,并以此为依据分析产生多个增长均衡点的原因。在此基础上,进一步考察交通基础设施产生稳增长动力的实施条件,以避免经济体落入"低均衡陷阱",实现向"高稳态均衡"处收敛。本文的主要贡献在于:第一,提出了一个公共基础设施投资影响经济稳增长的理论框架,为当前关于交通基础设施影响经济增长的争论给出新的理解;第二,本文从人力资本错配的角度分析经济稳增长问题,抛开了常规的政策偏向、资源垄断以及要素市场扭曲等导致人力资本错配原因的分析路径,以此对存在的增长多重均衡现象进行解释;第三,本文重点关注转型期增长的稳定性,转变了以往学者只关注经济增长的视角,并且建构了用以刻画经济稳定增长的指标,为刻画经济稳定增长提供新的参考。

二、基本模型

理论模型在 Romer(1990)和 Agenor & Canuto(2012)理论框架基础上,构建稳定经济增长的多重均衡理论模型。本文假设劳动力是存在差异的,即存在两种类型的劳动者,低能力劳动者和高能力劳动者。同时假定劳动力在部门间分布以及愿意接受教育并成为高能力劳动者的比例取决于部门间的相对工资。由于人力资本积累不足和高人力资本在部门间的错配(本来可以在研发部门工作却在最终产品部门工作),使得研发部门高能力个人比例较低,从而创新不足并陷入低稳态均衡。本文设定 t 时期低能力和高能力劳动者所

占比重分别为 ε_t 和 $1-\varepsilon_t$,同时也假定所有类型的劳动者都可以胜任最终产品部门的工作,但如果进入研发部门,则需要接受过 $1-\delta$ 时长教育而成为高能力劳动者,并且 $1-\delta$ 为个人愿意接受的教育投资力度,因此,这里 δ 也即为进入研发部门工作的高能力劳动者一生工作时间。假设 t 时期进入研发部门工作的高能力劳动者的比例为 μ_t,总人数为 $\bar{L}$,则进入最终产品部门和研发部门工作的所有劳动者人数 L_t^Y 和 L_t^R 分别为:

$$L_t^Y = [\varepsilon_t + (1-\varepsilon_t)(1-\mu_t)]L; \quad L_t^R = (1-\varepsilon_t)\mu_t L \qquad (1)$$

（一）最终产品部门

本文假定最终产品部门是由众多竞争性企业组成,产品市场是完全竞争市场。最终产品部门第 i 个企业通过雇佣劳动力 L_{it}^Y,私人资本 K_{it}^P 和一系列 S 种类的中间产品 X_{st}^i 进行生产,界定 $s\epsilon[0,M_t]$,M_t 表示中间品的种类数。同时,本文产出函数设定还考虑总资本存量和总就业人数增加对单个企业所产生的拥挤效应(Agenor & Canuto,2012),即市场中企业数量的增加对整个社会公共资源的挤占,从而对单个企业的产出具有负效应。基于此,则最终产品部门第 i 企业产出函数形式为:

$$Y_{it} = \frac{1}{(K_t^P)^{CK}(L_t^Y)^{CN}}(K_{it}^P)^a(L_{it}^Y)\beta\int_0^{M}(x_{st}^i)^\gamma ds \qquad (2)$$

其中,$0 < a,\beta,\gamma < 1$,$C_K,C_N > 0$。我们假定总产出函数满足常数规模报酬,因此,$a+\beta+\lambda=1$,C_K 和 C_N 表示最终产品部门拥挤参数。如果假定竞争性企业个数 $i\epsilon(0,1)$,则 $K_t^P = \int_0^1 K_{it}^P d_i$ 和 $L_t^Y = \int_0^1 L_{it}^Y d_i$ 分别表示最终产品部门总的资本存量和就业人数。借用产品种类扩展隐喻(metaphor of product variables)刻画内生技术进步,因此可以将中间品的种类数 M_t 表示经济中的技术存量(Acemoglu,2012)。将最终产品价格标准化为1,则最终产品部门通过选择劳动、资本和中间品数量以最大化其利润:

$$max\{Y_{it} - \int_0^{M_t}P_{st}x_{st}^i ds - w_t^Y L_{it}^Y - r_t K_{it}^P\}$$

其中,P_{st} 表示第 S 种中间品的价格,w_t^Y 为最终产品部门劳动者的工资,r_t 为私人资本价格。求解上述最大化问题可得第 i 企业投入最终产品部门的要

素价格和第 S 种中间品投入量：

$$r_t = \frac{aY_{it}}{K_{it}^P}, w_t^Y = \frac{\beta Y_{it}}{L_{it}^Y}, x_{st}^i = \left[\frac{\gamma Z_t^i}{P_{st}}\right]^{1/(1-\gamma)} \tag{3}$$

其中, $Z_t^i = Y_{it} / \int_0^{M_t} (x_{st}^i)^{\gamma} ds$。假设每种中间投入品都是同质的, 即 $x_{st}^i = x_t^i$, 因此每个企业生产 1 单位最终产品所需中间产品的种类和数量均一致。进一步令 $m_t = M_t / K_t^P$ 表示研发存量与私人资本的比值, 则结合 (3) 式我们可以得到第 S 种中间品总投入量和最终产品部门的最优总产出：

$$x_{st} = \int_0^1 x_{st}^i ds = \left[\frac{\gamma Z_t}{P_{st}}\right]^{1/(1-\gamma)}, Y_t = (K_t^P)^{1-a-C_K} m_t (L_t^Y)^{\beta-C_N} (x_{st})^{\gamma} \tag{4}$$

其中, $Z_t = Z_t^i = Y_t / M_t (x_{st})^{\gamma}$。

（二）中间产品部门

每种中间品只有一家企业通过向研发部门购买该中间品专利后进行生产, 中间产品生产是垄断竞争的。为简化分析, 假设生产 1 单位中间品需要 1 单位最终产品, 即生产中间品的边际成本为 1。则中间产品部门的最优决策行为：

$$max\{P_{st} x_{st} - x_{st}\}$$

结合 (4) 式并求解上述优化问题, 可得到第 S 种中间品总投入量 $x_{st} = \gamma^2 Y_t / M_t$ 和中间品部门的利润 $\Pi = (\gamma - \gamma^2) Y_t / M_t$。假设中间品生产厂商持有专利的时间仅维持一期, 下一期会通过拍卖的方式转让给其他厂商。因此, 某种中间品的生产厂商仅在拥有专利的当期会获得垄断利润, 这也意味着, 其购买专利的成本不能超过其将获得的垄断利润, 则由套利条件可知专利的价格为：

$$P_t^R = \Pi = (\gamma - \gamma^2) Y_t / M_t \tag{5}$$

进一步将 x_{it} 代入 (4) 式, 得到如下关系式：

$$Y_t = \gamma^{2\gamma/(1-\gamma)} m_t (L_t^Y)^{\beta-C_N/(1-\gamma)} (K_t^P)^{1+(a-C_k)/(1-\gamma)} \tag{6}$$

（三）研发部门

借鉴 $Romer$ (1990) 关于研发函数的设定, 研发产出取决于愿意进入研发部门的高能力劳动者的数量 L_t^R 和经济中的研发存量 M_t,考虑研发存量对知识生产的积累效应和干中学效应,将 M_t 对研发增量的贡献设定为 $M_t^{\varphi+1}$。Agenor & Canuto(2015)进一步将基础设施引入知识生产函数,其理由为:基于"新卡尔多事实",基础设施可以加速信息、知识、教育、思想和创意等具有规模报酬递增属性的新增要素积累和扩散,以及提高这些新增要素的生产效率,从而可以直接推动整个社会创新效率提升;其次,基础设施使得科教文卫等体制内的创新要素得到一定程度释放,激发市场的创新活力(李静,2017)。基于此,本文把政府主导投资的交通基础设施 K_t^S 引入研发产出函数,并且考虑整个社会私人资本总量增加也对研发产出具有拥挤效应(为简化分析,这里不考虑整个社会劳动人数),则研发产出函数设定为:

$$M_{t+1} - M_t = \frac{1}{(K_t^P)^{c_M}} (K_t^S)^{c_S} M_t^{\varphi+1} \cdot \delta L_t^R \qquad (7)$$

其中,$c_S > 0, \varphi \geq 0, c_M > 0$。这里 c_M 表示研发部门拥挤参数,为确保研发部门稳定增长,拥挤参数满足 $c_M = c_S + \varphi$(Agenor & Canuto,2015)。结合(1)式和(7)式,可以知道 δL_t^R 表示进入研发部门劳动者的工作总时长。当研发部门劳动力工资 w_t^R,研发产品价格 P_t^R 和研发效率给定时,研发部门通过选择高能力劳动力使研发部门利润最大化,则研发部门最优决策行为为:

$$max\{P_t^R(M_{t+1} - M_t) - w_t^R \delta L_t^R\}$$

结合(7)式,最大化上述优化问题,我们可以得到研发部门劳动者最优工资水平:

$$w_t^R \geq (\gamma - \gamma^2)(\frac{K_t^S}{K_t^P})^{c_S}(\frac{M_t}{K_t^P})^{\varphi}(K_t^P)^{c_S+\varphi-c_M}Y_t \qquad (8)$$

当 $L_t^R > 0$ 时,(8)式取等号,这也意味着当生产技术对劳动是线性时,自由进出就会使得厂商的利润为零。进一步令 $k_t^s = K_t^S/K_t^P$,表示交通基础设施与私人资本的比值。结合(3)和(8)式,并且当 $c_s + \varphi - c_M = 0$ 时,可得如下关系式:

$$\frac{w_t^R}{w_t^Y} \geq \frac{(\gamma - \gamma^2)}{\beta}(K_t^S)^{c_S}(m_t)^{\varphi}L_t^Y \qquad (9)$$

(四)家户部门

本文假设劳动者只存活两期,且当期收入用于当期消费和储蓄,其中储蓄用于下一期的消费。H 代表不同的部门,即最终产品部门(Y) 和研发部门(R);τ 为税率,P 为贴现率。则劳动者终生贴现效用函数及面临的约束为:

$$U_t^H = 1nc_t^H + \frac{1nc_{t+1}^H}{1+\rho}$$

$$C_t^Y + S_t^Y = (1-\tau)w_t^Y, C_t^R + S_t^R = \delta(1-\tau)w_t^R, c_{t+1}^H = (1+r_{t+1})S_t^H$$

这里 S_t^H 和 C_t^Y 分别表示不同部门劳动者的储蓄和消费水平。由效用最大化可得:

$$S_t^Y = \frac{(1-\tau)}{2+\rho}w_t^Y, S_t^R = \frac{\delta(1-\tau)}{2+\rho}w_t^R \tag{10}$$

假定整个社会的私人资本积累来源于最终产品部门和研发部门劳动者的储蓄之和,则第二期的私人资本积累为 $K_{t+1}^P = S_t^Y L_t^Y + S_t^R L_t^R$,结合(1) 和(10) 式可得如下关系式:

$$K_{t+1}^P = \frac{1-\tau}{2+\rho}[\beta + \delta(\gamma + \gamma^2)(K_t^S)^{c_s}(m_t)^\varphi L_t^R]Y_t \tag{11}$$

(五) 政府行为

政府收入来源于对不同部门劳动者的收入征税。$w_t^Y L_t^Y$ 和 $w_t^R \delta L_t^R$ 分别表示最终产品部门和研发部门劳动者的工资收入总和。假设当期政府税收中有 θ^s 的份额用于下一期的交通基础设施积累,则政府税收水平和交通基础设施投资水平分别为:

$$T_t = \tau[w_t^Y L_t^Y + w_t^R \delta L_t^R], K_{t+1}^S = \theta^S T_t \tag{12}$$

进一步,根据 $K_t^S = K_t^S/K_t^P$ 的定义,并结合(1)、(10)、(11) 和(12) 式可得:

$$k_{t+1}^S = K_{t+1}^S/K_{t+1}^P = \frac{\theta^S(2+\rho)\tau}{(1-\tau)} \tag{13}$$

三、均衡分析

为鼓励个人通过接受教育进入研发部门工作,则要求其进入研发部门工作的贴现效用水平不低于进入最终产品部门工作的劳动者贴现效用水平,即 $U_t^R \geq U_t^Y$。否则,个人就会选择放弃接受教育而直接进入最终产品部门工

作。结合家户部门的优化行为,则两部门的工资比必须满足以下条件:

$$\frac{w_t^R}{w_t^Y} \geq \frac{1}{\delta} \tag{14}$$

这意味着研发部门的工资水平必须足以对个人接受教育的机会成本进行补偿,否则当研发部门的工资 w_t^R 低于 w_t^Y/δ 时,所有个人都会选择放弃接受教育而直接进入最终品部门工作。结合 $L_t^R = [\varepsilon_t + (1-\varepsilon)(1-\mu_t)]L$,并联立(9)和(14)式,得出如下关系式:

$$\mu_t(1-\varepsilon_t) = f(m_t) = 1 - \left[\frac{\delta(\gamma-\gamma^2)}{\beta}(K_t^S)^{c_s}(m_t)^\varphi \bar{L}\right]^{-1} \tag{15}$$

由(15)式发现,随着交通基础设施投资水平增加,进入研发部门工作的人数所占比重 $\mu_t(1-\varepsilon_t)$ 增加。具体作用机制体现在两个方面:第一,根据(9)和(14)式可以看出,随着交通基础设施投资水平增加,由于交通基础设施带来的外溢性可以提高研发部门创新效率,而工资反映出劳动要素的边际回报,因此研发部门的工资和最终产品部门工资比值 w_t^R/w_t^Y 会增加,相对工资增加会激励更多的劳动者愿意进入研发部门工作。第二,根据(14)式还可以看出,研发部门的工资和最终产品部门工资比值 w_t^R/w_t^Y 会增加,此时进入研发部门工作的门槛条件或对劳动者的要求也会相应提高,劳动者为进入研发部门愿意接受教育的时间 $1-\delta$ 也会随之增加。这意味交通基础设施投资水平提高也增强了个人为成为高人力资本群体的学习意愿,提高社会人力资本水平。因此,提出如下命题1:

命题1:交通基础设施提供人力资本外溢渠道,促进人力资本积累的同时引致高人力资本进入研发部门,实现人力资本在部门间适宜匹配。

进一步,令 $a = c_K$,并结合(6)式,我们得到:

$$\frac{Y_t}{K_t^P} = \gamma^{2\gamma/(1-\gamma)} m_t (L_t^Y)^{(\beta-c_n)/(1-\gamma)} \tag{16}$$

由于 $c_S + \varphi - c_M = 0$,结合(7)式,可得:

$$\frac{M_{t+1}}{M_t} = 1 + (K_t^S)^{c_s}(m_t)^\varphi \cdot \delta L_t^R \tag{17}$$

根据 $m_{t+1} = M_{t+1}/K_{t+1}^P$,结合(11)、(13)、(16)和(17)得如下关系式:

$$m_{t+1} = g(m_t) =$$

$$\frac{[1 + \delta(K_t^S)^{C_s}(m_t)^{\varphi}f(m_t)\overline{L}](2 + \rho)}{(1 - \tau)\gamma^{2\gamma/(1-\gamma)}[\beta + \delta(\gamma - \gamma^2)(K_t^S)^{C_s}(m_t)^{\varphi}f(m_t)\overline{L}]}\left[\frac{\delta(\gamma - \gamma^2)}{\beta}(K_t^S)^{C_s}\right.$$

$$\left.(m_t)^{\varphi}\right]^{\beta - C_N/(1-\gamma)} \tag{18}$$

接下来分析(18)式所体现的均衡含义。本文主要参考 *Agenor & Canuto*(2012)相关研究,确定基准参数值为:$\beta = 0.6$, $\gamma = 0.25$, $\rho = 0.04$, $\varphi = 0.3$, $\tau = 0.3$, $\delta = 0.8$, $\overline{L} = 1$。根据图1可以看出,当处于均衡状态,即 $m_{t+1} = m_t$ 时,存在 3 个均衡解,分别位于 A, B 和 C 处。由此可见,如果初始 m_0 位于不稳定均衡交点 B 的左边时,即初始研发存量较低,则经济就会最终收敛至低稳定均衡 A 处;进一步发现,随着 θ_S 增加,即交通基础设施投资水平增加,会使 gm_t 曲线整体向上移动,此时,部分位于 B 点左边的初始较低研发存量 m_0 点随着曲线向上调整,会变化到新不稳定均衡点 B' 的右边。正如图中给出的初始 m_0 的情形,原本会收敛至低稳态均衡 A 点,转而收敛至高的稳态均衡 C' 处。因此我们提出如下命题2:

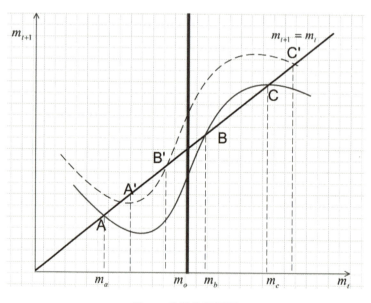

图 1 均衡分析相图

命题2:交通基础设施具有稳增长动力,可以使经济体避免落入"低均衡陷阱",最终实现向"高稳态均衡" 处收敛。

四、实证检验

（一）计量模型和变量界定

本文计量模型设定如下：

$$sgme_{it} = controls + \beta \times exway_{it} + v_i + \gamma_t \mu_{it} \qquad (19)$$

其中，v_i 代表个体效应，γ_t 代表时间效应，μ_{it} 代表误差项。$sgme$ 为经济稳增长指标，本文主要借鉴 Eichengreen et al.（2012）、Aiyar et al.（2013）以及李静（2015，2017）方法刻画经济处于增长减缓拐点时是否能够跨越减缓拐点，进而刻画经济增长稳定性。如果经济增长在减缓时刻能够加速回升，则取值为 1，其他情况取值为 0。经济稳增长需要满足条件为：

$$g_{t,t+n} \geq \Gamma, \Delta g_{t,t+n} - g_{t-n,t} \geq \Lambda \qquad (20)$$

其中，g_t 为依据 2005 年不变价格测算的 GDP 增长率，$g_{t-n,t}$ 和 $g_{t,t+n}$ 分别表示 $t - n$ 到 t 以及 t 到 $t + n$ 时间段 n 年 间 GDP 年均增长率的平均值；$\Gamma = 3.5\%$，$\Lambda = 0\%$，$n = 7$（Eichengreen et al.，2012）。exway 表示交通基础设施规模，本文采用高速交通运输投资与全社会固定资产投资占比刻画我国交通基础设施投资水平，进而刻画我国交通基础设施规模变动情况。

除此之外，本文还引入一系列影响经济稳增长的控制变量（controls），主要包括固定资本形成率（fcapital），用资本形成额占 GDP 的比重来衡量；劳动年龄人口比重（labr），用 15～64 岁劳动人口占总人口的比重表示；人力资本水平（hcapital），用大学以上学历的人数占总人数的比重衡量；专利数量（patent），用每万人专利申请授权数来衡量，以及对外开放度（open），用进出口总额占 GDP 的比重衡量。本文实证样本为省际面板数据，数据来源于世界银行 WDI 数据库、中华人民共和国统计局、各年的《中国统计年鉴》和地方统计年鉴、以及《新中国六十年统计资料汇编》，时间跨度为 2001—2014 年。

(二)估计结果与分析

表1 估计结果

变量	(1)	(2)	(3)	(4)	(5)	(6)
exway	0.4785***	0.3957***	0.3485***	0.3460***	0.3241***	0.3232***
	(0.0498)	(0.0527)	(0.0550)	(0.0661)	(0.0672)	(0.0685)
fcapital		−0.3114***	−0.2922***	−0.2962**	−0.2785***	−0.2703**
		(0.0917)	(0.0933)	(0.1095)	(0.1122)	(0.1158)
labr			−0.9839***	−0.9814**	−0.4242	−0.4611
			(0.3291)	(0.3310)	(0.3739)	(0.3776)
hcapital				−0.0186	0.0017	0.0259
				(0.2693)	(0.2733)	(0.2765)
patent					−1.5149**	−1.2145**
					(0.6058)	(0.6999)
open						−0.1734
						(0.3299)
省份个体效应	控制	控制	控制	控制	控制	控制
时间效应	控制	控制	控制	控制	控制	控制
F	145.76***	137.05***	146.22***	146.22***	157.75***	132.86***
Pseudo R2	0.3168	0.3144	0.3354	0.3354	0.3619	0.3249
样本量	372	341	341	341	341	341

注:上标***、**、*分别表示1%、5%、10%置信水平,括号内数字为标准误差。

表1给出了交通基础设施对稳增长影响的估计结果。实证结果发现,当控制了固定资本形成率、劳动年龄人口比重、人力资本水平、每万人专利数以及对外开放度等变量之后,交通基础设施变量系数在1%的显著性水平下显著为正,这表明,交通基础设施具有显著的经济稳增长动力,提高交通基础设

施投资水平,可以使经济体避免落入"低均衡陷阱",最终实现向"高稳态均衡"处收敛,实证结果证实了本文理论部分的命题 2。

考虑到实证结果的稳健性,表 2 采用三种稳健性估计方法:包含工具变量估计以克服内生性的影响,滚动估计以克服样本极端值的影响和移动平均估计以考察交通基础设施的长期效应。

表 2　估计结果

变量	(1) 工具变量	(2) 2001—2010	(3) 2002—2011	(4) 2003—2012	(5) 移动平均
exway	0.7561 ** (0.1260)	0.3232 *** (0.0685)	0.6622 *** (0.0685)	0.8062 *** (0.1368)	1.6307 *** (0.2733)
fcapital	−0.3307 ** (0.1411)	−2.703 *** (0.1158)	−3.2820 (1.4502)	−2.9511 ** (1.5621)	−1.3989 (2.0213)
labr	−0.9024 ** (0.4157)	−0.4611 (0.3776)	−0.8191 ** (0.4507)	−0.7597* (0.4754)	−0.8178* (0.6157)
hcapital	0.4033 (0.3364)	0.0259 (0.2765)	0.1349 (0.3451)	0.2003 (0.3770)	0.5231 (0.5373)
patent	−0.4097 (0.4055)	−1.2145 ** (0.6999)	−0.6871 (0.6555)	−0.5233 (0.6265)	0.4048 (0.3932)
open	−0.8112 ** (0.3316)	−0.1734 (0.3299)	−0.6714 ** (0.3843)	−0.7004 ** (0.4129)	−1.0500 ** (0.5752)
省份个体效应	控制	控制	控制	控制	控制
时间效应	控制	控制	控制	控制	控制
F	76.39***	132.86***	174.89***	138.10***	41.92***
Pseudo R2	0.4934	0.3249	0.4788	0.4568	0.4892
样本量	279	310	279	248	186

注:上标***、**、*分别表示 1%、5%、10%置信水平,括号内数字为标准误差。

具体而言,表 2 第(1)列采取工具变量进行估计,采用滞后 1 期 exway 作为工具变量,估计结果显示,通过克服内生性造成有偏估计结果之后,交通基础设施变量系数在1%的显著性水平下显著为正,表明交通基础设施具有经济稳增长动力的结论是稳健的。表2第(2)至(4)列进行滚动估计结果显示,当剔除样本极端值的影响之后,滚动估计也得出一致的结果。表2第(5)进一步进行移动平均估计以考察长期影响,本文采取滞后5期的exway变量的移动平均过程进行估计,结果显示,滞后5期的exway变量系数在1%的显著性水平下显著为正,表明交通基础设施对经济稳增长影响还存在显著的长期效应。

以上实证结果的启示是:当前,中国经济正处于二次转型的关键时期,在面临劳动力增长动力消失和"干中学"效应趋于递减的压力下,推动中国经济步入一个更具质量增长阶段,需要维持一个稳定的经济增长速度,因此,对具有典型外部性的交通基础设施进行投资,应该是当前政府调控经济促进经济稳增长的一个重要手段。

(三)人力资本错配纠正

传统的经济学理论认为,交通基础设施之所以具有稳定增长动力的根本原因是其所具有的区域外部性,包括公路、水路、铁路与航空在内的交通基础设施除了具有一般基础设施作为社会公共产品都具有的外部性之外,还具有典型的区域外部性。一方面,交通基础设施可以将各个区域的经济活动连成一个整体,通过扩散效应,使一个区域的发展带动相邻区域发展(张学良,2014);另一方面,交通基础设施的建设有利于各种生产要素在区域间的流动,促进区域经济一体化的形成,特别是加大了发达地区的先发优势、科技力量、良好的制度环境、雄厚的资本力量与广阔的消费市场的外延性扩散。除此之外,本文理论研究认为,交通基础设施具有稳定增长动力的另一个原因是交通基础设施提供了人力资本外溢渠道,促进人力资本积累的同时纠正了高人力资本在部门间的错配,引致高人力资本进入研发部门,因此,推动整个社会研发效率提高,表现出显著的稳增长动力。接下来构建如下计量模型进行进一步检验,具体见(21)式:

$$h\_match_{it} = controls + \beta \times exway_{it} + v_i + \lambda_i + \mu_{it} \qquad (21)$$

其中,h_match为人力资本匹配变量。本文认为具有创新潜力的科技人才很可能因为薪酬激励而到非生产型、非科技创新型的部门就业,那么,在缺少更高质量和更多数量的科技人力资本流入时,会造成研发部门创新效率低下。因此,本文关于人力资本匹配指的是高人力资本在研发部门工作的人数比例,本文用科研人员占大学及以上学历人口的比重衡量。$exway$ 为交通基础设施变量,具体采用交通运输投资与全社会固定资产投资之比衡量。$controls$ 为一系列控制变量,包括固定资本形成率、劳动年龄人口比重、人力资本水平、专利数量和对外开放度等。

表3　估计结果

变量	(1)	(2)	(3)	(4)	(5)	(6)
exway	0.0954 *** (0.0283)	0.1106 *** (0.0324)	0.2023 *** (0.0325)	0.1575 *** (0.0361)	0.2488 *** (0.0282)	0.2884 *** (0.0284)
fcapital		−0.1804 ** (0.0639)	−0.2454 *** (0.0600)	−0.3390 *** (0.0686)	−0.1336 ** (0.0541)	−0.0987 (0.5314)
labr			0.1899 *** (0.0256)	0.1964 ** (0.0255)	0.5505** (0.2158)	0.3017* (0.2046)
hcapital				−0.0551 ** (0.0202)	−0.0113 (0.0157)	−0.6337 (1.4697)
patent					0.1279 *** (0.0082)	0.0998 *** (0.0107)
open						0.1292 *** (0.0156)
省份个体效应	控制	控制	控制	控制	控制	控制
时间效应	控制	控制	控制	控制	控制	控制

（续表）

变量	(1)	(2)	(3)	(4)	(5)	(6)
F	16.40***	15.62***	25.42***	22.83***	67.53***	72.67***
R2	0.1180	0.1568	0.2750	0.2909	0.5867	0.6589
样本量	372	341	341	341	341	310

注：上标***、**、*分别表示1%、5%、10%置信水平，括号内数字为标准误差。

表3给出了交通基础设施对人力资本匹配影响的估计结果。实证结果发现，当控制了固定资本形成率、劳动年龄人口比重、人力资本水平、每万人专利数以及外开放度等变量之后，交通基础设施变量系数在1%的显著性水平下显著为正。这表明，交通基础设施可以提供人力资本外溢渠道，显著引致高人力资本进入研发部门，实现人力资本在部门间适宜匹配，该实证结果证实了理论部分的命题1。李静（2017）研究认为，在经济转型过程中，如果依赖市场配置资源，可能会经历从人力资本供给不足（居民缺少激励成为人力资本）到人力资本供给过剩（发生错配）的跨越。这意味着，完全依赖市场，转型中的国家难以实现长期效率或者短期效率。一方面，市场可能无法保障人力资本的供给，这会导致长期增长难以实现；另一方面，市场在保障人力资本供给的情况下又带来了错配，事后来看，那些被错配的人力资本接受教育的成本完全被浪费掉（未带来产量的提升），因此错配是短期无效的。然而，正如本文实证结果显示，在当前阶段，如政府可以将更多的税收用于交通基础设施的投资，可以纠正了高人力资本在部门间的错配，引致高人力资本进入研发部门，提高整个社会研发效率，从而实现经济增长跨越。

同样，考虑到实证结果的稳健性，表4进一步采取工具变量估计、滚动估计和移动平均估计三种检验方式。根据表4的实证结果显示，exway变量系数在1%的显著性水平下一致显著为正，因此以上实证结果是稳健的。

表4　估计结果

变量	（1） 工具变量	（2） 2001—2010	（3） 2002—2011	（4） 2003—2012	（5） 移动平均
exway	0.2406 *** (0.0685)	0.2884 *** (0.0284)	0.2406 *** (0.0262)	0.1781 *** (0.0241)	0.1008 *** (0.0402)
fcapital	0.0451 (0.0494)	−0.0098 (0.0531)	0.0325 (0.0475)	0.0645 ** (0.0419)	0.0508 (0.0521)
labr	0.4207 ** (0.1871)	0.3017* (0.2046)	0.3627 ** (0.1829)	0.3301 ** (0.1585)	0.4431 ** (0.1936)
hcapital	0.0093 (0.0137)	−0.0063 (0.0146)	0.0091 (0.0133)	0.0246 ** (0.0119)	0.0238* (0.0148)
patent	0.1009 *** (0.0094)	0.0998 *** (0.0107)	0.1026 ** (0.0093)	0.1061 *** (0.0078)	0.1026 *** (0.0086)
open	0.1249 *** (0.0141)	0.1292 *** (0.0156)	0.1252 *** (0.0139)	0.1223 *** (0.0121)	0.1192 *** (0.0155)
省份个体效应	控制	控制	控制	控制	控制
时间效应	控制	控制	控制	控制	控制
F	85.88 ***	72.67 ***	89.77 ***	124.12 ***	106.18 ***
R^2	0.7179	0.6589	0.7268	0.8060	0.8276
样本量	279	310	279	248	186

注：上标***、**、*分别表示1%、5%、10%置信水平，括号内数字为标准误差。

以上实证结果的另一个启示是：当前大量拥有科学和工程技术学位的毕业生蜂拥到高收入的垄断行业工作，尤其是国有企业为主的金融业。以2014年为例，金融业的人均工资是99653元，科技行业的平均工资是76602元，是金融业的 76.87%；制造业是竞争性行业，其平均工资是 46431 元，是金融业的 46.59%。这表明，具有创新潜力的科技人才很可能因为薪酬激励而到非生产型、非科技创新型的部门就业。那么，在缺少更高质量和更多数量的科技人力资本流入时，研发部门创新效率低下，要素报酬下降，进一步恶化了高人力资本向研发部门的聚集。本文认为这是转型中国家必须面临的难题，因此，实现人力资本适宜匹配以及寻找实现匹配的实施条件，是当前中国实现经济稳增长的重要方式。然而，本文研究显示，中国扩张中的交通规模具有显著的纠正人力资本错配的效应。

五、结论与建议

根据近年来的研究文献发现，学界对交通基础设施是否具有经济增长效应的观点并不一致。传统理论认为，交通基础设施之所以具有稳定增长动力的根本原因是其所具有的区域外部性，通过扩散效应，促进区域经济一体化的形成。本文在 Romer（1990）和 Agenor & Canuto（2012）理论框架基础上，选择从人力资本错配的角度构建经济稳增长的多重均衡理论模型，考察当前中国经济在二次转型时期，扩张中的交通基础设施是否具有稳定增长动力，以及产生这一结果的内在机制，并对当前的争论给出新的理解。

研究结果显示：一方面，由于研发部门工资激励不足，使得能够从事研发创新的高能力个人选择进入最终产品部门工作，造成人力资本部门间错配，最终研发部门高能力个人比例较低，从而创新不足并陷入低稳态均衡。但是，交通基础设施可以加速信息、知识、教育、思想和创意等具有规模报酬递增属性的新增要素积累和扩散，提高这些新增要素的生产效率，从而可以直接推动整个社会创新效率提升；另一方面，交通基础设施提供了人力资本外溢渠道，促进人力资本积累的同时引致高人力资本进入研发部门，实现人力资本部门间适宜匹配，成为推动整个社会创新效率和经济稳定增长的外部实施条件。因此，当前中国扩张中的交通基础设施规模可以展现出显著的稳增长动力，避免经济体落入"低均衡陷阱"，最终实现向"高稳态均衡"处收敛。最后，在理论分析的基础上，本文基于经济稳增长满足的三个条件构建稳增长指标,运用中国省际面板数据(考虑构建稳增长指标的需求),并采用多种估计方法检验了理论部分命题,实证结果与理论部分的结论一致,且稳健的。

　　无疑,本文的研究不仅具有良好的理论意义,也直接关系到今后我国交通基础设施投资是否继续推进、政策能否优化调整,以及选择适宜的投资规模有效推动中国经济步入一个更具质量和稳定的增长阶段。中国经济正处于二次转型的关键时期,在面临劳动力增长动力消失和"干中学"效应趋于递减的压力下,推动中国经济步入一个更具质量增长阶段,需要维持稳定的增长速度。然而,对具有典型外部性的交通基础设施投资贡献,远非简单带来经济总量的扩张,更为关键的是由此带来人力资本在部门间适宜匹配和经济自动稳定器的作用。针对本文理论与实证结论,提出几点政策建议:第一,当前中国经济处于明显增长减缓时期,需要从研发部门寻求增长动力,因此,除了提高高人力资本占比外,关键还需要创造引致整个社会人力资本在部门间适宜匹配条件,纠正人力资本错配局面,充分挖掘我国的现阶段人力资源优势,释放人力资本红利;第二,目前,我国基础设施已经跨越式发展,基于最优规模和发挥对要素的配置效率双重角度,优化调整公共基础设施投资政策。因此,在继续建设跨区域、高标准交通基础设施的同时,政府应考虑区域交通基础设施建设的平衡发展,缩小交通基础设施建设的区域差异,从而有效推动中国经济稳定和高质量增长。

（本文作者:李　静）

虚拟经济对实体经济的非线性影响 *

本 文 导 读

　　实体经济和虚拟经济如鸟之双翼、车之双轮,都是现代经济系统中不可或缺的组成部分,改革开放以来中国经济的高速增长得益于实体经济和虚拟经济的大发展。然而,近年来出现了实体经济偏冷、虚拟经济过热的局面,虚拟经济中的金融房地产业成为人们广为诟病的焦点,于是"增强金融服务实体经济的能力"以及"房子是用来住的、不是用来炒的"等上升为国家政策层面反复强调的话语。那么,在中国经济增长过程中,实体经济与虚拟经济究竟是什么关系?虚拟经济过热真的是实体经济偏冷的"罪魁祸首"? 本文以上述问题为导向,基于马克思的信用与虚拟资本理论剖析虚拟经济对实体经济的双重效应:一方面,虚拟经济适度发展对实体经济具有促进作用,二者表现为"相生"关系;另一方面,如果虚拟经济过度发展,与实体经济相背离,则对实体经济具有抑制作用,二者表现为"相克"关系。运用 2000—2015 年 31 个省区的面板数据,根据面板门槛模型的实证分析发现:虚拟经济对实体经济的影响的确存在双门槛"倒 U 型"特征;虚拟经济低于第一个门槛值时,能显著促进实体经济发展;虚拟经济跨越第一个门槛值后,对实体经济的促进作用会弱化;虚拟经济跨越第二个门槛值后,对实体经济起到显著的负向抑制效应。因此可以说,实体经济和虚拟经济之间不是"非黑即白"的单纯线性关系,而是呈现出非线性关系,虚拟经济只有在适度的发展区间才能促进实体经济发展,才能实现二者共生共荣。这为经济新常态下如何引导虚拟经济与实体经济协调发展、推进中国经济高质量发展提供政策启示。

---

*　　本文原载于《上海经济研究》,2018 年第 7 期。题为"虚拟经济对实体经济的非线性影响:'相生'抑或'相克'"。

一、引　言

改革开放以来,中国经济持续高速增长,在世界经济发展版图上创造了"中国奇迹"。2010年,中国经济总量超过日本,跃居世界第二;与此同时,中国制造业产值也超过美国,跃居世界第一。中国对世界经济增长的年均贡献率超过30%,成为世界经济增长的第一引擎。伴随经济高增长,金融房地产业等虚拟经济领域蓬勃发展。尤其自20世纪90年代以来,随着上海证券交易所和深圳证券交易所的相继成立,以及金融市场化与住房市场化改革的推进,货币市场、股票市场、债券市场、期货市场和房地产市场等迅猛发展。根据国家统计局数据,2009年我国金融业年增加值突破2万亿元,截至2017年末金融业增加值已达6.57万亿元。十多年来,我国金融业增加值占GDP的比重持续攀升,已从2005年的3.99%稳步上涨至2016年的8.35%,2017年虽有所下降,但仍高达7.95%,超过美国和英国等发达国家水平。进入新世纪以来,与金融业密切相关的房地产市场更是呈现爆发式发展。中国的新房市场全球最大,二手房交易市场增速最快;地价和房价在时空维度轮番飙升,不断刷新纪录。多年来房地产一直是社会各界关注的焦点,甚至有着"房地产绑架中国经济"的说法。

金融业具有资源配置、风险管理以及信息供给等功能,而房地产业具有强大的产业关联效应。毋庸置疑,从理论上说,包括金融房地产业在内的虚拟经济发展必然对实体经济增长有着积极推动作用。中国经济的高速增长同样离不开虚拟经济的强力驱动。然而,由于虚拟经济"以钱生钱"的特性,它会在一定程度上脱离实体经济而自我发展、自我循环、自我膨胀,甚至演化为泡沫经济,从而对实体经济可能产生负面影响。事实上,近年来我国经济领域出现了"脱实向虚"现象,即资金过于流向虚拟经济,在虚拟经济中空转,而不愿进入实体经济。比如,银行新增贷款中大部分是房地产相关贷款;大量实体企业介入金融房地产业,从事固定资产投资的积极性下降,进行金融房地产投资的积极性反而很高。这样就造成虚拟经济火热而实体经济偏冷,如果不及时纠偏,长此以往将带来实体经济空心化,甚至危及国民经济基础。

作为现代经济系统的两个组成部分,如果将实体经济看成是经济系统中的硬件,则可认为虚拟经济是经济系统中的软件(成思危,2003)。二者能否协调发展关系整个经济系统的运行状态。随着我国虚拟经济的迅猛发展,政府决策层把虚拟经济与实体经济的关系摆在了越来越重要的位置。早在2002年党的十六大报告中就提出"要正确处理虚拟经济与实体经济之间的关系";2008年全球金融危机爆发后,虚拟经济和实体经济的关系再次成为我国社会各界关注的热点;2013年国务院发布金融支持实体经济的指导意见;2014年政府首次提出"脱实向虚"问题,并要求促进"脱实向虚"信贷资金归位;2016年中央经济工作会议指出,要抑制房地产泡沫,坚持"房子是用来住的、不是用来炒的"的定位;2017年央行等五部门联合印发《关于金融支持制造强国建设的指导意见》;党的十九大报告指出"增强金融服务实体经济的能力",并再次强调"房子是用来住的、不是用来炒的"。那么,在中国经济增长的过程中,虚拟经济与实体经济究竟是一种什么关系?显然,实体经济是虚拟经济发展的前提和基础。因此,问题的关键在于,虚拟经济对实体经济能产生什么影响,是促进了实体经济发展,还是通过"脱实向虚"等机制抑制了实体经济发展?解读此问题对于新常态下如何引导虚拟经济与实体经济协调发展、推进中国经济高质量发展具有重要意义。

二、文献综述

虚拟经济范畴衍生于马克思的虚拟资本概念,关于虚拟经济的概念提出和理论研究是国内学者的重要创新,但是虚拟经济的内涵仍未形成共识。刘骏民(1998,2003)把虚拟经济视为一个价值系统,狭义虚拟经济是以资本化定价行为为基础的价格系统,广义的虚拟经济是观念支撑的价格体系,而不是成本和技术支撑的价格体系。成思危(2003)指出虚拟经济以金融系统为主要依托,是与虚拟资本循环运动相关的经济活动,简言之就是"直接以钱生钱"的行为。王爱俭(2008)认为虚拟经济是预期的未来价格体系在现时的镜像。林左鸣(2010)指出广义虚拟经济是同时满足人的生理需求和心理需求并以心理需求为主导,以及只满足人的心理需求的经济的统称。田国强

（2014）认为虚拟经济有两种定义：一是指与虚拟资本有关、以金融系统为主要依托的经济循环运动；二是信用制度膨胀下，金融活动与实体经济相偏离的那部分形态。刘志彪（2015）认为虚拟经济是以资产、价值符号为中介的增值性活动。刘晓欣（2016）从操作层面将金融房地产服务业（不含建筑业）纳入虚拟经济范围，进而界定虚拟经济的核算范围。

关于虚拟经济对实体经济的影响效应，已有大量文献进行探讨。国内方面，王爱俭（2002）认为虚拟经济在一定程度上促进了实体经济增长，但要把握好虚拟经济发展的"度"。刘骏民和伍超明（2004）从虚拟经济角度解释"股经背离"，认为发展滞后的虚拟经济使实体经济的融资渠道和融资总量受到负面影响。刘金全（2004）通过计量检验发现虚拟经济对实体经济具有显著的"溢出效应"，货币供给规模和价格水平都对实体经济存在正向影响。曹源芳（2008）的研究表明，我国实体经济与虚拟经济间存在着严重的背离，虚拟经济还远未成为我国实体经济的"晴雨表"。吴德礼（2009）等认为，虚拟经济对实体经济不存在明显的促进作用。沐年国（2011）认为，虚拟财富扩张通过直接影响居民和企业的消费与投资，从而影响实体经济增长。周莹莹和刘传哲（2014）认为，虚拟经济对实体经济固定资产投资的长短期影响皆显著，尤其在长期内对固定资产投资扩张的相对影响较强。张成思和张步昙（2016）的研究表明，经济金融化显著降低了企业的实业投资率，并弱化了货币政策提振实体经济的效果；同时，金融资产的风险收益错配也抑制实业投资，且这种抑制效应随着金融化程度的提升而增强。苏治、方彤和尹力博（2017）基于 GVAR 模型的实证研究表明，中国经济存在虚实背离特征；在规模水平层面，虚拟经济对实体经济具有"挤出效应"；在周期波动层面，仅存在实体经济对虚拟经济的短期先导性。

国外很少提及虚拟经济范畴，相关研究主要集中在金融市场与实体经济、资产价格与实体经济的关系方面。Goldsmiths（1969）、Shaw（1973）强调了发展中国家的金融发展对经济增长的积极作用。King and Levine（1993）首先设计反映金融发展程度的指标，使用跨国数据进行计量分析，结果表明金融中介发展可以显著提高经济增长率。Atje and Jovanovic（1993）的实证研究结果表明股票市场发展对经济增长存在显著的正向影响。Rajan and Zingales

(1998)通过实证证实金融发展通过减少外部融资降低了成本从而促进了经济增长。然而,另外一些学者则得出了相反的结论。比如,Tobin(1984)认为金融与实体经济的分离将对实体经济有着根本性的破坏作用。Orhangazi(2008)研究了美国非金融企业的实业投资率和金融化之间的关系,发现金融化对实业投资率具有明显的"挤出效应",即企业从金融渠道获得高收益时,会加大金融投资,相应降低实业投资。Demir(2009)以阿根廷、墨西哥和土耳其为研究样本以及Tori and Onaran(2017)以代表性发达国家和发展中国家为样本,皆在一定程度上验证了金融化对实业投资的"挤出效应"。

总之,现有文献对虚拟经济的内涵界定尚有一定的分歧,但从外延方面看,把金融、房地产业归属虚拟经济范围在当前应基本没有争议。在虚拟经济对实体经济的影响方面,国外学者侧重研究金融与实体经济之间的关系,但金融只是虚拟经济的一部分,不能等价于虚拟经济。国内学者虽然对虚拟经济与实体经济展开了系统研究,但在实证研究方面仍存在不足之处。其一,已有研究主要基于宏观层面的时间序列数据,采用 VAR 模型族进行计量分析。VAR 模型族的设定缺乏厚实的经济理论背景,再加上宏观数据样本量少,使得研究结果的可信度存在争议。其二,已有研究主要从线性角度探讨虚拟经济对实体经济的影响,然而经济变量间往往是非线性关系。其三,在变量度量方面,大多采用单一指标衡量虚拟经济发展,不具全面性。与现有文献不同,鉴于中国地域辽阔,省区之间的虚拟经济和实体经济发展水平均存在较大差异性,以及考虑到虚拟经济和实体经济之间可能存在非线性关系,本文基于省区数据采用面板门槛模型进行实证研究。关于虚拟经济变量的测度,本文运用主成分分析法构建分省虚拟经济综合指标,以克服单一指标的片面性。

三、虚拟经济对实体经济的影响效应

虚拟经济表现为虚拟资本的运动。马克思对虚拟资本最早进行了系统深入分析,其对虚拟资本的本质和内在机理的揭示构成现代虚拟经济理论的思想渊源。因此,本文从马克思政治经济学角度剖析虚拟经济对实体经济的

影响效应。根据马克思的信用和虚拟资本理论,以虚拟资本为依托的虚拟经济对实体经济具有如下双重效应:

(一)虚拟经济的正向作用

虚拟经济能够为实体经济提供资本支持,推动现实再生产过程的扩大。"随着生息资本和信用制度的发展,一切资本好像都会增加一倍,有时甚至增加两倍,因为有各种方式使同一资本,甚至同一债权在各种不同的人手里以各种不同的形式出现。"这意味着,信用形式的虚拟经济能使生产的扩张突破现有资本的限制。商业信用以票据形式贷出商品资本,直接媒介商品生产和流通,从而加速资本循环和周转,促进再生产过程顺利进行。银行信用以货币形式贷出借贷生息资本,将暂时游离于再生产过程的闲置资本重新投入实体经济中,推动工商业活动的扩展。收入资本化形式的虚拟经济可以使工商企业通过发行股票和债券来筹集扩大实体经济所需要的资本,从而使企业的发展突破自身的积累规模(洪银兴和葛扬,2011)。因此,"每一个工厂主或商人个人无须握有巨额的准备资本,也不必依赖现实的资本回流。"运用虚拟资本筹集资金可以快速实现资本规模的扩大,马克思以修建铁路为例:"假如必须等待积累使某些单个资本增长到能够修建铁路的程度,那么恐怕直到今天还没有铁路。但是,集中通过股份公司转瞬之间就能把这件事完成了。"由此,虚拟经济的筹资功能使得"生产规模惊人地扩大了,个别资本不可能建立的企业出现了",整个再生产过程也加快了,因而赋予实体经济强大的扩张力。

虚拟经济能够为实体经济提供结构优化的平台,促进资本运行效率提升。根据马克思的社会再生产及其比例关系理论,社会生产各部门应该按照比例协调发展(范从来等,2016)。虚拟资本对社会生产各部门的结构优化进而按比例协调发展具有重要作用,例如马克思指出"历时较长范围较广的事业,要求在较长时间内预付较大量的货币资本。所以,这一类领域的生产取决于单个资本家拥有的货币资本的界限。这个限制被信用制度和与此相联的联合经营(例如股份公司)打破了。"这表明利用信用和虚拟资本可以调节社会生产各部门的比例关系,助推社会扩大再生产的实现。在逐利动机驱使下资本总是从低收益部门流向高收益部门,而信用制度和资本证券化解决了资本流动的技术障碍。信用制度使得资本以货币资金的形式在部门间低成本快速流动,这样既实现了资本增值又可以带动经济结构的调整。另外,房屋、机器或其他固定资本具有一定专用性,一旦投入就很难撤回,形成沉没成本,这阻滞了职能资本在不同部门间的自由转移。资本证券化机制能够使难以在市场流通的固定资本以所有权证书的形式在不同部门间流动,也可以通过证券交易帮助企业兼并重组和结构调整,促进资本向经济效益高的实体经济行业领域集中,并通过产业链的关联效应带动上下游产业发展,从而优化实体经济中的资本配置结构,提高现实资本的运行效率。

虚拟经济能够提高消费力,拉动实体经济增长。生产和消费都是社会再生产的基本环节,二者相互决定,互为起点。提高消费力可以推动和发展生产力,然而"社会消费力既不是取决于绝对的生产力,也不是取决于绝对的消费力,而是取决于以对抗性的分配关系为基础的消费力;这种分配关系,使社会上大多数人的消费缩小到只能在相当狭小的界限以内变动的最低限度。"虚拟经济可以在一定程度上缓解这种对抗性关系造成的消费不足,消费的普遍提高将拉动实体经济的生产扩张。其一,虚拟经济领域的金融创新活动,把对生产的信贷扩大到对消费的信贷,从而使生产的扩张突破现有的消费能力的限制(洪银兴,2009)。比如,信用卡分期付款、汽车金融公司贷款以及住房抵押贷款等消费信贷把潜在的消费需要转化现实的消费力。其二,虚拟经济供给丰富的有价证券供投资者选择,这些有价证券"所以会成为生息资本的形式,不仅因为它们保证取得一定的收益,而且因为可以通过它们的出售而能得到它们的资本价值的偿付。"表明虚拟经济发展有助于拓展微观主体的财产性收入渠道,进而提高其消费力。其三,虚拟经济为企业激励内部员工提供平台,企业通过实施员工持股计划、股票期权激励以及雇员受益信托等制度,让员工分享企业利润,有助于改善劳资双方对抗性分配关系,从而提高劳动者收入水平和消费力。

(二)虚拟经济的负向作用

虚拟经济会放大经济波动,破坏实体经济稳定增长。在现代经济中,虚拟经济能把可以伸缩的再生产过程强化到极限,从而放大经济的周期性波动。在经济进入上行期,虚拟经济使得产业资本得到最充分的运用,以致产业资本的再生产能力不顾消费界限达到极度扩张。发达的信用制度和资本市场会把财富的非常大的部分作为追加资本交给生产支配,"只要再生产过程顺畅地进行,从而资本回流确有保障,这种信用就会持续下去和扩大起来,并且它的扩大是以再生产过程本身的扩大为基础的。"然而,"一旦由于回流延迟,市场商品过剩,价格下降而出现停滞,产业资本就会过剩"再生产过程的正常紧张状态受到破坏。于是,经济进入下行期,信用随之减少,虚拟经济将会紧缩。"在再生产过程的全部联系都是以信用为基础的生产制度中,只要信用突然停止,只有现金支付才有效,危机显然就会发生,对支付手段的激烈追求必然会出现。"此时借贷资本短缺、利息率畸高、生产资本闲置,这将进一步加剧经济衰退。可见,虚拟经济具有内生的加速器效应,容易出现顺周期波动和超调,会提高经济波动的频率和振幅。这种大起大落、忽冷忽热的过敏性波动导致社会再生产比例失调,造成实体经济结构失衡以及资源严重浪费,从而损害经济效率,破坏实体经济的平稳增长。

虚拟经济会引致资本"脱实向虚",限制实体经济发展空间。首先,资本进入实体经济要经过生产、交换、消费等环节才能实现增值,投资回收期很长;然而,资本进入虚拟经济则可以直接"以钱生钱",投资回收期较短。这样,资本就会倾向于进入虚拟经济,不愿进入实体经济。其次,资本是天生的平等派,等量资本要求获得等量利润。当虚拟经济中的资产收益率高于实体经济的利润率时,资本就会放弃实体经济而进入虚拟经济以追逐高额回报。最后,在一般利润率下降规律的作用下,资本进入实体经济要达到最低限额。对于达不到最低限额的资本来说,既然实体经济"高攀不起",就会转向虚拟经济领域"攻城略地",甚至"大量分散的小资本被迫走上冒险的道路:投机、信用欺诈、股票投机、危机"。资本的"脱实向虚"直接导致实体经济中的资本短缺,既延缓现有资本的循环与周转,又约束了社会扩大再生产的实现。资本的"脱实向虚"会拉高借贷资本利息率,吞噬产业资本和商业资本的利润。资本"脱实向虚"也会带动劳动力、土地等生产要素进入虚拟经济领域,推动实体企业的用工成本、土地价格和租金成本快速上涨,使其面临高昂的经营成本。因此,"脱实向虚"机制使得虚拟经济不仅未能有效服务实体经济,反而与实体经济争利,势必挤压实体经济的发展空间,阻碍实体经济的创新和生产率提升。

虚拟经济会形成泡沫经济,影响实体经济正常运行。虚拟经济具有投机的性质,容易脱离实体经济自我循环、过度发展,使虚拟资本越来越不包含现实资本的要素,进而形成泡沫经济。一方面,信用制度是生产过剩和商业过度投机的主要杠杆,能够衍生出最纯粹最巨大的赌博欺诈制度,"因为很大一部分社会资本为社会资本的非所有者所使用,这种人办起事来和那种亲自执行职能、小心谨慎地权衡其私人资本的界限的所有者不同"。马克思以汇票为例指出信用中的泡沫成分,"这种汇票中也有惊人巨大的数额,代表那种现在已经败露和垮台的纯粹投机营业;其次,代表利用别人的资本进行的已告失败的投机;最后,还代表已经跌价或根本卖不出去的商品资本,或者永远不会实现的资本回流。"另一方面,虚拟资本的市场价值不是由现实的收入决定,而是由预期得到的、预先计算的收入决定,会随着预期收入的大小和可靠程度而发生变化。于是,虚拟资本的市场价值时常偏离现实资本的增值能力,而这种偏离由于投资者的"追涨杀跌"得到进一步强化,泡沫经济得以产生。泡沫经济在资产价格正反馈机制的作用下具有黑洞般的"超引力",能快速汲取社会资源涌入虚拟经济,造成实体经济"失血"并扰乱再生产过程。同时,泡沫经济又具有脆弱性,一旦泡沫破裂,膨胀的资产价格就会坍缩,实体经济将因债权债务关系锁链的断裂而萎缩。

综上所述,虚拟经济具有正负双重效应,对实体经济的最终影响效果取决于这两种相反力量的相对大小。一般而言,在虚拟经济较低发展阶段,虚拟经济对实体经济主要起正向拉动作用,二者体现为"相生"关系;随着虚拟经济的发展,其负作用逐步显现,"相生"关系将弱化;当虚拟经济过度发展,与实体经济背离时,对实体经济主要起到负向抑制作用,二者体现为"相克"关系。

四、实证设计

本文运用中国 31 个省区 2000—2015 年的数据,采用 Hansen(1999)的面板门槛模型进行计量检验。

（一）计量模型

如前所述,在虚拟经济发展的不同阶段,虚拟经济与实体经济的关系可能是非线性的。为避免人为划分虚拟经济发展阶段带来的偏误,根据数据本身的特点内生地划分区间,进而分析虚拟经济与实体经济之间的关系。将门槛变量设定为虚拟经济变量本身,单一门槛模型设定为:

$$IGdp_{it} = \alpha_0 + \beta_1 Fe_{it} \cdot I(Fe_{it} \leq \gamma) + \beta_2 Fe_{it} \cdot I(Fe_{it} > \gamma) + \Theta Control + u_i + \varepsilon_{it}$$

（1）

其中,下标 i 和 t 分别表示第 i 个省区和第 t 年,u_i 是个体固定效应,ε_{it} 是随机误差项。$IGdp$ 为实体经济变量,Fe 为虚拟经济变量,γ 为门槛值,β 为相应的系数,$Control$ 为影响实体经济的一组控制变量,主要包括经济景气程度、人力资本、贸易开放、国有化程度和基础设施等。

如果存在多个门槛,需要对（1）式进行扩展。比如,对于双重门槛而言,模型应设定为:

$$IGdp_{it} = \alpha_0 + \beta_1 Fe_{it} \cdot I(Fe_{it} \leq \gamma_1) + \beta_2 Fe_{it} \cdot I(\gamma_1 < Fe_{it} \leq \gamma_2) + \beta_3 Fe_{it} \cdot I(Fe_{it} > \gamma_2) + \Theta Control + u_i + \varepsilon_{it}$$

（2）

（二）变量选取

1.实体经济变量

现有文献一般以实际 GDP 或工业增加值来表征实体经济。在 SNA 核算体系中,虚拟经济直接创造 GDP,以包含虚拟经济成分的实际 GDP 指标衡量实体经济显然不够准确;而工业是实体经济的典型代表,工业增加值的增长率最能反映实体经济发展状况。因此,本文采用省区工业增加值（IGdp）增长率作为实体经济的代理变量。

2.虚拟经济变量

马克思指出,"随着生息资本和信用制度的发展,一切资本好像都会增加一倍,有时甚至增加两倍,因为有各种方式使同一资本,甚至同一债权在各种不同的人手里以各种不同的形式出现"。正是"同一资本"或"同一债权"的反复交易使得虚拟经济得以发展,虚拟经济的膨胀和收缩直观映射在虚拟资本交易额的增减上,因此虚拟资本交易额更能刻画虚拟经济整体发展状况,也更能反映虚拟经济的虚拟性、投机性和自我循环性。由于虚拟经济包含多个领域,若仅采取单一指标衡量显然不合理。为更全面和准确地度量各地区虚拟经济发展水平,本文选取四个分项指标:一是信贷市场指标(Debt),用各地区金融机构各项贷款余额(表示金融机构与信贷资金需求者之间的交易额)来衡量;二是证券市场指标(Secur),用各地区证券(包括股票、债券、基金等)市场交易额来衡量;三是保险市场指标(Insur),用各地区保费收入(表示保险公司与投保人之间的交易额)来衡量;四是房地产市场指标(Estat),用各地区房地产交易额来衡量。由于上述指标之间可能存在相关性,不能直接加总,本文运用主成分分析法对这四个指标进行加权,以构建省区虚拟经济综合指标(Fe),该指标能够在整体意义上较全面反映各省区虚拟经济发展水平。具体做法如下:

首先,分项指标反映的内容不一样,数量级也不尽相同,本文利用极差法对原始数据进行标准化处理。此方法的优点在于:一则,对指标数据的个数、取值范围和分布状态没有特别要求;二则,标准化后的数据都在 0 和 1 之间,性质较明显,也便于后续处理。采用极差法进行标准化的计算公式是:

$$X_{it} = \frac{x_{it} - x_{min}}{x_{max} - x_{min}} \tag{3}$$

其中,X_{it} 表示标准化后的指标,x_{min} 与 x_{max} 分别表示观察期内相应指标的最小值和最大值。然后根据主成分分析法确定各分项指标的权重,赋予方差较大的变量以更大的权重,给方差较小的变量分配较小的权重,使构建的综合指标方差尽可能接近原始变量方差之和。该方法基于数据内部结构特征而非主观判断来确定权重,所得到的权重系数既具有客观性,也能充分保留原始变量主要信息。令 W_D、W_S、W_I 和 W_E 分别表示由主成分分析法得到的信贷市场、证券市场、保险市场和房地产市场分项指标的权重系数,则虚拟变量综合指标可表示为:

$$Fe = W_D \times Debt + W_S \times Secur + W_I \times Insur + W_E \times Estat \tag{4}$$

3.控制变量

为尽可能控制其他影响实体经济的因素,控制变量的指标构建依次为:(1)本文采用各省区经济景气程度(Exp)以控制经济周期因素对实体经济的影响。(2)在相同物质资本投入下,人力资本质量会带来劳动生产率差异,进而影响实体经济发展。利用人均受教育年限的对数来度量人力资本水平（Edu），其中人均受教育年限=（小学×6+初中×9+高中×12+大专及以上×16)/6岁及以上人口。(3)贸易开放对地区经济、市场规模和原材料成本等造成很大影响，从而影响实体经济发展。采用外贸依存度（进出口总额/GDP）度量该指标（Trade）。(4)国有和非国有企业的生产效率和资本配置效率不同，国有化程度会影响实体经济发展。利用国有控股工业企业总资产占当地规模以上工业企业总资产的比重衡量（Soe）。(5)基础设施能够改善投资环境，进而影响实体经济发展，采用公路、铁路和水路运营里程加总的对数表征基础设施水平（Instru）。

（三）数据说明

数据来源于 Wind 资讯数据库、《新中国 60 年统计资料汇编》、历年《中国统计年鉴》和历年《中国金融年鉴》等。主要变量的含义和描述性统计见表1。此外，通过计算各解释变量的方差膨胀因子（VIF），发现最大的 VIF 为2.40，远低于10，根据经验规则，不必担心变量间存在多重共线性问题。

表1　主要变量的含义和描述性统计

变量	含义	均值	标准差	最小值	最大值	观测值
IGdp	工业增加值增长率	0.1520	0.0598	−0.0480	0.3850	496
Fe	虚拟经济指数	0.1916	0.2424	5.08E−06	1.9047	496
Exp	经济景气程度	0.9913	0.0264	0.9427	1.0296	496
Edu	人均受教育年限对数值	0.9115	0.0739	0.4769	1.0821	496
Trade	进出口总额与 GDP 的比	0.3145	0.3946	0.0357	1.7991	496
Soe	国有化程度	0.5857	0.1955	0.1399	0.9509	496
Instru	公路、铁路和水路运营里程加总的对数	4.9093	0.3784	3.8249	5.5196	496

五、实证结果与分析

(一)门槛效应检验

确认门槛效应的存在及门槛数目是进行门槛回归的前提条件。本文依据 Hansen(1999)提出的自抽样方法,以虚拟经济变量作为门槛变量,分别对单一门槛、双重门槛和三重门槛进行 300 次的反复抽样仿真,采用格点搜索法确认门槛数目。表 2 列示了对应的 F 值、P 值与相关的临界值。不难发现,单一门槛的 F 值在 10% 的置信水平上显著,相应的 P 值为 0.0733;双重门槛的 F 值在 5% 的置信水平上显著,相应的 P 值为 0.0483;三重门槛的 F 值不显著,相应的 P 值为 0.9533。因此,回归关系中存在门槛效应,并且有两个门槛值。这说明虚拟经济对实体经济的影响是非线性的,应选用双重门槛模型。

表 2　门槛效应检验结果

门槛数目	F 统计量	P 值	BS 次数	1%临界值	5%临界值	10%临界值
单一门槛	18.30*	0.0733	300	28.3551	21.8839	17.4847
双重门槛	19.07**	0.0486	300	21.5580	17.0154	14.1184
三重门槛	4.66	0.9533	300	30.8263	22.8815	20.5412

注:**、*分别表示5%、10%的显著性水平。

两个门槛值的点估计结果及 95% 的置信区间见表 3。可见,第一个门槛估计值 γ_1 为 0.0120 以及第二个门槛值 γ_2 为 0.1916,95% 的置信区间分别为 [0.0100, 0.0130] 和 [0.1867, 0.1930]。显然,两个门槛值均位于相应的 95% 置信区间内。

表 3　门槛估计值及其 95% 置信区间

门槛	估计值	95%置信区间
γ_1	0.0120	[0.0100, 0.0130]
γ_2	0.1916	[0.1867, 0.1930]

极大似然比函数图可以更好地说明门槛值估计和置信区间构造的过程。

基于 Hansen(1999)的思路,首先搜索出一个门槛值,固定此门槛值后再搜索另一个门槛值,然后固定新门槛值后再次搜索前一个门槛值。如此反复,直至两个门槛值不再变化。如图1所示,极大似然比函数 LR 为 0 时对应的横坐标值0.0120和0.1916即为门槛值,LR 与水平虚线交点对应的横坐标区间为95%置信区间。

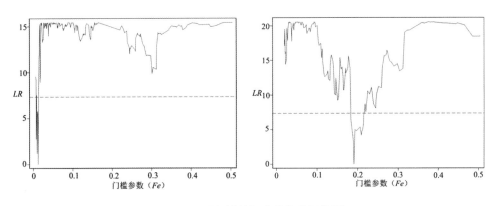

图1　双重门槛的极大似然比函数图

(二)面板门槛估计结果

由于不同省区的经济发展水平、发展战略和制度环境等方面存在很大差异,为进一步控制这些差异对回归结果的影响,本文采用基于固定效应的面板门槛模型进行计量检验,结果见表4。可以看出,在不同的虚拟经济发展水平上,虚拟经济对实体经济的影响具有显著差异,再次证实门槛效应的存在。具体而言,当虚拟经济综合指标低于 0.0120 时,虚拟经济对实体经济的影响系数为3.9375,在1%水平上显著;当虚拟经济综合指标介于 0.0120 和 0.1916之间时,虚拟经济对实体经济的影响力度减弱,系数下降为 0.0827,在5%水平上显著;当虚拟经济综合指标高于 0.1916 时,虚拟经济对实体经济的影响发生了关键转变,系数为-0.0690,在1%水平上显著。由此可见,虚拟经济与实体经济的关系不是简单的线性关系,而是呈现非线性关系,如图 2 所示。虚拟经济在较低水平时,虚拟经济更多地表现为积极正向作用,能够有力促进实体经济发展,体现为"相生"性。随着虚拟经济发展水平的提高,虚拟经济的负向作用逐步显现,并削弱了其正向作用,以致虚拟经济对实体经济的

"相生"功能衰减,具有边际效应递减特征。当虚拟经济跨越更高门槛值时,其对实体经济的负向作用开始超过正向作用,以致对实体经济产生了抑制效应,体现为"相克"性。

表4　面板门槛模型估计结果

解释变量	系数估计值	t 值	$P > \lvert t \rvert$
$Fe \cdot I(Fe \leq \gamma_1)$	3.9375***	3.93	0.000
$Fe \cdot I(\gamma_1 < Fe \leq \gamma_2)$	0.0827**	1.98	0.049
$Fe \cdot I(Fe \geq \gamma_2)$	−0.0690***	−5.11	0.000
Exp	1.3685***	21.38	0.000
Hca	0.1234*	1.72	0.098
Trade	−0.0256	−1.49	0.138
Soe	0.0002	0.01	0.994
Instru	0.0393**	2.26	0.025
Cons.	−1.1116***	−10.02	0.000

注:***、**、*分别表示在1%、5%、10%的置信水平上显著。

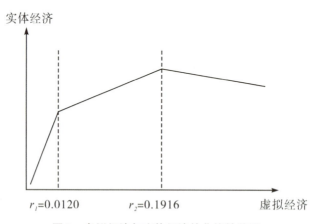

图2　虚拟经济与实体经济的非线性关系

在控制变量中,经济景气程度的回归系数显著为正,这意味着经济周期对实体经济具有同向影响,拉升经济景气程度能够助推实体经济扩张。人力资本的回归系数显著为正,说明人力资本质量的提高能够改善劳动生产率,增强实体经济中的资本增值能力,在逐利动机作用下驱动实体经济进一步发展。贸易开放对实体经济没有起到促进作用,原因可能是,贸易开放既能带来市场规模扩大的正效应,也带来原材料等成本上升的负效应,二者抵消以致回归系数没有显著性。国有化程度的回归系数没有显著性,说明国有化程度对实体经济发展没有显著影响,也意味着降低国有化程度并不必然改善实体经济,这为十九大报告提出的"推动国有资本做强做优做大"提供政策空间。基础设施的回归系数显著为正,这意味着,基础设施降低实体经济交易成本,同时通过乘数效应带动实体经济发展。

(三)各地区虚拟经济跨越门槛值的时间分布

根据本文的估计结果,可以得知每个省区跨越门槛值的大致时间分布,见表5。25个省份在2000年之前即已跨越第一门槛值,意味着大部分地区的虚拟经济对实体经济的促进作用在样本期初已开始减弱。然而,其他省区(包括海南、贵州、西藏、甘肃、青海和宁夏等)在2000年之后才跨越第一门槛值,由于这些省份的虚拟经济发展水平相对落后,在跨越第一门槛值之前的年份里适度发展虚拟经济对实体经济有着强力促进作用。比如,海南省在2006年跨越第一门槛值,这表明在样本期内的2000年和2006年之间虚拟经济都能对实体经济起到明显的促进作用。

25个省区在样本期内跨越第二门槛值,意味着这些地区虚拟经济对实体经济的影响由"相生"转化为"相克",二者关系发生了本质性改变。进一步发现,经济越是发达地区,跨越第二门槛值的时间越早。比如,广东在2003年即跨越第二门槛值,上海、江苏、北京和浙江紧随其后,分别于2004、2005年跨越第二门槛值。究其原因,其一,在经济发达地区,由于财富的集聚以及资本从再生产过程中的游离,借贷货币资本的积累总是比现实资本的积累更大,更容易造成借贷资本过剩以及虚拟经济膨胀;其二,经济发达地区生产要素成本较高,具有企业家精神的地方政府基于成本—收益权衡,积极推动本地产业结构转型(比如,北京和上海主要发展总部经济,构建国际金融中心;广东、江苏和浙江等地采取诸如"腾笼换鸟""凤凰涅槃"的产业转移和升级策略),借助政策之东风,虚拟经济蓬勃发展起来。虚拟经济发展进一步提高这些地区的生产要素成本,加剧资本"脱实向虚",对本地实体经济产生了"相克"效应。相反,经济相对落后地区,虚拟经济跨越第二个门槛值的时间较晚。其中,海南、西藏、甘肃、青海、宁夏和新疆等地的虚拟经济在样本期末尚未跨越第二门槛值,这些地区的虚拟经济对实体经济仍起着"相生"作用。

表5　各地区虚拟经济跨越门槛值的时间表

省　份	跨越第一门槛值的年份	跨越第二门槛值的年份	省　份	跨越第一门槛值的年份	跨越第二门槛值的年份
北京	2000 之前	2005	湖北	2000 之前	2010
天津	2000 之前	2011	湖南	2000 之前	2010
河北	2000 之前	2009	广东	2000 之前	2003
山西	2000 之前	2013	广西	2000 之前	2013
内蒙古	2000 之前	2014	海南	2006	未跨越
辽宁	2000 之前	2008	重庆	2000 之前	2010
吉林	2000 之前	2015	四川	2000 之前	2008
黑龙江	2000 之前	2012	贵州	2002	2015
上海	2000 之前	2004	云南	2000 之前	2013
江苏	2000 之前	2004	西藏	2014	未跨越
浙江	2000 之前	2005	陕西	2000 之前	2011
安徽	2000 之前	2010	甘肃	2002	未跨越
福建	2000 之前	2009	青海	2009	未跨越
江西	2000 之前	2013	宁夏	2007	未跨越
山东	2000 之前	2006	新疆	2000 之前	未跨越
河南	2000 之前	2009	——	——	——

　　注:"2000 之前"指 2000 年之前该地区的虚拟经济发展水平已跨越第一门槛值;"未跨越"指在样本期末的 2015 年尚未跨越第二门槛值。

(四)进一步分析:分项指标面板门槛估计

如前文所述,采用主成分分析法从分项指标中提取共同因素,依此构建的虚拟经济综合指标比单一指标更全面,但是损失了各分项指标自身的特有信息。因此,我们将虚拟经济综合指标还原为标准化后的信贷市场指标、证券市场指标、保险市场指标和房地产市场指标,考察虚拟经济各分项指标对实体经济的影响效应。根据获取的门槛值将样本期各分项指标值由小到大划分不同区间:如果有一个门槛值则分成两个区间,有两个门槛值则分成三个区间。分项指标的门槛值以及面板门槛回归主要结果见表6。

表6 基于分项指标的面板门槛估计结果

分项指标	信贷市场指标		证券市场指标		保险市场指标		房地产市场指标	
门槛值	第一门槛值	0.0114	单一门槛值	0.0107	第一门槛值	0.0078	单一门槛值	0.0846
	第二门槛值	0.2356			第二门槛值	0.4262		
区间	回归系数	t值	回归系数	t值	回归系数	t值	回归系数	t值
一	7.0853***	6.02	2.7105***	4.21	8.6267***	5.45	0.1525*	1.64
二	0.2795***	10.30	−0.0644**	−2.41	0.2830***	9.07	−0.1035***	−4.40
三	−0.1739***	−9.03	——	——	−0.1753***	−8.03	——	——

注:***、**、*分别表示在1%、5%、10%的置信水平上显著。为节省篇幅,未报告控制变量回归结果,留存备索。

从门槛值数目来看,信贷市场和保险市场指标存在两个门槛值,证券市场和房地产市场指标存在一个门槛值。从回归系数的符号和显著性来看,当信贷市场和保险市场指标小于其第一门槛值时,信贷和保险业发展都能有力推动实体经济发展;当信贷市场和保险市场指标介于各自的两个门槛值之间时,二者对实体经济的促进作用均大为减弱;当信贷市场和保险市场指标高于其第二门槛值时,二者对实体经济都产生了明显的抑制作用。对于证券市场和房地产市场指标来说,当这两个分项指标低于其门槛值时,二者能够显著促进实体经济发展;当这两个分项指标超过其门槛值时,二者都显著抑制了实体经济发展。由此可见,虚拟经济分项指标与实体经济的关系都存在倒"U"型非线性关系:如果信贷、证券、保险和房地产市场适度合理发展,即分项指标在跨越某个门槛值之前,它们都能显著推动实体经济发展,体现为"相生"性;如果它们过度发展而脱离实体经济,即越过某个门槛值,它们与实体经济的关系就会发生本质性改变,即抑制了实体经济发展,体现为"相克"性。这与理论机制分析一致,也进一步巩固了基于虚拟经济综合指标的面板门槛回归结果。

六、结论与启示

本文基于马克思的信用与虚拟资本理论剖析虚拟经济对实体经济的双重效应,通过构建虚拟经济综合指标,运用 2000—2015 年 31 个省区的面板数据,根据面板门槛模型的实证分析发现,虚拟经济对实体经济的影响具有非线性双重门槛效应。虚拟经济低于第一个门槛值时,能够有力促进实体经济发展,二者表现为"相生"关系;虚拟经济在两个门槛值之间时,虚拟经济对实体经济促进作用随虚拟经济发展水平的提高而有所下降,"相生"关系弱化;虚拟经济指标高于第二个门槛值时,虚拟经济会抑制实体经济发展,二者表现为"相克"关系。由于虚拟经济的区域不平衡发展,各地区跨越门槛值的时间不一,对实体经济的影响效应存在时空差异;在当前大部分地区的虚拟经济已越过第二门槛值,对实体经济产生了抑制效应,具有明显的"相克"性。基于分项指标的回归结果进一步验证了虚拟经济对实体经济的非线性影响。

实体经济乃国民经济之根基,也是经济发展之动力源。习近平总书记指出,"振兴实体经济是供给侧结构性改革的主要任务,供给侧结构性改革要向振兴实体经济发力、聚力"。振兴实体经济离不开虚拟经济的支持,但虚拟经济是一把"双刃剑",对实体经济具有"相生""相克"的二重效应,需要协调二者之间的关系,化"相克"为"相生"。

第一，深化供给侧结构性改革，营造有利于实体经济发展的大环境。打铁还需自身硬，扭转资本"脱实向虚"的关键在于实体经济自身发展。实体经济发展起来，资本自然会"离虚入实"，虚实背离问题就会迎刃而解。近年来，党中央把振兴实体经济置于更加突出的位置，出台了一系列振兴措施，当务之急是要让这些措施真正落地生根，以提振实体企业家的信心和预期。这需要提高供给体系质量，清退落后产能，淘汰僵尸企业，在资本市场建立垃圾股企业退市机制，切实降低实体企业成本负担。加强国家创新体系建设，从供给侧以技术创新、"互联网+"等重塑实体经济，实现"中国制造"向"中国创造"和"中国智造"的跃迁。促进实体产业攀升至全球价值链中高端，提升实体经济全要素生产率和资本利润率。

第二，正确引导虚拟经济发展方向，防止脱离实体经济自我膨胀。虚拟经济要以实体经济为依归，不能自我循环、自我发展。要调节二者之间的关系，促进虚拟经济回归本源，着力引导虚拟经济滋养实体经济，实现虚实经济相互倚重、共生共荣的同步螺旋式发展。马克思指出，"假如大部分的资本家愿意把他们的资本转化为货币资本，那么，结果就会是货币资本大大贬值和利息率惊人下降；许多人马上就会不可能靠利息来生活，因而会被迫再变为产业资本家"。这说明虚拟经济蕴含自我矫正机制，要挖掘并发挥好这只"看不见的手"的调节作用；同时更要发挥"看得见的手"的调控作用，利用价格型货币政策工具，合理引导市场利率水平，疏通传导机制，促进虚拟经济资源更多栖息于实体经济。

第三，优化虚拟经济结构，提高虚拟经济与实体经济的匹配度。虚拟经济发展具有结构不平衡性，畸高和畸低在空间并存、在时间继起，因此要从结构调整的角度实现虚拟经济与实体经济的协调发展。一是优化虚拟经济区域结构。对于虚拟经济发展不充分的地区，在协调好与实体经济关系的基础上，加大虚拟经济发展力度，进一步释放虚拟经济对实体经济的促进作用。对于虚拟经济过度发展、已出现泡沫经济苗头的地区，要阻止虚拟经济继续膨胀，遏制"脱实向虚"的势头，适时适度挤压泡沫。二是优化虚拟经济自身结构。虚拟经济为满足新常态下实体经济结构转型升级的要求，需要优化自身内部结构。比如，针对当前实体经济杠杆率过高，要改变间接融资为主的

金融体系,通过多层次资本市场来补充股权资本;为支持创新型经济,应大力
发展科技金融、风险投资;同时要抑制房地产泡沫,引导好虚拟经济的资源
流向。

(本文作者:张前程)

国际贸易
与
外向型发展

FAXIAN ZHONGGUO ZHIHUI

国际价值、贸易条件和
外向型经济发展

本 文 导 读

　　马克思的国际价值理论是马克思价值理论越出一国范围在国际上的延伸。本文依据马克思的国际价值理论深入评析了自由贸易与贸易保护各种理论。通过分析中国进出口贸易量的变化情况,认为:自20世纪80年代以来,中国的贸易条件一直在不断地改善,因为中国出口的工业制成品增长速度远高于进口工业制成品增长速度,出口初级产品的增长速度远低于进口初级产品增长速度。中国的经济增长伴随着技术进步的特征明显。中国外向型经济发展的成功经验主要有三条:一是充分利用各种自由贸易理论的合理之处,并与中国经济发展的实际相结合;二是充分地利用了市场与计划两种手段,扬长避短,优势互补;三是充分利用价值规律的作用,努力提高企业的生产技术水平,降低单位产品劳动耗费。影响一国外向型经济发展因素众多,本文主要分析了地理区域位置、国内经济政策以及主要发达国家对华经济政策等三个因素对中国外向型经济发展的影响。就地理区域位置来说,交通发达、运输方便的沿海地区外向型经济发展要快于中部与西部地区。就不同地区的经济政策差异来说,首先采取经济开放的地区经济发展速度要高于后来采取经济开放的地区。就主要发达国家对华经济政策差异对于中国不同区域外向型经济发展的影响来说,开放程度较大、对外贸易依存度大的沿海地区经济受主要发达国家的经济影响程度要大一些,而对外贸易依存度低一些的中部与西部地区经济受主要发达国家经济政策影响的程度要轻一些。通过分析得出结论:只有自由贸易,中美两国才能互惠互利,如果两国的贸易摩擦继续进行,只能使双方互损。从世界经济发展的趋势看,中美两国最终还是要携手采取自由贸易政策合作共进。

马克思的价值理论,是马克思主义政治经济学的理论基础。马克思在其价值理论的基础上阐述了自己的剩余价值理论,恩格斯曾经高度评价马克思的两大贡献:一是唯物史观,另一是剩余价值理论。马克思的剩余价值理论是建立在科学的劳动价值论基础之上的。马克思的国际价值理论是马克思主义价值论的有机组成部分,是马克思价值理论的进一步发展。

一、国际价值与国际价格

商品的价值是指在一国范围内生产该商品的社会必要劳动量。当商品的交换越出一国范围,在国际进行交换,必须按照国际标准的社会必要劳动量进行等价交换,这就是国际价值。国际价值是如何决定的呢? 按照马克思关于国内价值决定的理论逻辑,可以认为国际价值一方面可以看作这个部门的单位商品的国际平均劳动耗费,另一方面,可以看作由生产该商品绝大多数中等条件下所耗费的国际个别劳动时间决定,因为这里假设好的生产条件下生产的商品与劣等生产条件下生产的商品数量相等,可以互相抵消,不对商品的价值发生影响。少数情况下是由国际优等生产条件或国际劣等生产条件下所生产的商品的个别价值来调节,因为这时候国际范围好的生产条件和差的生产条件下所生产的商品数量不能相互抵消,因此,只能调节,这里产品数量发挥了商品国际价值调节的权数作用。

我们知道资本主义发展到一定阶段,商品的价值转化为生产价格。马克思对于价值向生产价格的转化在《资本论》第三卷中进行了详细的分析和说明。马克思的分析同样适合国际价值向国际生产价格的转化。在资本可以自由流动与金融高度发达的情况下,不同部门之间的竞争必然带来等量资本带来等量利润,形成平均的利润率。各个部门的资本作为一个整体按照其成本价格加上平均利润率决定的平均利润的生产价格出售商品。价值向生产价格的转化在马克思的价值理论中占有重要的地位。商品的价格以前是按照商品的价值上下波动,价值转化为生产价格以后,商品的价格便按照商品的生产价格上下波动。单个商品的生产价格与价值、平均利润与剩余价值是背离的。但是,全社会的生产价格总额与价值总额、平均利润总额与剩余价值总额是相等的。而且价值与生产价格都会随着生产商品的社会必要劳动时间变化而变化。马克思生产价格理论克服了李嘉图理论体系中等量资本带来等量利润与价值规律的矛盾,是对劳动价值论的进一步深入发展。马克思分析价值向生产价格的转化同样适合国际价值向国际生产价格的转化。

随着自由资本主义发展到垄断资本主义,出现了垄断价格。在国际商品交换中出现了国际垄断价格。由于当时的历史条件,垄断还是一种偶然的现象,马克思的论述虽然有时涉及垄断现象,但是马克思并没有对垄断价格与国际垄断价格进行详细的论述,后来的人们根据马克思的劳动价值理论与历史唯物主义原理对此进行了扩展。列宁对于垄断资本主义的研究有了很大的发展。国际垄断价格是指国际垄断组织根据自己在本行业中的垄断地位来确定垄断高价与垄断低价,商品的出售按照垄断高价,原材料的购买按照垄断低价。这样国际垄断组织便可以获得高额垄断利润。在国际上垄断组织出售的商品价格围绕国际垄断价格上下波动。这时商品价格的构成,包括成本价格,即耗费的不变资本与可变资本,加上相当于非垄断组织所获得的平均利润(非垄断组织之间竞争所造成),再加上垄断组织凭借其垄断地位获得的垄断利润。竞争性的垄断组织由于在不同垄断部门之间的竞争,形成平均的高额垄断利润。"垄断组织的平均利润高于非垄断组织的平均利润"。垄断价格还有一种最极端的情况,即某一个企业凭借垄断自然资源或是垄断某项技术(较短时间)造成独头垄断(独头垄断在现实经济生活中所占比重不大,人们的研究往往把这一部分忽略),这时他们生产的商品价格是根据企业利润的最大化目标,由消费者的需求来决定。这种独头垄断的情况在简单商品经济、资本主义商品经济和社会主义商品经济都存在过,只不过它们所反映的生产关系不同。从理论上分析,国际价值理论的发展与转化大致如此。

这是从最抽象的理论形态来考察国际价值及其转化形态。国际价格是围绕着国际价值及其转化形态上下波动的。国际价格波动的现实是极其复杂的。这里强调三点;第一,不同国家以及同一国家内部生产力发展的多层次性,决定了国际上国际价格围绕波动的轴心多层次性。对于垄断组织的产品来说,国际价格是围绕着国际垄断价格上下波动,对于非垄断组织企业来说,国际价格是围绕着国际生产价格轴心上下波动。对于个体企业来讲,国际价格通常是围绕着商品价值(减去转移出去的部分价值)上下波动。第二,对于国际垄断企业来说,其垄断价格不仅是本部门劳动者所创造的价值,还包括非垄断组织的资本企业以及独立的个体生产者在商品交换中转移过来的一部分价值被垄断组织所占有。非垄断组织资本所获得平均利润率要比在垄断组织产生以前的平均利润率要低一些,独立的、分散的个体生产者的商品价格要围绕着商品价值(减去转移出去的部分价值)上下波动。所以在垄断形成以后,甚至更早时期的平均利润率形成之时,独立的、分散的个体生产者的自由交换的价格所围绕的轴心要小于平均利润率形成之前的商品价值,因为平均利润率形成之时以及后来的垄断组织形成之时,独立的、分散的个体生产者商品交换中一部分价值已经转移出去了。第三,垄断组织获得的高额垄断利润并不完全是垄断组织的工人所创造。垄断组织不同部门之间的竞争形成垄断的平均利润率,垄断组织之间根据资本投入量的大小获得大致平均的高额垄断利润。大致等于非垄断组织的平均利润加垄断利润。其来源:一是垄断企业组织的工作人员创造的剩余价值;二是非垄断企业组织的工作人员所创造的剩余价值转移过来的;三是独立的、分散的个体生产者所创造的价值在交换中有一部分转移给了垄断组织。至于独头垄断所带来的高额垄断利润很大一部分是从其他部门转移过来的。以上是从最抽象的形态来分析当前国际价格围绕波动的轴心。它的原始的起点和核心的主线是所耗费的社会必要劳动时间。价格围绕轴心的形态变化是劳动价值论进一步发展了的形式。

二、相关贸易理论的评价

国际贸易与国际价值理论是紧密相连的。国际贸易理论从大的方面分类,可以分为自由贸易与贸易保护。现在首先我们来对自由贸易各种理论进行简析。

绝对成本学说。亚当·斯密认为,在两国进行国际商品交换时,每个国家只生产成本绝对低的产品,然后进行交换,这样双方都能获得更大的利益。

亚当·斯密绝对成本原理对于工场手工业资本主义阶段,各资本主义国家劳动生产率差别不大条件下的国际交换是基本适合的,对于当代的国际贸易也具有有限范围的适应性。但是,如果遇到一个发达国家与一个落后国家发生的商品交换,发达国家各种产品的绝对成本都小于落后国家,在这种场合下,这个原理就不适应了。

比较成本学说。虽然亚当·斯密也论述过比较成本学说,但是对比较成本学说进行详细阐述的是李嘉图。李嘉图经济学说是机器大工业初期时代的产物,他的比较成本学说认为,假设一个技术先进的国家与一个技术落后的国家进行贸易,技术先进的国家生产的各种产品其绝对成本都要小于落后国家,但是技术先进国家各种产品成本小于技术落后国家的比例不一致,同样地技术落后国家各种产品成本高于先进国家的比例也不一致。这样技术先进国家生产在成本上具有绝对优势与相对优势的产品,而技术落后国家生产在成本上具有绝对劣势但有相对优势的产品,双方进行国际贸易,双方都会获利,两国总劳动时间不变条件下,会生产出比以前更多的产品。李嘉图比较成本学说是与机器大工业在西欧少数几个资本主义发达国家有较大发展,而世界其他国家仍处于落后状态的国际商品交换状况相符合的。这个理论直到今天仍然具有广泛的适应性。但是它也有其缺陷性。因为按照这个理论,技术落后国家是难以赶上与超越技术先进的国家。因为技术落后国家总是在技术含量低的产品上具有相对优势,长此以往技术先进国家与技术落后国家的差距只会越来越大,不容易缩小不同国家之间的发展差距。

资源禀赋论。资源禀赋论由瑞典经济学家赫克歇尔于1919年首先提出,后经他的学生俄林进一步完善。资源禀赋论认为,消费者本身的欲望(偏好)与消费者个人收入状况决定了对商品的需求;生产要素本身的供给(即资源的禀赋)与生产的物质条件(主要指技术条件)决定了商品的供给。上述需求与供给四个要素不同的结合决定了该国各种商品和生产要素的定价。假定各国拥有相似的消费偏好(需求条件),不同国家进行生产的要素投入是同质的,不同国家拥有的生产的物质条件(主要指技术条件)相同,但各个国家生产要素的供给不一致,那么就将带来生产要素组合比例的差别和商品相对价格的差别,这样就有贸易发生,各个国家应生产自己具有资源禀赋的产品,对于大多数经济落后国家来说,资源禀赋是劳动力数量较多,劳动力价格较为便宜,因此按照俄林的理论,技术落后国家应该大力发展劳动密集型产品,对于资本密集型产品和技术密集型产品则以进口为主。而对于技术发达国家来讲,资本充裕,劳动力较为匮乏,劳动力价格昂贵,发达国家在资本、技术密集型产品生产上,享有成本和价格的相对优势。因此,按照俄林的贸易理论,技术发达国家应该生产资本密集型和技术密集型产品,从落后国家进口劳动密集型产品。这种理论对于当时的国际分工发展具有一定积极作用,但是这种理论具有维持国际经济旧秩序的一面,如果经济落后国家长此以往仅限于发展劳动密集型产品,必然长期处于落后状态,对本国的经济发展不利。而且这种贸易理论与中国、印度等发展中大国经济发展实际不完全吻合。这些人口大国经济发展的一个突出特点是经济二元结构的特征明显。也就是说,这些大国虽然经济总体落后于发达国家,但是也能够发展资本、技术密集型产品。

产品生命周期论。"二战"后随着新的科技革命的发展,在对外贸易理论上有了新的发展。20世纪60年代美国经济学家雷蒙德·弗农认为,每种技术和产品发展要经历三个阶段,即引进创新阶段、逐渐成熟(或工艺发展)阶段、标准化(或完全成熟)阶段。一般地,在引进创新阶段产品生产主要在发达国家进行。当产品进入成熟期,发展中国家往往具有后发优势,生产地点可以由发达国家转移到发展中国家。这种情况比较符合20世纪六七十年代国际贸易的实际,对当时的国际贸易发展起了积极的作用。但是与20世纪90年代以后的国际生产与贸易情况有较大的脱节。因为20世纪90年代以后一些发展中国家的产品与技术创新不断地取得一些新的成果。

国际垄断竞争论。20世纪七八十年代,以色列经济学家埃尔赫南·赫尔普曼和美国经济学家保罗·尼·克鲁格曼将不完全竞争、规模经济、产品差异等引进比较优势模型,认为即使两国没有劳动生产率和要素禀赋的国际差异,也可以引发贸易。他们的观点反映了当时发达国家之间的分工与贸易情况,对于推动当时发达国家之间的贸易起了积极的作用,对于少数实力较为雄厚的发展中大国与发达国家之间进行贸易也起了较好的作用。但是,这个理论对于大多数发展中国家的适用范围则极其有限。

新生产要素论。新生产要素论认为,传统的生产要素禀赋论往往把比较优势界定在国家的自然禀赋上。人力资本的禀赋状况及其变化是影响比较优势的极其重要的因素,人力资本的禀赋状况包括技术、能力、教育、培训等。根据新生产要素论,比较优势与专业技术的积累密切相关,在现代经济中,不仅需要对资源进行加工,更重要的是具有有效利用那些资源的知识,强调人力资本在国际分工中的重要作用。这种理论抓住了当代时代的特点,可以说具有普遍的意义。但是对于一些经济落后、人力资本本来就落后的国家则适用性较差。

"修正的自由贸易"论。英国经济学家米德主张自由贸易,但并不是无条件的自由放任,而是一种有监督的、有管理的自由贸易。他修正了传统的自由贸易理论,提出通过国内经济政策与对外经济政策的协调配合,实现各个国家国内经济与国际收支双重平衡。米德认为在现代世界上建立一个自由经济秩序条件的贸易并不是完全的、绝对的、消极的自由放任,它需要国际组织大大发展和完善,在国际机构的监督和协调下,实行自由贸易,并不是绝对的、无条件的自由放任,这样才有可能使各个国家维持国内经济与国际收支双重平衡,并最终使全世界的福利达到最大化。米德的建议带有计划手段调节的色彩,从理论上讲,可以在一定程度上克服世界范围内的生产盲目状态,但是,国际组织能够干预到什么程度、干预的效果如何在实际操作中都是难以把握的。

以上的各种贸易理论属于自由贸易理论。与自由贸易理论对立的是贸易保护理论。贸易保护理论主要有:

幼稚工业论。美国汉密尔顿、德国李斯特等人提出,在国民经济中选择具有比较优势和发展前途的幼稚产业,给予适当的和暂时的保护。使它逐渐发展强大起来。这是与19世纪上半叶美国和德国经济发展落后,难以与英、法老牌资本主义国家竞争相联系的。纵观历史,这种贸易保护政策只是后起资本主义国家发展的权宜之计。实际上,一些新兴的资本主义国家一旦发展起来,贸易保护主义政策便被自由贸易政策所取代。

未利用资源论。这种理论认为,发展中国家存在着资源闲置,就业不足和大量资源不得其用的状况,发展中国家应利用大量闲置的资源,选择本国生产不利程度较低的产品,通过保护关税,使本国产品不利程度较低、具有相对优势的行业通过贸易保护发展起来。它是利用李嘉图的比较成本学说进行贸易保护。实行这种贸易保护理论可能会造成该国技术水平长期处于落后状态。

有效保护论。有效保护论又称为"关税结构论"。有效保护论是指发展中国家通过本国的关税保护发展本国的进口替代工业。它通过提高对于本国有竞争性的进口制成品关税和降低到本国的中间投入品的关税,促进本国工业的发展,提高本国工业竞争能力。这两个方面构成了关税的有效保护。利用关税保护本国的工业发展,必然使得与之贸易的其他国家效仿,其结果往往是贸易双方都受到损失。

战略性贸易政策。这是20世纪80年代以后出现的一种贸易保护主义理论。这种理论认为,即使不同的国家生产要素禀赋相同,由于客观经济条件存在着不完全竞争和规模经济,所谓不完全竞争是指既非垄断,也非完全竞争,而是少数几个大企业在一定程度上控制产品的出售和原材料的购买。所谓规模经济是指企业的生产经营要达到一定的规模,如果企业不能达到一定规模,其成本必然高于具有规模经济的企业。因此,政府通过扶持国内高新技术企业,对其生产及出口进行补贴,使其达到规模经济标准,并形成寡头垄断或多头垄断,就可引发不同国家之间的贸易。战后日本经济在其崛起过程中,国家对其汽车和半导体行业进行补贴,就是运用了战略性贸易政策的保护主义。这种贸易政策的保护主义,不是直接地反对自由贸易,而是通过国家的补贴来弥补比较优势的不足,这种贸易政策对相当一些发展中国家是难以仿效的,因为他们缺乏的正是资金,如果国家长期给予企业资金扶持,必然加重国家的经济负担,也不利于培育企业的竞争力。

自由贸易与贸易保护是两种不同的贸易政策,从历史发展的客观情况来分析,自由贸易有利于经济的发展,历史上发达国家的经济都是偏向自由贸易。从抽象的意义来说,一国经济的发展应当采用自由贸易的政策。但是具体到一国的不同发展时期,情况又有所差别,有时要采用贸易保护。但是这种贸易保护主义是不能长久不变的。

为什么我们要求采用自由贸易的政策?这是由于价值规律所决定的。

我们从价值规律来分析国际贸易。国际贸易是国与国之间的商品交换,同样要遵守价值规律。价值规律要求商品的价值是由生产该商品所耗费的社会必要劳动时间决定,在交换中要求等价交换。实行自由贸易,只有个别劳动时间花费少,而得到国际社会承认较多社会必要劳动时间的商品才拥有竞争力。提倡自由贸易,只有技术先进,才能使得企业生产单位产品耗费个别劳动时间较少,获得的利润较多,这样必然会鼓励企业提高技术水平,加强管理,降低成本,增加利润,也就是降低单位商品的个别劳动耗费,企业的这种努力方向与价值规律的要求是一致的。如果一国的贸易保护是短期的权宜之计,其利弊有待具体分析。如果贸易保护是一项长期的政策,其实质是与价值规律相违背的。如果是采取贸易保护主义的措施,要么是提高进口关税,要么是禁止进口或限制进口数量,其结果是扶持效率低下、耗费劳动量多、技术落后的产业与产品,也就是说扶持单位产品个别劳动耗费大、而得到国际社会承认较少的社会必要劳动时间的产品,这是违背价值规律的。从抽象的一般原理来分析,自由贸易能够充分发挥价值规律在国际范围内调节生产和流通的积极作用,一般情况下,贸易保护则是违背价值规律的倒行逆施行为。违背价值规律,必然受到价值规律的惩罚。"二战"后,有些发展中国家采用贸易保护主义政策,其结果阻碍了本国经济的发展就是一个很好的例证。当然,有时一国局部的、暂时的贸易保护主义政策也是对价值规律的一种变通利用。例如,利用税收减免、贷款扶持本国一些落后企业,使之提高到一个较高的生产技术水平,便是迂回地利用了价值规律的积极作用,事实上有些国家以此为借口,进行长期的贸易保护,其结果不仅损害贸易对方的利益,往往也损害本国生产能力的提升与经济效益的提高。

三、贸易条件对国际价格的影响

国际价值决定国际价格,受供求的影响,国际价格围绕国际价值上下波动。国际价格变动与贸易条件密切相关。什么是贸易条件呢?所谓贸易条件是指一个国家商品的出口价格与进口价格之间的关系,用公式表示,贸易条件=Px/Pm×100%。Px代表出口商品价格指数,Pm代表进口商品价格指数。从公式本身来分析,贸易条件的变化有三种情况:贸易条件恶化、贸易条件改善、贸易条件不变。贸易条件恶化有多种情况:一是出口商品价格指数不变,进口商品价格指数上升。这种情况表明,出口商品价格总体上看保持不变,但进口商品价格上涨。例如,假设某国某一年出口商品价格指数是前一年的100%,但是进口商品价格指数是前一年的110%,也即是说某年进口与前一年同等数量和质量的商品,但是支付的价格总额却是前一年的110%。这种情况表明,该年的贸易条件恶化了。二是出口商品价格指数下降,进口商品价格指数不变。这种情况说明虽然进口商品价格总体看保持不变,但出口商品价格下降。例如,某一年进口商品价格指数与前一年相比,都是100%,即某一年进口的商品数量与质量与前一年相同,所支出的货币总额也是相同的。但是出口商品价格指数下降了。假设某一年的出口商品价格指数是前一年的90%,即某一年出口与前一年同样数量与质量的商品,但是所获得的货币只是前一年的90%。这种情况说明贸易条件恶化了。三是出口商品价格指数下降,进口商品价格指数也下降,但出口商品价格指数下降的幅度超过了进口商品价格指数下降的幅度。这种情况表明,虽然进口商品价格变得便宜了,但出口商品价格比进口商品价格更便宜。例如,假设某国某一年的出口价格指数只是前一年的80%,即某一年出口与前一年同等数量和质量的商品,但是所获得的货币总额只是前一年的80%。而进口商品价格指数也下降,比如说某一年进口商品价格指数是前一年的90%,即某一年进口与前一年同样数量与质量的商品,只要花费相当于前一年90%的货币就可以了。由于出口商品价格指数下降了20%,大于进口商品价格指数下降10%的幅度,这种情况表明了贸易条件恶化。四是出口商品价格指数上升,进口商品价格指数也上升,但进口商品价格指数上升的幅度超过了出口商品价格指数上升的幅度。这种情况表明,虽然出口商品价格上涨了,但进口商品价格上涨的幅度超过了出口商品价格上涨的幅度。例如,某一年出口商品价格指数是前一年的110%,即出口与前一年同等数量与质量的商品,所获得的货币收入是前一年的1.1倍。而进口商品价格指数是前一年的120%。进口商品价格指数上升了20%,大于出口商品价格指数上升了10%的幅度,这种情况表明贸易条件恶化了。五是出口商品价格指数下跌,而进口商品价格指数上升。这种情况表明出口商品价格指数与进口商品价格指数按相反的方向变动,出口商品价格总体下降,而进口商品价格总体上升。例如某一年出口商品价格指数下降了 10%,即出口与前一年同等数量与质量的商品,但是所获得的货币收入总额是前一年的 90%,而进口商品价格指数上升 10%,即进口与前一年同等数量与质量的商品,要花费前一年 1.1 倍的货币总额。这种情况表明该国的贸易条件恶化了。

"二战"后至 20 世纪 80 年代,发展中国家贸易条件经常出现恶化趋势,但有些年份某些国家也出现过贸易条件改善的情况。所谓贸易条件改善是指出口商品价格指数与进口商品价格指数的比值变大。贸易条件改善也有几种情况:一是出口商品价格指数上升,进口商品价格指数不变。这种情况表明,进口商品价格总体保持不变,但出口商品价格总体上升。例如,某国某一年出口商品价格指数上升 10%,即某年出口与前一年同等数量与质量的商品,所获得的货币收入是前一年的 110%,而进口商品价格指数保持不变,某年进口与前一年同等数量与质量的商品,花费与前一年同样多的货币。这种情况下,我们说贸易条件得到了改善。二是出口商品价格指数不变,进口商品价格指数下降。例如某一年出口与前一年相同数量与质量的商品,获得的货币收入与前一年相同,而进口商品价格指数下降了 10%,即进口与上一年同等数量与质量的商品,但是只花费了相当于前一年 90% 的货币。这就是说虽然出口商品价格保持不变,但进口商品价格下降。这种情况表明贸易条件改善了。三是出口商品价格指数与进口商品价格指数同时下降,但进口商品价格指数下降的幅度超过了出口商品价格指数下降的幅度。例如某国某年进口商品价格指数下降了 20%,即进口与上一年同样数量与质量的商品,只花费了相当于上一年 80% 的货币。而某国某年出口商品价格指数下降了 10%,即出口与去年同等数量与质量的商品,获得了相当于上年 90% 的货币。这种情况表明,虽然出口商品价格变得便宜了,但进口商品价格比出口商品价格更便宜。这也会使得贸易条件得到改善。四是出口商品价格指数与进口商品价格指数同时上升,但出口商品价格指数上升的幅度超过了进口商品价格指数上升的幅度。例如,出口商品价格指数上升了 20%,即出口与上年同等数量与质量的商品,获得了相当于上年 120% 的货币,而进口商品价格指数上升了 10%,即从国际市场上购买了与上年同等数量与质量的商品,花费了相当于上年 110% 的货币总额。这种情况表明,虽然进口商品价格上涨了,但出口商品价格上涨的幅度超过了进口商品价格上涨的幅度,使贸易条件得到改善。五是出口商品价格指数上涨,而进口商品价格指数下跌。例如,假设出口商品价格指数上涨了 10%,即出口与上年同等数量与质量的商品,获得了相当于上年 110% 的货币。进口商品价格指数下降了 10%,即进口与上年同等数量与质量的商品,只花费了相当于去年用于进口的 90% 的货币。这种情况表明出口商品价格与进口商品价格按相反的方向变动,出口商品价格指数上升,而进口商品价格指数下降。它反映了该国贸易条件得到了改善。

　　除了有贸易条件恶化和贸易条件改善两种情况外,还有一种情况是贸易条件保持不变,即出口商品价格指数与进口商品价格指数的比值保持不变。这又有下列几种情况:一是出口商品价格指数与进口商品价格指数同时保持不变。假设某国某年出口了与上年同等数量与质量的商品,获得了与上年出口同等数量的货币,进口了与上年同等数量与质量的商品,花费了与上年进口相同数量的货币。这种情况下我们说该国贸易条件保持不变。二是出口商品价格指数与进口商品价格指数同比例上升。假设某国某年出口商品价格指数上涨了 10%,它表明该国出口与上年同样数量与质量的商品,获得了相当于上年 110% 的货币收入。同时该国进口商品价格指数也上升了 10%,它表明该国进口与上年同等数量与质量的商品,花费了相当于上年用于进口的 110% 的货币。这种情况下出口商品价格指数与进口商品价格指数都上涨了,但却是同比例地上涨,因此,该国贸易条件没有发生变化。三是出口商品价格指数与进口商品价格指数同比例地下降。例如某国某年出口商品价格指数下降了 10%,进口商品价格指数也下降了 10%,即该国出口与上年同等数量与质量的商品,获得了相当于上年出口的 90% 的货币;而进口与上年同等数量与质量的商品,只花费了相当于上年用于进口的 90% 的货币。这种情况表明出口商品价格与进口商品价格都下降了,但是同比例地下降,从而该国的贸易条件保持不变。

　　"二战"后至 20 世纪 80 年代世界贸易发展过程中,比较经常出现的是发展中国家贸易条件恶化。导致发展中国家贸易条件恶化(即出口商品价格指数与进口商品价格指数比值变小)的原因如下：

一是原材料和农产品的需求弹性小，而工业制成品的需求弹性大。需求弹性是指需求数量对产品价格变化的反应程度。如果某种产品价格下降1%，社会需求量增加超过 1%，表示有弹性，需求量越多，表示越有弹性。如果某种产品价格下降1%，社会需求量增加不足 1%，表示缺乏弹性。如果价格变动百分比与需求量变动百分比相等，则该物品拥有单位需求价格弹性。20 世纪 80 年代以前，发展中国家出口产品中原材料和农产品占很大比重，80年代以后，发展中国家原材料和农产品仍占一定的比重。而发达国家出口的产品中，高附加值的制成品占较大的比重。农产品和原材料的需求弹性较小，它的需求数量往往具有刚性，不会因为收入增加而同比例地增加。而技术含量较高的工业制成品，特别是高科技产品的需求弹性较大，随着人们收入的增加，人们会把越来越多的收入用于购买工业制成品和高科技产品。

二是原有的农产品和原材料出现了替代产品。"二战"后发展中国家出口的产品中，技术含量较低的农产品和原材料占较大比重，这些产品不仅需求弹性小，而且在科学技术不断被发明和发现的今天，这些产品往往容易被类似的产品所代替。如果这些产品价格昂贵，便更容易被其他产品所替代，从而限制了其市场容量。例如，人们过去通常用棉花作为做衣服的原材料，随着工业的发达，人们从化学工业的发展中提取纤维作为制作衣服的原料来源，出现了用纤维替代棉布的情况，减少了对棉布和棉花的需求量。

三是发达国家利用垄断组织强有力的垄断地位，提高出售高新技术产品的价格。高新技术产品价格构成与发展中国家一般产品价格构成有差异。发展中国家一般产品的价格构成为：成本价格+平均利润，而发达国家的高新技术产品的价格构成一般为：成本价格+平均利润+垄断利润。而发达国家的高新技术产品无论是绝对值，还是所占出口产品的比重都较大，从而它的价格偏离价值的数额也就较大，他们的高科技产品有的是独家垄断，有的是少数几家寡头垄断，其结果是价格偏高，从而使贸易条件对发展中国家相对不利。而发展中国家的出口产品往往分散为许多家企业生产，仅仅是因为只是由于劳动力与土地等成本低而具有优势，如果出口价格过高，发达国家便会自己生产。

四、中国外贸条件改善的分析

人们也许会问:既然 20 世纪 80 年代及以前发展中国家贸易条件恶化,中国是如何通过对外开放发展起来的?这里需要指出的是中国对外开放的过程是由贸易条件恶化向贸易条件改善转变的过程。在改革开放早期,贸易条件有恶化趋向,当时中国出口的主要是农产品、石油、原材料及初级加工制品,产品技术含量低,在国际上的售卖价格较低。中国从 20 世纪 70 年代末开始,吸引海外企业到中国内地投资办厂,不仅进口美、日、西欧国家等经济发达国家与地区的产品,而且引进他们的先进技术,使得中国出口产品的技术含量逐渐提高,出口商品价格也随之逐年提升,中国内地的贸易条件得到了逐步改善。这可以从有关年份中国的出口产品统计数据比较看出。1980 年中国进出口货物价格总额 381.4 亿美元,2015 年中国进出口货物总额增加到 39530.6 亿美元,比 1980 年增长了 102.6 倍。1980 年中国出口商品总额 181.19 亿元,其中初级产品出口 91.14 亿元,工业制成品出口 90.05 亿元,分别占出口商品的比重为 50.3% 与 49.7%。2015 年中国出口货物总额 22734.7 亿美元中,其中初级产品出口 1039.3 亿美元,工业制成品出口 21695.4 亿美元。初级产品与工业制成品的出口比 1980 年分别增长了 10.4 倍与 239.93 倍。工业制成品的出口增长速度远高于初级产品的出口增长速度,初级产品在出口总额中所占比重下降,由 1980 年的占 50.3% 下降到 2015 年占 4.6%。而工业制成品在货物出口中所占比重上升,由 1980 年的占 49.7% 上升到 2015 年占 95.4%。再从进口额来分析,1980 年中国内地进口货物总额为 200.17 亿美元,2015 年增加到 16795.64 亿美元,增加近 83 倍,其中进口的初级产品由 1980 年的 69.59 亿美元增加到 2015 年的 4720.57 亿美元,增长 66.8 倍多。进口的工业制成品由 1980 年的 130.58 亿美元增加到 2015 年的 12075.07 亿美元,增加 91.47 倍。工业制成品进口增长速度高于初级产品进口增长速度,进口货物中初级产品所占比重由 1980 年的占 34.77% 下降到 2015 年的占 28.1%,而工业制成品进口占比由 1980 年的 65.23% 上升至占 71.9%。这里需要指出的是 1980 年以来,虽然出口与进口的初级产品绝对值都呈增长,但是增长的幅度不一样,进口的初级产品增长幅度远远高于出口初级产品的增长幅度,2015年与1980年比较,初级产品进口增长69.59倍,而初级产品出口仅增长10.4倍,这说明我国加工能力的增强与加工技术的提升;从进出口初级产品在货物贸易中所占比重下降幅度来看,出口的初级产品所占比重下降幅度要远高于进口初级产品所占比重下降幅度,1980年与2015年比较,出口的初级产品所占比重由占50.3%下降到占4.6%,而同期进口初级产品所占比重由占34.77%下降到占28.1%,初级产品进口所占比重下降幅度远小于初级产品出口所占比重下降幅度,说明我国生产出口产品的技术水平有了很大提升,同时需要大量进口原材料;从进出口工业制成品所占比重上升幅度看,出口工业制成品所占比重上升幅度要远高于进口工业制成品所占比重的上升幅度,1980年与2015年比较,出口工业制成品所占比重由49.7%上升到95.4%,而进口工业制成品所占比重仅由65.23%上升为71.9%,说明我国工业制成品出口能力大大提升,而进口工业制成品所占比重上升幅度不大,表明仍然需要进口大量的原材料。这种种情况分析说明,总体上看我国出口产品价格上升的幅度要高于进口商品价格上升的幅度,这说明中国改革开放30多年来贸易条件得到了很大的改善。外国一些人在评价东亚发展模式(包括中国内地)时,认为东亚经济发展奇迹只是单纯的投资规模扩大,不是技术进步,不是内生的要素生产力的提高,这种观点显然是不公正的,与客观实际不相符合的。

中国对外开放,不仅使得贸易条件得到了改善,而且正确地利用了对外贸易的传导作用与乘数作用,促进了整个国民经济的发展。所谓对外贸易的传导作用是指随着对外贸易的发展,会引导国内与外贸直接联系的相关产业发展,再带动国内与外贸间接联系的相关产业发展,这种间接联系的产业往往分布范围很广。例如出口空调产品,会直接地带来与生产空调产品有关的行业的发展,会带来空调产品的设计研究、零配件、原材料供给、产品维修等行业的发展。而且会间接带来相关产业的发展,比如生产空调产品及相关产业的发展,会提高这些行业人们的工资收入水平,会相应地增加人们的购买能力,这样会带动相关人员所购买产品的行业及商业服务业的发展。与对外贸易的传导作用相联系,对外贸易对一国经济的发展具有乘数作用。所谓对外贸易的乘数作用是指出口增加产值一元,会带来国内生产总值增加几元,出口增加值的增加,会带来国内生产总值的数倍增加。根据经验分析数据,出口产品增加产值一元,会带来国内生产总值增加值2.5元以上。改革开放以来,我国出口增加值的增长率高于国民生产总值的增长率。2016年我国出口总值为2.097万亿多美元,扣除进口的中间产品与劳务,外贸出口乘数带动的GDP增加值是非常巨大的。

总结中国成功运用对外贸易发展中国特色社会主义经济的经验,我认为其原因有三点:一是综合运用各种贸易理论的合理部分,紧密结合中国实际。中国外贸总体看偏向自由贸易政策。自由贸易有各种理论,每一种贸易理论都有它的合理性与局限性。中国对外开放不仅仅只是利用了其中一种自由贸易理论,而是综合地利用了各种贸易理论,为中国对外贸易发展服务。从抽象的角度看,每一种自由贸易理论,都有其合理的地方,但是,只有与一国的经济发展实际相结合,才能发挥其强大的作用。二是有效地进行市场经济改革,改变了过去计划经济条件下的偏重单一计划调节手段的极端做法,有效地利用了市场与计划两种手段。正确地利用市场手段,有利于调动微观主体追求自身利益的能动性,调动微观主体生产经营的积极性、主动性和创造性。同时,市场手段与计划手段的有机结合,在市场经济中有效利用计划手段,集中人力、物力、财力,使社会资源在短时间内得到不失时机的使用,一定程度上避免了盲目竞争与过分竞争带来的效率损失。第三,充分利用价值规律作用,引导对外贸易朝着提高生产技术水平,降低单位产品成本的方向发展。一个企业只有生产同样的产品耗费更少的个别劳动,它才有竞争力。降低单位产品的劳动耗费是与技术创新、技术进步紧密联系在一起的。改革开放以来,中国的技术进步速度是惊人的。在技术进步方面,先前主要通过引进外国的高新技术,以后再加上自己的创新,使得出口产品的技术含量不断提升,出口产品的价格随着产品质量的提高而提高。中国的贸易条件已经并将继续得到不断改善,这种贸易条件的改善是中国对外贸易发展的一种强大动力。

五、中国对外贸易影响因素的分析

改革开放 40 年来的经济快速发展,一个突出的表现是中国外贸经济的高增长。1978 年中国国内生产总值 3678.7 亿元,到 2017 年中国国内生产总值增加到 82.71 万亿多元,按照不变价格计算年均增长 9.5%。同期中国对外贸易由 206.4 亿美元增加到 4.11 万亿多美元,按照不变价格计算年均增长 14.5%。对外贸易的增长速度要远远地高于经济的增长速度。中国是一个近 14 亿人口的大国,国土辽阔,拥有 960 万平方公里。中国是一个发展中的大国,存在着典型的二元结构,即发达的现代化的城市经济与落后的农业手工业的农村经济并存。也就是说中国经济发展过程中农村与城市存在着巨大差别。中国有 32 个省、直辖市、自治区,此外还有两个特别行政区。各个省(市、区)的对外经济发展也存在较大差异,造成这种情况的原因很多,如地理区域位置的不同、经济政策的不同、经济基础设施的不同、地区文化背景不同、主要经济发达国家对华经济政策的不同等等,这些因素都影响到中国对外贸易与贸易条件,影响中国的外向型经济发展,影响不同省(市、区)份的对外经济发展。本文主要分析地理区域位置的不同、经济政策的差异以及主要发达国家对华经济政策差异等因素对于中国不同区域外向型经济发展的影响。

1.地理区域位置的不同对外向型经济发展的影响。改革开放以来,中国对外经济有了很大发展,贸易条件有了很大改善。但是中国地域辽阔,不同地理位置的区域发展很不平衡。总体来看,中国经济的发展与对外经济的发展呈现东、中、西部梯度结构。东部经济发展水平最高,对外经济的关联度最大;中部经济发展水平与对外经济的关联度要落后于东部地区,但是远高于西部地区;西部地区经济发展水平与对外经济的关联度不仅远远落后于东部地区,也落后于中部地区。从南方与北方的对比来看,总体看,南方经济发展水平与对外经济关联度要高于北方。从历史的角度来分析,中国的城市大多建立在交通便利的江河湖海边缘,交通便利与水源充足是城市经济发展的最基本条件之一。改革开放以来,地理位置仍然是影响不同地区对外经济发展的一个重要因素。中国改革开放最初设立深圳、珠海、厦门、汕头四个经济特区,这四个经济特区都是在我国南方沿海线上,在国际经济交往中,海上运输条件便利。这四个经济特区与香港、澳门、台湾地理位置较近,广东、福建海外经商人数较多,利用乡情优势,吸引海外华侨回国投资办厂。这四个经济特区是 20 世纪 80 年代初期我国对外开放的窗口,这四个经济特区在 80 年代不仅自身外贸经济得到了很大发展,而且以点带面,辐射到所在的广东、福建两省,使得这两个省份对外经济也得到了较大的发展。

随着中国四个经济特区对外经济开放的成功,1984 年中共中央决定进一步开放沿海 14 个港口城市:大连、秦皇岛、天津、烟台、青岛、连云港、南通、上海、宁波、温州、福州、广州、湛江、北海。这 14 个城市与深圳、珠海、厦门、汕头四个经济特区及海南岛由北到南沿海分布,成为中国对外开放的前沿地带。1988 年 4 月 13 日,中国设立海南省并建立地域面积最大的经济特区。20 世纪 90 年代初,中央加大了对于上海市的开放力度,设立了浦东新区,使上海市对外经济得到了更大的发展。进入 21 世纪,中国经济的发展形成三个成熟的经济带:长三角经济带、珠三角经济带、京津冀经济带。这三大经济带都是以沿海或者靠近沿海的发达大城市为核心,带动辐射周边地区的经济发展而形成的。进入新的时代,国家决定建设雄安新区,这是中国改革开放的千年大计。随着中国经济的全面对外开放,中国与国外的经济联系越来越密切,但是由于各个地区的经济发展程度不同,对外经济关联度也不一致,总体看发达的沿海地区对外经济的关联度要明显地高于中、西部地区。沿海地区的快速发展得益于沿海地区的外向型经济发展,同时发达的沿海地区对外经济的依赖程度也很大,发达国家的经济趋好,我国沿海地区经济的发展也相对较好,发达国家的经济衰退与停滞往往使我国沿海发达地区的经济受到很大的拖累。2007 年美国次贷金融危机爆发,首先使美国经济陷入了困境,并且向外扩散,影响到与之联系密切的其他国家与地区,中国的沿海地区由于外向型经济所占比重大,深受拖累,延至 2009 年中国沿海省份的对外贸易额大幅度下降,中国沿海省份经济增长速度明显放缓。例如 2009 年广东、江苏当年进出口总额分别是 6110.94 亿美元、3387.40 亿美元,比上年的 7177.78 亿美元、4304.67 美元分别降低了 14.86% 与 21.31%。2008、2009 两年,广东、江苏国内生产总值增长率较前几年明显放缓,下降 2~5 个百分点,经济增长率下降的幅度高于中西部欠发达省份。面对外贸出口额下降,经济增长率放缓的现实,随后国家注重提高居民消费,加大基础设施建设投资,从而缓解了经济增长乏力的压力,并随着世界经济形势的好转,我国对外贸易额的恢复性增长,我国在经济发展中继续保持了较高的增长速度。广东、江苏两省外贸与国内生产总值恢复性增长均较理想。

2.区域经济政策的差异对于外向型经济发展的影响。无论是一个国家还是一个地区,外向型经济的发展乃至整个国民经济的发展与所采取的经济政策是密切相关的。改革开放前,全国实行单一的公有制与计划经济管理模式,在这种经济管理模式下,外向型经济得不到应有的发展。随着改革开放的推进,对过去的经济管理模式进行变革,外向型经济得到了快速的发展。全国外向型经济和整个国民经济的快速发展与全国的经济政策变革是密不可分的。就全国不同地区而言,改革开放以来,不同省(市、区)份外向型经济发展是不平衡的,有的省(市、区)份发展快一些,有些省(市、区)份发展慢一些,并且由此造成一些省(市、区)份经济发展水平排名次序变化、差距拉大。不同省(市、区)份外向型经济发展水平排名次序变化、差距拉大往往由多种原因造成,其中经济政策的差异是一重要原因。例如,改革开放初期的1980年,辽宁省的社会总产值与广东省的社会总产值分别是615.2亿元与483.7亿元,辽宁省高于广东省,辽宁是广东的1.27倍,在全国的排名辽宁第四位,广东第五位。到了1999年,广东省的国内生产总值为8464.31亿元,辽宁省的国内生产总值是4171.69亿元,广东省的国内生产总值是辽宁省的约2.03倍。在全国的排名次序广东第一,辽宁第六。2000年广东省的进出口总额是1700.99亿美元,是辽宁省进出口总额190.31亿美元的8.9倍以上。到2016年,广东省国内生产总值80854.91亿元,全国排名第一,辽宁省国内生产总值22246.90亿元,全国排名降到第十三位。2016年广东对外贸易额9552.98亿多美元,辽宁是约865.57亿美元,在国内生产总值与对外贸易额指标上,广东是辽宁的3.63多倍与11倍以上。经济政策的差异是引起广东与辽宁两省经济总量增长变动差异的重要原因。1979年4月,中央工作会议赞同和支持广东在改革开放中先行一步,同年7月,中共中央、国务院正式批准广东实行特殊政策和灵活措施,其主要内容:外汇收入和财政实行定额包干,一定五年不变;在计划、物价、劳动工资、企业管理和对外经济活动等方面扩大地方管理权限;试办深圳、珠海、汕头三个出口特区。由此拉开广东改革开放先行一步的序幕。1980年8月,全国人大批准《广东经济特区条例》。设立经济特区,一是为了更好地吸引和利用外资和先进技术、管理经验,为我国的现代化建设服务;二是在特区内实行一系列不同于国内其他地区的特殊政策和管理体制,即实行以市场经济为主,在对外经济活动中更加开放的政策,以求找到一条打破陷入僵化的计划管理体制,尽快把经济搞上去的新路。经济特区吸引外资的环境非常宽松,特区为外商企业提供完好的基础设施建设,给海外厂商提供特低标准的土地使用费(或无偿)使用土地,特区对进口的生产资料免征进口税,特区对进口的生活资料减征与免征进口税,特区企业所得税率为15%,甚至免税。对于特区的工资水平、工资形式、奖励办法都作了灵活的规定。根据个别走访调查,特区的工资水平一般是内地的三至五倍。20世纪80年代以前,辽宁工业产值远远超过广东,一直是新中国的重工业基地,但是改革开放的力度像全国其他地方一样,远远落后于广东。对于辽宁来说,由于没有优惠的政策,自然地难以吸引外商企业前去投资办厂,新兴的产业难以发展。例如企业所得税在辽宁的国有大中型企业是33%,而在广东经济特区优惠到15%,甚至免税。再加上经济特区企业增值税与营业税的减免,广东对企业税收减免的幅度要远远地大于全国其他地方(包括辽宁)。虽然广东减免了企业的税收,但是吸引了更多的外资、内资企业前去投资办厂,扩大了税源,经过数年的发展,广东省的工业产值与税收就远远超过了辽宁。在用工方面,经济特区使用更加灵活的用人方式和更高的工资待遇,而在辽宁当时像全国其他大多数地方一样,基本上还是计划体制下的用工制度,分为正式工、临时工,工资偏低。这样全国的一些技术人员、管理人员纷纷迁移到特区工作。这种人才的集聚支撑了经济特区乃至广东省新兴产业发展对于人才的需求。在以后年份的改革开放过程中,广东往往都是走在前列,而辽宁像其他大多数省份一样,处于后来跟进状态。经济政策的差异是广东省与辽宁省外向型经济发展乃至整个经济发展差距拉大的重要原因之一。这种政策的差异是多种原因引起的。

　　3.外国经济政策对中国及不同区域外向型经济发展的影响。中国外贸经济的增长与外国对于中国的经济政策是密切联系的。中华人民共和国成立后,中国对外贸易发展与苏联帮助是分不开的。20世纪50年代末,由于中苏意识形态的分歧与论战,苏联撤走专家,停止对于中国的援助,是当时中国外贸经济面临巨大困难的一个重要外部原因。至于当时的西方国家对于中国主要是采取封锁的政策。到了20世纪70年代中期,日本、美国等发达国家的领导人到中国访问,再次敲开了中国与发达国家经济交往的大门。我们回顾历史,1840年英国殖民者发动的鸦片战争,用船坚炮利打开落后中国对外通商的大门。20世纪70年代,一些主要发达国家领导人到中国访问,再次敲开了中国与外部世界联系的大门。在自由资本主义时期,资本主义发达国家到中国来是为了推销过剩的商品,当资本主义进入帝国主义时期,他们到中国来,既是推销过剩的商品,又是为了转移国内过剩的资本到中国投资,获取高额垄断利润。20世纪50年代,发达资本主义国家由于新科技革命和凯恩斯主义的推行,使资本主义获得了20年的"黄金发展时期",到了70年代,发达国家出现经济滞胀,要解决这一难题必须开拓新的市场。自然地他们把目光瞄准了中国。19世纪中叶,帝国主义侵略中国,其目的是为了剥削中国人民,但是在客观上促进了中国封建生产关系的解体和新兴的资本主义生产力与生产关系的诞生。中国20世纪70年代末期进行的改革开放,顺应了世界历史发展的潮流,使中国经济与中国外贸经济有了飞速的发展,加强了中国人民与世界人民的联系,加强了中国人民与世界人民的友谊。特别是21世纪初中国加入世界贸易组织后,中国与国外的经济交往得到了进一步的发展,中国对外贸易条件得到进一步改善。

党的十八大后,鉴于世界经济发展的新形势,提出"一带一路"倡议。"一带一路"沿线大部分是发展中国家。改革开放以来,我们与发达国家的经济交往得到了很大的发展,这方面的发展潜力得到了极大释放,但是与广大的发展中国家的经济往来还有很大的潜力可以挖掘。亚非拉许多发展中国家经济落后,资源丰富,人均收入低,增长的潜力较大,中国加强与这些地区与国家的往来与贸易,对于拉动中国对外贸易的发展具有重要的意义。由于"一带一路"开通,交通的便利,也加强了与欧洲的贸易往来。

随着中国经济的发展,中国进入了新时代。在新的时代中国对外经济交往的有利条件很多,前景光明。但是,少数发达国家目睹中国外向型经济的强大崛起,又重新拾起贸易保护主义政策,企图挽救本国经济的颓势。如给中国出口产品非市场经济国家待遇,提高进口中国商品关税等等。2018 年 4 月 3 日,美国贸易代表公布对华 301 调查征税建议,征税产品建议清单涉及中国约 500 亿美元出口产品,拟征 25%关税,涵盖 1300 多项产品。我们认为,这种做法是违背经济规律的。这种做法是不利于其本国经济发展的。贸易保护主义是一把双刃剑,当你企图用它来伤害对方的时候,也同时伤害了本国经济。因为你国实行贸易保护,别国也会实行贸易保护,结果根据李嘉图的比较成本学说,双方的利益都会受损,贸易保护主义的结果只能是贸易双方用更多的劳动时间生产在自由贸易条件下的同量产品。从历史上看,实行贸易保护主义政策对经济发展往往是不利的。早期的重商主义采取保护主义,鼓励出口限制进口,初期促进了工商业的发展,但是很快使农业陷入凋敝,使整个国民经济陷入凋敝。20 世纪七八十年代一段时间内,墨西哥政府采取贸易保护主义,不仅没有促进本国国民经济的发展,而且导致经济的停滞与衰退。美国与德国历史上都曾经因为生产技术的落后有人主张采取贸易保护主义政策,以后随着生产技术水平的提高转而采取自由贸易政策。1929 年资本主义世界经济大危机的爆发,各主要经济大国竞相采取贸易保护主义措施,以邻为壑,企图通过减少进口的办法解决国内生产相对过剩与有效需求不足的矛盾,结果适得其反,反而进一步加剧了这一矛盾,使各主要经济大国经济陷入泥坑而难以自拔。当前主要发达国家美国对中国实行贸易保护主义,虽然会影响中国对外经济的发展,但是同时也会伤害美国的经济利益与美国人民的福祉。据统计,2016 年中美货物贸易总额 5197.16 亿美元。中国对美国出口 3852.71 亿美元,中国从美国进口 1344.45 亿美元,中国对美贸易顺差 2508.26 亿美元。但是如果考虑其他一些因素,便会得出新的判断。2016 年 1 月,我国外汇储备为 32308.93 亿美元,到 2016 年 12 月底,我国外汇储备下降到 30105.17 亿美元,减少了近 2203.76 亿美元。其主要原因是我国对其他国家贸易逆差,以及一些中国居民家庭送子女到美求学换汇所致。这样美国对于我国的货物贸易逆差就通过其他途径(包括美国对其他国家的贸易顺差)得到了较大补偿。如果双方实行贸易保护主义对双方经济的发展都不利,而且会波及影响到世界许多国家。有人会提出这样一种观点,中美双方贸易在各自经济中所占比重不同,在美国所占比重要低于中国,如果打贸易战,对美国伤害小,对中国伤害大。这种观点是站不住脚的。2016 年美国第三产业产值占国内生产总值的比重约 79%,第一、第二产业产值合计占国内生产总值 21%强。中国对美国出口的基本上是物质产品,如果从物质产品角度考察问题,美国对中国产品出口的依赖度大大增强。如果美国要执意自己生产这些产品,那么他要大大地增加产品成本,如果转而从其他国家进口,产品质量可能要落后于中国产品的质量,结果只能以牺牲美国人民福祉来推行对中国的贸易保护主义,这是一种得不偿失的经济政策。而且中国对美国出口产品中有一部分原材料直接或间接来自其他国家,贸易保护的负面影响必然会影响到其他国家。实行贸易保护主义对于双方国家外向型经济发展是有害的,其中受危害最大的是双方国家彼此外向型经济联系程度较大的产业与地区。因此,从经济利益角度来考察问题,实行自由贸易政策对中美双方都有利。

(本文作者:凤　翔)

国际技术差距下的
人力资本侵蚀效应*

本文导读

　　改革开放以来的中国经济发展实践表明,引进来自发达国家的先进技术是发展中国家快速提升技术水平、缩小技术差距、实现产业结构升级和经济增长的重要途径。尽管与发达国家的技术差距呈现持续缩小态势,但中国作为技术后发国家的地位尚未得到根本转变,自主创新能力不足仍然是不容忽视的事实。本文将技术创新的核心要素即人力资本作为研究视角,避开了以往关于技术引进促进发展中国家人力资本水平积累的研究思路,重点关注发达国家的技术进步对发展中国家人力资本积累的"侵蚀效应"。在国际贸易和技术扩散的背景下,发达国家的自主创新和技术变革导致发展中国家的劳动力工资差距扩大并使其人力资本投资能力受限、造成现有人力资本贬值过时并降低人力资本投资激励、将发展中国家锁定在全球价值链的中低端环节并带来低技能劳动力就业增长,从而对发展中国家的人力资本积累产生负向侵蚀效应,阻碍后发国家创新水平提升和走向国际技术差距收敛。进一步,基于对2001—2015年115个发达国家和发展中国家面板数据的实证分析,结合对中国经济发展现实的解释,本文从提高劳动力的知识技能水平、从技术引进逐渐转向自主创新、促进农民工市民化、加快劳动力市场供给侧改革等角度提出政策建议。

---

*　本文原载于《经济学家》,2018 年第 7 期。题为"技术进步、人力资本'侵蚀效应'与国际技术差距——基于 2001—2015 年跨国面板数据的经验分析"。

一、引　言

发展中国家在物质资本、人力资本与创新能力等方面相对不足,因此引进发达国家的先进技术是其实现技术水平快速提升和缩小国际技术差距的重要路径。在此背景下,国际技术差距可能呈现三种变动趋势:一是随着后发国家的技术赶超,技术差距趋向收敛;二是技术差距逐渐缩小,最终形成非收敛的持续性技术差距;三是后发国家由于创新能力不足和技术依赖导致技术差距持续扩大。实证研究表明,全球技术差距总体呈现收敛趋势,但不排除个别国家之间存在马太效应。韩国经过 50 多年的技术追赶已基本实现与前沿国家的技术差距收敛,巴西和印度尼西亚从 1960 年起经历了 20 年的技术追赶后转而出现技术差距收敛滞缓,中国和印度则仍处于技术快速追赶和差距缩小阶段。作为最大的发展中国家和最大的发达国家,中美之间仍存在较大的技术差距,但这一趋势在逐渐缩小。从工业行业来看,自 2000 年以来中国与 OECD 主要国家的技术差距呈现持续缩小、速度加快等特点,2008 年后缩小速度有所减缓,整体来看存在显著的收敛效应。传统制造业已接近前沿技术水平,但部分新兴工业和垄断性工业仍落后于技术前沿。

尽管如此,目前发展中国家作为技术后发国家的技术地位尚未转变,距离技术差距收敛还存在较大的提升空间。Acemoglu & Zilibotti(2001)认为发达国家基于丰裕技能劳动力研发的技能偏向性技术并不适合发展中国家大量非技能劳动力的要素禀赋,发展中国家的人力资本与引进技术难以匹配造成全要素生产率差距扩大。发展中国家实现向发达国家技术收敛的关键是基于本国资源禀赋的比较优势引进适宜技术,由此才能具有超过发达国家的技术创新速度。只有与要素禀赋相互匹配的技术进步和技术结构才能充分地发挥技术效率。然而,发展中国家较低的人力资本水平限制了适宜技术的选择空间,使其难以向发达国家收敛。如果发展中国家初期人力资本水平较低,对高水平新技术的吸收能力较差转而选择低水平技术时,则会通过抑制"干中学"效应发挥和阻碍人力资本投资等进一步造成人力资本积累速度减缓,继而形成低人力资本与低技术的双低均衡。当初期技术差距较大时,技术模仿是发展中国家实现技术水平跃升的最优选择。随着与发达国家间技术差距持续缩小,模仿空间缩减和模仿成本提高,技术差距收敛面临困境。发展中国家为了避免与发达国家之间产生持久性的技术差距,必须在技术引进的基础上形成自主创新体系以促进经济增长。

由此看来,提升人力资本水平,实现由劳动力数量向质量的比较优势动态转换,在引进适宜性技术的基础上加大自主创新是发展中国家实现技术赶超和技术差距收敛的关键。技术引进可以通过示范、竞争、学习和人才交流等途径促进发展中国家的人力资本积累已经得到证实,若能在技术进步与人力资本提升耦合发展的基础上不断增强创新能力,对于发展中国家走向技术差距收敛显然具有积极意义。但在这一过程中,发达国家的技术进步对发展中国家的人力资本积累具有"侵蚀效应",即前沿国家的技术进步会对后发国家的人力资本积累产生负向作用,造成其人力资本积累速度下降,抑制后发国家的人力资本水平和创新能力提升,从而成为技术差距收敛的阻碍因素。Galor & Moav(2002)最早论及技术进步对人力资本积累的侵蚀效应(erosion effect),认为个体的人力资本水平取决于教育和技术环境的影响,技术进步降低了劳动力有效单位的潜在数量和人力资本对新技术环境的适应性,使现有的人力资本过时。Reis & Sequeira(2007)进一步指出,R&D 对人力资本积累产生的负外部性不仅能够抵消通常的溢出效应和专业化报酬,甚至还导致 R&D 的过度投资。李尚骜等(2011)从干中学的角度分析了技术进步对人力资本积累侵蚀效应的微观基础。对干中学型 R&D 的市场激励导致 R&D 的过度投资和技术进步速度加快,而人力资本积累速度相对过慢使其难以充分理解、运用和掌握新技术,侵蚀效应在抑制人力资本积累的同时不断扩大其与技术进步之间的差距,从而影响经济增长率。人力资本侵蚀效应的产生将引发劳动者的生产效率降低和人力资本收益率下降,弱化人力资本的投资激励。当发生技术变迁时,对通过正规学校教育获得的最新一般性知识的需求将会增加,而适应旧技术的由干中学和在职培训获得的专用性经验则会过时。因此,新技术的引入提高了年轻的一般人力资本的报酬,降低了年老的专用人力资本的报酬。教育可以减少技术进步对人力资本积累的负向效应,学习新技术的时间将随着技术进步速度加快和教育水平提升分别出现递增和递减,高技能人力资本面对技术变迁时具有比较优势。

已有研究关注了技术进步对人力资本积累的侵蚀效应,但将其放在国际贸易和技术扩散背景下的研究尚显不足。本文从技术前沿国家和后发国家间技术差距的角度入手,探讨技术进步对人力资本积累产生侵蚀效应的国际扩散路径。发达国家的自主创新和技术变革将通过国际分工、引进模仿等途径影响发展中国家技术进步的方向、速度和水平,并通过工资差距扩大、人力资本过时、技术锁定与依赖等中间机制降低发展中国家人力资本积累的速度,产生人力资本"侵蚀效应"。这不仅会抑制发展中国家的人力资本水平提升,更使其自主创新和技术收敛之路面临困境与挑战。本文首先梳理发达国家技术进步对发展中国家人力资本侵蚀的理论机制,其次结合国际面板数据展开实证分析和检验,以此寻找促进后发国家创新能力提升和技术差距收敛的发展路径。

二、理论机制和研究假设

(一)发达国家偏向性技术进步、工资差距扩大与人力资本投资能力受限

20 世纪下半叶,随着发达国家固定资产和软件设备投资规模增长,技术进步逐渐表现为与有形的设备资本品相结合,利用蕴含前沿技术的设备尤其是信息产业设备,通过资本和技术进步耦合的方式实现经济增长,技术进步呈现资本偏向性。蕴含高技术水平的机器设备使用以及新产品生产对劳动力的知识和技能水平提出了更高的要求,高技能劳动力以其在学习成本和生产率损失方面的比较优势与技术形成互补,技术进一步呈现高技能偏向性。技能偏向性技术进步提高了高技能劳动力的相对边际产出,增加对高技能劳动力的相对需求,导致技能溢价上涨和工资差距扩大。以美国为例,1963—1971 年间劳动力技能溢价呈现初步上涨趋势,1971—1979 年间受到良好教育的劳动力供给增加使得技能溢价有所下降,但在 1979—1987 年间再次出现快速上涨。发达国家技术进步的技能偏向性内生于其丰富的资本和高技能劳动力的资源禀赋,但随着以中间品进口和国外资本设备流入为主要途径的技术扩散,物质和人力资本均较为匮乏的发展中国家的技术进步路径也逐渐呈

现出与发达国家相似的资本和技能偏向性,劳动力的技能溢价也呈现持续上涨趋势。1989年我国大专以上学历劳动力与中等以下学历劳动力的技能溢价为0.98,2006年则增长至2.79。当初期工资差距扩大时,高技能劳动力的相对工资上涨将提高人力资本投资的收益,成为中低技能劳动力通过正规教育或技能培训等途径向高技能转型的正向激励。但随着工资差距持续扩大,其他中低技能劳动力的相对工资下降将限制其依靠自身收入投资人力资本的能力与意愿。在我国城乡二元结构、劳动力市场分割与流动障碍等背景下,大量低技能农民工由于自身教育水平和就业状态的局限也缺少自身或代际人力资本投资的动力,导致人力资本积累速度减缓。此外,从企业技术创新面临的市场需求角度来看,中低技能尤其是中等技能劳动力构成了工业标准化创新产品的主要消费群体。中等技能劳动力相对工资下降将会抑制企业创新产品的市场需求规模,增加企业的研发成本和研发风险,从而降低企业进行技术研发和创新的动力,不利于高技能人力资本的提升与积累。

(二)发达国家技术创新加快、人力资本贬值过时与投资激励下降

凭借雄厚的资本和强大的研发能力,发达国家不断通过自主创新实现技术突破。尽管发展中国家通过技术引进实现了自身技术水平的提升,但同发达国家间依然存在不可忽视的差距。以1979—2013年中美TFP对经济增长贡献率的比较为例,美国总体TFP贡献率平均达到53.3%,而中国仅为33.7%。中美TFP贡献率差距在1995年后呈扩大趋势,并于2008年后随着美国TFP贡献率快速增长再度从15.15%扩大至33.13%。随着发达国家技术创新速度加快,发展中国家在技术引进过程中将面临快速变迁的技术环境。这将增加发展中国家现有人力资本对新技术的学习时间,降低其对新技术环境的适应能力和匹配能力,引起现有人力资本贬值过时。尽管教育可以弱化快速技术变迁对人力资本积累的负向效应,即随着教育水平的提升,高技能劳动力在适应和学习新技术的成本方面与低技能劳动力相比具有更强的比较优势。但由基础教育引发的一般性人力资本积累所需时间较长,积累速度慢于技术变迁的速度,而由短期培训或干中学积累的具备特定知识和技能的专用性人力资本则更难适应技术的快速革新。因此,当发达国家技术创新加快、国内技术环境面临快速变迁时,现有人力资本难以充分理解、学习和掌握

新技术,相对过时的人力资本难以实现与技术变迁的及时动态匹配,导致人力资本积累速度下降,并通过进一步抑制发展中国家创新能力的提升和对新技术环境的适应能力,造成人力资本与技术进步的动态匹配失衡。可以预见的是,人力资本贬值速度加快将会降低人力资本投资的收益,使个体缺少人力资本投资的激励,进一步造成人力资本积累速度下降。

(三)发达国家技术锁定、发展中国家技术依赖与劳动力极化

在基于垂直专业化的全球价值链中,发达国家凭借丰裕的物质、人力资本和前沿的技术创新水平占据了研发、设计和营销等蕴含高附加值的生产环节。在利润空间和竞争能力不断提升的激励下,发达国家会持续专注于技术密集型生产环节以深化其在价值链中的主导地位,同时将劳动与资源密集型生产环节外包给具有成本和要素优势的发展中国家,并通过设置知识创新障碍、挤压利润空间以及知识技术品牌封锁等方式对发展中国家的价值链高端攀升进行技术锁定。对现阶段的发展中国家而言,以技术引进实现技术进步、以加工贸易等劳动密集型环节参与国际分工对其充分发挥比较优势和后发优势、促进经济增长具有积极作用,但同时也因为无法学习到前沿关键技术、重引进轻创新以及难以由加工中学向开发中学转化等原因形成技术依赖和路径依赖,从而长期被动固化在利润微薄的中低端环节。以简单加工和组装型生产为主要内容的我国加工贸易发展不仅没有带动我国劳动力就业技能结构持续升级,反而使劳动力集中在低附加值的价值链低端。因此,在出现高技能劳动力相对需求上升趋势之后,我国劳动力就业技能状况进一步分化,继而呈现高技能劳动力就业比重显著增加、中等技能劳动力就业比重相对下降和低技能劳动力就业比重缓和增长的"极化"趋势。与低技能劳动力相比,中等技能劳动力具备相对较高的教育水平和技能水平,更容易通过教育和技能培训向高技能劳动力转型,但就业和收入状况的恶化不仅会抑制其技能水平提升,甚至在面临失业时更有可能流向低技能行业。同时,低技能劳动力的就业比重增加也会改变人力资本的技能结构,对整体人力资本的技能积累产生阻碍。进一步看,低技能劳动力的就业增长又会促使企业在利润最大化目标下倾向于选择与其相匹配的低技能密集型生产线而非与高技能劳动力匹配的高技能偏向性技术方式,进一步抑制技术创新、扩散和人力资

本积累。

本文研究假设:在国际技术差距和技术扩散的背景下,发达国家的技术进步通过工资差距扩大、人力资本贬值过时、技术锁定和依赖等中间机制造成发展中国家的人力资本积累下降或速度减缓,由此产生人力资本"侵蚀效应",这将进一步阻碍发展中国家的自主创新能力提升和技术差距走向收敛。

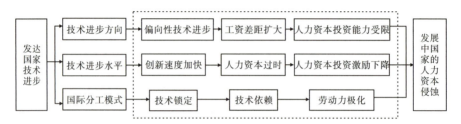

图1 发达国家技术进步对发展中国家人力资本侵蚀效应的作用路径

三、计量模型与数据说明

(一)计量模型构建

根据前文假设,本文构建的计量模型如下:

$$hc_{it} = a_0 + a_1 tec_{it} + a_2 d + a_3 d \times tec_{it} + controls + \gamma_i + v_t + \varepsilon_{it} \qquad (1)$$

式(1)中,下标 i 代表不同国家,hc_{it} 表示 i 国家在 t 时期的人力资本水平,tec_{it} 表示 i 国家在 t 时期的技术进步水平,d 为虚拟变量,取值为 1 表示发达国家,取值为 0 表示发展中国家,$controls$ 为其他影响人力资本积累的控制变量,γ_i 代表地区固定效应,v_t 代表时间固定效应,ε_{it} 为服从标准正态分布的随机干扰项。a_3 为本文重点关注的系数,若其取值为负,则说明发达国家的技术进步削弱了发展中国家技术进步对人力资本积累的正向作用,即发达国家技术进步对发展中国家的人力资本积累具有侵蚀效应。

(二)变量选择与数据说明

1.人力资本(hc)。本文的人力资本数据来自 *Penn world table* 9.0 的人力资本指数。数据构建方法如下:

$$\phi(s) = \begin{cases} 0.134 \cdot s & if\ s \le 4 \\ 0.134 \cdot 4 + 0.101(s-4) & if\ 4 < s \le 8 \\ 0.134 \cdot 4 + 0.101 \cdot 4 + 0.068(s-8) & if\ s > 8 \end{cases} \quad (2)$$

式(2)中,s 代表平均受教育年限,数据来自 Barro & Lee(2013)的 BL 数据和 Cohen & Leker(2014)的 CSL 数据的综合,假定教育回报率 0.134、0.101、0.068 来自 Psacharopoulos(1994)基于明瑟方程的估算。

2.技术进步(tec)。本文对技术进步与人力资本积累关系的考察立足于国际分工和技术扩散的视野下,因此,选取高科技出口占制成品出口比重(hte)表示各国的技术进步水平。

3.其他控制变量。本文还选取了城市化率、教育水平、产业发展和对外贸易等一系列影响人力资本积累的控制变量。城市化率用城镇人口占总人口比重衡量,教育水平用教育公共开支占 GDP 比重表示,产业发展水平用工业增加值占 GDP 比重表示,对外贸易用货物和服务进出口占 GDP 比重衡量。根据 2017 *World Economic Outlook* 对发达经济体和发展中经济体的分类,并基于数据的可得性,本文的面板数据共涵盖 115 个国家,其中发达国家 36 个,发展中国家 79 个。数据分别来自 Penn world table 9.0 和世界银行数据库,时间跨度为 2001—2015 年。

四、实证结果与分析

(一)基本回归分析

表1　技术进步与人力资本侵蚀的计量结果

变量	(1)	(2)	(3)	(4)	(5)
hte	0.0081*** (0.0013)	0.0075*** (0.0012)	0.0074*** (0.0014)	0.0078*** (0.0014)	0.0074*** (0.0014)
d	0.9230*** (0.0435)	0.7098*** (0.0416)	0.5923*** (0.0472)	0.5927*** (0.0489)	0.5895*** (0.0488)
$d \times hte$	−0.0065*** (0.0023)	−0.0097*** (0.0021)	−0.0076*** (0.0023)	−0.0078*** (0.0023)	−0.0086*** (0.0024)

（续表）

变量	(1)	(2)	(3)	(4)	(5)
urb	—	0.0106*** (0.0006)	0.0100*** (0.0007)	0.0097*** (0.0008)	0.0095*** (0.0008)
edu	—	—	−0.0206*** (0.0032)	−0.0213*** (0.0032)	−0.0229*** (0.0032)
ind	—	—	—	0.0027*** (0.0010)	0.0027*** (0.0010)
tra	—	—	—	—	0.0006** (0.0003)
R^2	0.4172	0.5120	0.5129	0.5129	0.5159
F	369.11	405.54	229.13	185.13	160.32
样本量	1551	1551	1094	1062	1061

注:上标***、**、* 分别表示1%、5%、10% 置信水平。

对计量模型(1)采用古典均值估计方法,考察以高科技出口占制成品出口比重为代表的发达国家技术进步是否对发展中国家存在人力资本侵蚀效应。第(1)列实证结果显示,hte 的系数在1%的显著性水平下为正,但 d 与 hte 的交互项系数在1%的显著性水平下为负,这说明发达国家的技术水平提升抑制了发展中国家技术进步对人力资本积累的正向促进作用。第(2)列至第(5)列实证结果显示,当依次引入城市化、教育支出、产业发展和对外贸易等控制变量之后,hte 的系数显著为正,d 与 hte 的交互项系数依然显著为负,证实发达国家技术进步对发展中国家的人力资本积累存在负向侵蚀效应。随着中间品贸易的兴起,以资本设备为载体的物化型技术引进和融入全球价值链显著提升了发展中国家高技能劳动力的相对需求和工资水平。1978—2013 年,我国高技能与中等技能劳动力间技能溢价从1.12 增长至1.65,浙江、广东等地部分年份的技能溢价甚至高于2,高技能与低技能劳动力间技能溢价则从1.42 增长至2.97。外在的就业制度不完善和流动障碍以及内在的收入状况相对恶化和教育意识缺失使得大量中低技能劳动力缺少技能投资的能力和动力,导致人力资本积累速度减缓。作为技术创新的重要源泉,美、法、德、日等发达国家的研发投入一直处于高水平的稳定增长态势。发达国家的技术创新速度加快将造成国内现有人力资本与技术进步匹配脱节,对人力资本积累产生反向作用。在由发达国家主导的全球价值链中,发达国家会不断依靠研发和创新强化其在价值链中的领导地位,并采取措施阻碍发展中国家的技术学习和赶超,使其被俘获在价值链中低端,由此对发展中国家的劳动力就业产生影响。我国由中间品出口创造的就业结构发展数据表明,加入 WTO 后的 8 年间,高技能、中等技能和低技能劳动力就业分别为从 5%、40%、55% 转变为 7%、36% 和 58%。相对于中等技能的低技能劳动力就业增长不利于劳动力技能结构优化和人力资本水平提升。

(二)稳健性检验

表 2　技术进步与人力资本侵蚀的稳健性检验(1)

变量	古典均值估计		系统矩估计	
	(1)	(2)	(3)	(4)
rd	0.6036*** (0.0591)	0.4733*** (0.0690)	0.0276*** (0.0105)	0.0175*** (0.0045)
d	0.6027*** (0.0497)	0.4416*** (0.0637)	− 0.1218*** (0.0427)	− 0.0797*** (0.0157)
$d \times rd$	− 0.4296*** (0.0621)	− 0.3145*** (0.0713)	− 0.0242** (0.0106)	− 0.0194*** (0.0053)
控制变量	×	√	×	√
$cons$	2.2832*** (0.0306)	2.1229*** (0.0985)	0.0389** (0.0198)	0.0441* (0.0249)
R^2	0.4459	0.5147	—	—
F	266.67	112.10	—	—
$AR(2)$	—	—	0.8521	0.8354
$SARGAN$	—	—	0.9294	0.9544
样本量	998	748	932	698

注:上标***、**、*分别表示 1%、5%、10% 置信水平。

表 2 中,用研发支出占 GDP 比重作为表征各国技术进步的指标,并分别使用古典均值估计和系统矩估计方法对以上实证结果进行稳健性检验。第 (1)、(2)列实证结果表明,rd 的系数在 1% 的显著性水平下为正,d 与 rd 的交互项在 1% 的显著性水平下为负。进一步采取系统矩估计方法分析,模型设定均通过了 Arellano-Bond 二阶序列相关检验和 Sargan 额外工具变量的有效性检验。第(3)、(4)列实证结果显示,除了 rd 系数显著为正、d 与 rd 交互项系数显著为负之外,d 的系数也显著为负,证实了发达国家的技术进步提升对发展中国家人力资本负向侵蚀作用的结果是稳健的。

表 3　技术进步与人力资本侵蚀的稳健性检验(2)

变量	分位点和回归结果		
	q=0.25	q=0.50	q=0.75
rd	0.5364*** (0.1505)	0.7162*** (0.0571)	0.4407*** (0.0583)
d	0.6644*** (0.0749)	0.5557*** (0.0520)	0.4656*** (0.1077)
$d \times rd$	− 0.3539** (0.1509)	− 0.5482*** (0.0580)	− 0.3359*** (0.0728)
R^2	0.3009	0.2692	0.2344
样本量	998	998	998

注:上标***、**、*分别表示 1%、5%、10% 置信水平。

考虑到随着人力资本水平的差异性,发达国家技术进步对发展中国家的人力资本积累可能会产生不同的影响,表 3 是运用 0.25、0.50、0.75 三个分位点的分位数估计结果。估计结果显示,在不同分位数水平下,d 与 rd 交互项的系数都显著为负,这进一步证实发达国家的技术水平提升对发展中国家人力资本积累的侵蚀效应。

五、主要结论与政策含义

在国际技术差距和技术扩散的视野下,来自发达国家的先进技术对发展中国家的人力资本积累具有重要影响。本文避开了以往关于技术引进促进发展中国家人力资本水平提升的研究思路,重点关注发达国家的技术进步对发展中国家人力资本积累的"侵蚀效应"。通过对 2001—2015 年 115 个发达国家和发展中国家面板数据的经验分析,本文认为发达国家的自主创新和技术变革导致发展中国家的劳动力工资差距扩大并使其人力资本投资能力受限、造成现有人力资本贬值过时并降低人力资本投资激励、将发展中国家锁定在全球价值链的中低端环节并带来低技能劳动力就业比重上升,由此对发展中国家的人力资本积累产生负向作用,阻碍后发国家实现自主创新和走向国际技术差距收敛。

研究结论具有重要的政策含义。首先,增加教育和技能培训投入,提高劳动力的知识和技能水平。面对快速的技术环境变迁,教育可以提高人力资本对新技术环境的适应性。对于我国大量低技能水平的农民工来说,教育与技能培训是促进其生产能力、就业创业能力与组织管理能力提升的有效途径。因此,加大基础教育和职业技能培训的投入,促进一般性人力资本和专用性人力资本的质量提升和有机融合,引导其在技术变革和经济转型的背景下及时更新和丰富技能知识,完善劳动力技能结构,推进由劳动力数量向劳动力质量比较优势的动态转换。

其次,从技术引进逐渐转向自主创新,有效抑制工资差距过分扩大。在技术引进和机器设备进口的过程中,偏向性技术进步造成我国劳动力技能溢价上涨和工资差距扩大,而以技术研发和创新为特点的中性技术进步则能够同比例促进不同技能劳动力的工资增长,并进一步通过促进人力资本投资和供给从而抑制工资差距的过分扩大。因此,从引进适宜性技术转向自主创新,逐步提升我国自主研发和创新水平,发挥中性技术进步对促进技能投资和缩小工资差距的积极作用。充分发挥适当技能收入差距对人力资本投资的激励作用,有效抑制技能收入差距过分扩大对人力资本投资能力和动力的负向影响。在实现人力资本积累和创新水平提升动态匹配的基础上改变目前国际分工中的既有模式和技术依赖,实现全球价值链向高端攀升。

最后,促进农民工市民化,加快劳动力市场供给侧改革。逐步完善户籍制度改革,实现城镇基本公共服务的覆盖,使农民工可以成为真正的市民并

享受城镇公共服务和社会保障,在逐步消除就业歧视、改善就业环境和提高就业收入的基础上推动其通过对自身和子女的人力资本投资向高技能劳动力转型。加快劳动力市场制度改革,促进劳动力市场的人才和信息流动,为劳动力技能升级和人力资本积累提供制度保障。

(本文作者:郝 楠 李 静)

参 考 文 献

[1]保罗·克鲁格曼.萧条经济学的回归[M].北京:中国人民大学出版社,1999.

[2]罗思义.一盘大棋? 中国新命运解析[M].南京:江苏凤凰文艺出版社,2016.

[3]易纲,樊纲,李岩.关于中国经济增长与全要素生产率的理论思考[J],经济研究,2003(8).

[4]荣兆梓.总要素生产率还是总劳动生产率[J].财贸研究,1992(3).

[5]帕西内蒂,斯卡齐里.关于"资本理论:悖论"的综合评论//新帕尔格雷夫经济学大辞典[M].北京:经济科学出版社,1992.

[6]佟仁城,刘源张.部门全劳动生产率及相互作用分析[J].系统工程理论与实践,1993(6).

[7]郑玉歆.全要素生产率的测度及经济增长方式的"阶段性"规律[J].经济研究,1999(5).

[8]戴艳娟.基于全劳动生产率的中国各产业生产率的测算[J].财经研究,2014(12).

[9]安立仁.资本驱动中国经济增长:1952—2002[J].人文杂志,2003(6).

[10]吴三忙.全要素生产率与中国经济增长方式的转变[J].北京邮电大学学报,2007(1).

[11]杨万平,杜行.中国经济增长源泉:要素投入、效率提升还是生态损耗[J].西安交通大学学报(社会科学版),2015(4).

[12]梁泳梅,董敏杰.中国经济增长来源:基于非参数核算方法的分析[J].世界经济,2015(11).

[13]藤森赖明,李帮喜.马克思经济学与数理分析[M].北京:社会科学文献出版社,2017.

[14]荣兆梓,陈旸.转形问题B体系:模型与计算[J].经济研究,2014(9).

[15]陈诗一,陈登科.雾霾污染、政府治理与经济高质量发展[J].经济研究,2018(2).

[16]邓金钱,何爱平.城乡收入差距、劳动力质量与经济结构转型——来自中国省级数据的实证研究[J].社会科学研究,2017(6).

[17]干春晖,郑若谷,余典范.中国产业结构变迁对经济增长和波动的影响[J].经济研究,2011(5).

[18]黄群慧,贺俊."第三次工业革命"与中国经济发展战略调整——技术经济范式转变的视角[J].中国工业经济,2013(1).

[19]何兴邦.环境规制与中国经济增长质量——基于省际面板数据的实证分析[J].当代经济科学,2018(2).

[20]金碚.马克思劳动价值论的现实意义及理论启示[J].中国工业经济,2016(6).

[21]江小涓.高度联通社会中的资源重组与服务业增长[J].经济研究,2017(3).

[22]金碚.关于"高质量发展"的经济学研究[J].中国工业经济,2018(4).

[23]刘伟,蔡志洲.我国工业化进程中产业结构升级与新常态下的经济增长[J].北京大学学报(哲学社会科学版),2015(3).

[24]李海明.检验劳动价值论:方法与证据[J].经济学动态,2017(9).

[25]吕政.中国经济改革的实践丰富和发展了马克思主义政治经济学[J].中国工业经济,2017(10).

[26]刘伟,蔡志洲.新时代中国经济增长的国际比较及产业结构升级[J].管理世界,2018(1).

[27]楠玉,袁富华,张平.中国经济增长跨越与迈向中高端[J].经济学家,2018(3).

[28]潘士远,金戈.发展战略、产业政策与产业结构变迁——中国的经验

[J].世界经济文汇,2008(1).

[29]渠慎宁,吕铁.产业结构升级意味着服务业更重要吗——论工业与服务业互动发展对中国经济增长的影响[J].财贸经济,2016(3).

[30]乔晓楠,何自力.马克思主义工业化理论与中国的工业化道路[J].经济学动态,2016(9).

[31]孙叶飞,夏青,周敏.新型城镇化发展与产业结构变迁的经济增长效应[J].数量经济技术经济研究,2016(11).

[32]宋建,郑江淮.产业结构、经济增长与服务业成本病——来自中国的经验证据[J].产业经济研究,2017(2).

[33]魏农建,刘静波.产业结构调整的政治经济学诠释[J].产经评论,2011(1).

[34]杨子荣,张鹏杨.金融结构、产业结构与经济增长——基于新结构金融学视角的实证检验[J].经济学(季刊),2018(2).

[35]张月友,董启昌,倪敏.服务业发展与"结构性减速"辨析——兼论建设高质量发展的现代化经济体系[J].经济学动态,2018(2).

[36]周彬,周彩.土地财政、产业结构与经济增长——基于284个地级以上城市数据的研究[J].经济学家,2018(5).

[37]邢予青,Neal Detert.国际分工与美中贸易逆差:以 iPhone 为例[J].金融研究,2011(3):198-206.

[38]谭力文,马海燕,刘林青.服装产业国际竞争力——基于全球价值链的深层透视[J].中国工业经济,2008(10):64-74.

[39]卓越,张珉.全球价值链中的收益分配与"悲惨增长"[J].中国工业经济,2008(7):131-140.

[40]施炳展.中国出口产品的国际分工地位研究——基于产品内分工的视角[J].世界经济研究,2010(1):56-62.

[41]金京,戴翔.国际分工演进与我国开放型经济战略选择[J].经济管理,2013(2):1-11.

[42]唐海燕,张会清.产品内国际分工与发展中国家的价值链提升[J].

经济研究,2009(9):81-93.

[43]邱斌,叶龙凤,孙少勤.参与全球生产网络对我国制造业价值链提升影响的实证研究——基于出口复杂度的分析[J].中国工业经济,2008(1):57-67.

[44]王岚.融入全球价值链对中国制造业国际分工地位的影响[J].统计研究,2014(5):17-23.

[45]罗长远,张军.附加值贸易:基于中国的实证分析[J].经济研究,2014(6):4-17.

[46]余娟娟.全球价值链分工下中国出口技术结构的演进机理与路径[J].产业经济研究,2014(6):31-40.

[47]唐海燕,张会清.中国在新型国际分工体系中的地位[J].国际贸易问题,2009(2):18-26.

[48]贾根良,刘书瀚.生产性服务业:构建中国制造业国家价值链的关键[J].学术月刊,2012(12):60-67.

[49]袁志刚,饶璨.全球化与中国生产服务业发展[J].管理世界,2014(3):10-30.

[50]周建锋.论我国农业技术创新主体的错位及其矫正设想[J].科学管理研究,2005(8):86-90.

[51]黄宗智.长江三角洲的小农家庭与乡村发展//明清以来的乡村社会经济变迁——历史、理论与现实(卷二)[M].北京:法律出版社,2014.

[52]朱希刚.依靠技术创新促进农业结构调整[J].农业技术经济,2004(1):3-10.

[53]齐振宏.依靠技术创新促进农业结构调整[J].农业现代化研究,2006(1):53-57

[54]刘春香,闫国庆.我国农业技术创新成效研究[J].农业经济问题,2012(2):32-37.

[55]李洪炼,等.政府支持、市场化程度与农业技术创新效率——以中部6省为例[J].中国农业大学学报,2017(22):189-198.

[56]杜金沛.农业科技创新主体的国际比较及其发展的主流趋势[J].科技进步与决策,2011.6:19-22.

[57]罗伯特·布伦纳.马克思社会发展理论新解[M].张秀琴,等,译.北京:中国人民大学出版社,2015.

[58]让农民成为有吸引力职业从两方面入手[N].人民日报,2018-11-04.

[59]约瑟夫·斯蒂格利茨,布鲁斯·格林沃尔德.增长的方法:学习型社会与经济增长的新引擎[M].北京:中信集团出版社,2017.

[60]申强,徐莉莉.北京市农业科技成果转化影响因素——基于科研人员和转化企业角度[J].中国高校科技,2017(3):74-76.

[61]毛学峰,孔祥智,等.我国"十一五"时期农业科技成果转化现状与对策[J].中国科技,2012(6):126-132.

[62]刘世锦.供给侧改革需要打通要素流动通道[N],经济日报,2016-01-11(013).

[63]黄群慧.论中国工业的供给侧结构性改革[J],中国工业经济,2016(9):5-23.

[64]金碚.基于价值论与供求论范式的供给侧结构性改革研析[J],中国工业经济,2017(4):5-16.

[65]胡鞍钢,周绍杰,任皓.供给侧结构性改革——适应和引领中国经济新常态[J],清华大学学报(哲学社会科学版),2016(2).

[66]李翀.论供给侧改革的理论依据和政策选择[J].经济社会体制比较,2016(1):9-18.

[67]沈坤荣.供给侧结构性改革是经济治理思路的重大调整[J].南京社会科学,2016(2):1-3.

[68]贾康,苏京春.论供给侧改革[J].管理世界,2016(3):1-24.

[69]刘志国,李丹.供给侧改革与我国经济的有效增长策略[J].马克思主义研究,2016.(3):73-82.

[70]冯志峰.供给侧结构性改革的理论逻辑与实践路径[J].经济问题,2016(2):12-17.

[71]金碚.总需求调控与供给侧改革的理论逻辑和有效实施[J].经济管理,2016（5）:1-9.

[72]陈小亮,陈彦斌.供给侧结构性改革与总需求管理的关系探析[J].中国高校社会科学,2016（3）:67-77。

[73]邱海平.供给侧结构性改革必须坚持以马克思主义政治经济学为指导[J],政治经济学评论,2016(3):204-207.

[74]逄锦聚.经济发展新常态中的主要矛盾和供给侧结构性改革[J].政治经济学评论,2016(3):49-59.

[75]马克思.资本论[M].北京:人民出版社,1975.

[76]凯恩斯.就业、利息和货币通论[M].北京:商务印书馆,1983.

[77]马克思.政治经济学批判[M].北京：人民出版社,1971.

[78]龚刚,徐文舸,杨光.债务视角下的经济危机[J],经济研究,2016(6).

[79]中共中央文献研究室.习近平关于社会主义经济建设论述摘编[M].北京:中央文献出版社,2017:90.

[80]张志敏,李娟娟.中国投资与消费失衡的表征、路径依赖与供给侧改革[J].宏观经济研究,2017(9).

[81]武文静,周晓唯.过度金融化对我国实体经济的影响及例证分析[J],理论月刊,2017(5).

[82]中共中央宣传部.习近平总书记系列重要讲话读本[M].北京:学习出版社,人民出版社, 2016.

[83]广东经济特区条例[J].中华人民共和国国务院公报,1980(13):406-409.

[84]韩俊雪.税收激励,企业有效平均税率与企业进入[J].经济研究,2014(7):94-109.

[85]经济增长前沿课题组.财政政策的供给效应与经济发展[J].经济研究,2004(9):4-17.

[86]李静.中国经济稳增长难题:人力资本错配及其解决途径[J].经济研究,2017(3):18-32.

[87]李静.中国经济增长减缓与稳定增长动力[J].中国人口科学,2015(3):32-43.

[88]李煌伟,悦鹏飞.外部性,运输网络与城市群经济增长[J].中国社会科学,2013(3):22-42.

[89]张学良.中国交通基础设施促进了区域经济增长吗——兼论交通基础设施的空间溢出效应[J].中国社会科学,2012(3):60-77.

[90]张克中,陶东杰.交通基础设施的经济分布效应——来自高铁开通的证据[J].经济学动态,2016(6):62-73.

[91]成思危.虚拟经济探微[J].南开学报(哲学社会科学版),2003(2):23-28.

[92]刘骏民.从虚拟资本到虚拟经济[M].济南:山东人民出版社,1998.

[93]刘骏民.虚拟经济的理论框架及其命题[J].南开学报(哲学社会科学版),2003(2):34-40.

[94]王爱俭.关于虚拟经济几个重要问题的再探讨[J].现代财经(天津财经大学学报),2008(2):3-6.

[95]林左鸣.广义虚拟经济:二元价值容介态的经济[M].北京:人民出版社,2010.

[96]田国强.互联网金融创新与中国经济发展驱动切换[J].探索与争鸣,2014(12):17-19.

[97]刘志彪.实体经济与虚拟经济互动关系的再思考[J].学习探索,2015(9):82-89.

[98]刘晓欣.个别风险系统化与金融危机——来自虚拟经济学的解释[J].政治经济学评论,2011(4):64-80.

[99]王爱俭.金融创新与中国虚拟经济发展研究[J].金融研究,2002(7):69-75.

[100]刘骏民,伍超明.虚拟经济与实体经济关系模型——对我国当前股市与实体经济关系的一种解释[J].经济研究,2004(4):60-69.

[101]刘金全.虚拟经济与实体经济之间关联性的计量检验[J].中国社会

科学,2004(4):80-90.

[102]曹源芳.我国实体经济与虚拟经济的背离关系——基于1998—2008年数据的实证研究[J].经济社会体制比较,2008(6):57-62.

[103]吴德礼,李惠彬,徐仕政.国际金融危机背景下我国虚拟经济与实体经济发展问题研究[J].南方金融,2009(8):16-20.

[104]沐年国.经济虚拟化背景下经济增长均衡复杂性分析[J].上海经济研究,2011(12):101-110.

[105]周莹莹,刘传哲.我国虚拟经济发展对实体经济投资扩张效应影响研究[J].山西财经大学学报,2014(3):21-32.

[106]张成思,张步昙.中国实业投资率下降之谜:经济金融化视角[J].经济研究,2016(12):32-46.

[107]苏治,方彤,尹力博.中国虚拟经济与实体经济的关联性——基于规模与周期视角的实证研究[J].中国社会科学,2017(8):87-109.

[108]马克思.资本论(第三卷)[M].北京:人民出版社,2004.

[109]洪银兴,葛扬.《资本论》的现代解析[M].北京:经济科学出版社,2011.

[110]范从来,丁慧,张淦.金融改革的方向:基于马克思借贷资本和现实资本理论的分析[J].经济学家,2016(4):5-12.

[111]马克思.资本论(第二卷)[M].北京:人民出版社,2004.

[112]洪银兴.虚拟经济及其引发金融危机的政治经济学分析[J].经济学家,2009(11):5-12.

[113]中共中央文献研究室.习近平关于社会主义经济建设论述摘编[M].北京:中央文献出版社,2017.

[114]范黎波,郑建明,江琳.技术差距、技术扩散与收敛效应:来自134个国家技术成就指数的证据[J].中国工业经济,2008(9):69-76.

[115]黄先海,宋学印.准前沿经济体的技术进步路径及动力转换——从"追赶导向"到"竞争导向"[J].中国社会科学,2017(6):60-79.

[116]黄永春,陈毛林,陈效林.中国与美国技术差距缩小了吗——中美

1996—2012 年面板数据分析[J].科技进步与对策,2016,33(15):1-8.

[117]陆剑,柳剑平,程时雄.中国与 OECD 主要国家工业行业技术差距的动态测度[J].世界经济,2014(9):25-52.

[118]林毅夫,张鹏飞.适宜技术、技术选择和发展中国家的经济增长[J].经济学(季刊),2006,5(3):985-1006.

[119]王林辉,董直庆.资本体现式技术进步、技术合意结构和我国生产率增长来源[J].数量经济技术经济研究,2012(5):3-18.

[120]邹薇,代谦.技术模仿、人力资本积累与经济赶超[J].中国社会科学,2003(5):26-38.

[121]姜雨,沈志渔.技术选择与人力资本的动态适配及其政策含义[J].经济管理,2012(7).

[122]吉亚辉,祝凤文.技术差距、"干中学"的国别分离与发展中国家的技术进步[J].数量经济技术经济研究,2011(4).

[123]李尚骜,陈继勇,李卓.干中学、过度投资和 R&D 对人力资本积累的"侵蚀效应"[J].经济研究,2011(6):57-67.

[124]宋冬林,王林辉,董直庆.资本体现式技术进步及其对经济增长的贡献率(1981—2007)[J].中国社会科学,2011(2):91-106.

[125]董直庆,王林辉.劳动力市场需求分化和技能溢价源于技术进步吗[J].经济学家,2011(8):75-82.

[126]王俊,刘东.中国居民收入差距与需求推动下的技术创新[J].中国人口科学,2009(5):58-67.

[127]马蓉.中美技术差距的经济测度——基于技术扩散增长理论框架的统计研究[D].天津:天津财经大学,2015.

[128]卢福财,胡平波.全球价值网络下中国企业低端锁定的博弈分析[J].中国工业经济,2008(10):23-32.

[129]卫瑞,张少军.中间品出口对中国就业结构的影响——基于技能、来源地和部门视角的分析[J].财经研究,2014,40(11):133-144.

[130]江永红.潜山调查——转型时期农民能力问题研究[M].北京:人民

出版社,2017.

[131]董直庆,蔡啸,王林辉.技能溢价:基于技术进步方向的解释[J].中国社会科学,2014(10):22-40.

[132]马克思.资本论(第一卷)[M].郭大力,王亚南,译.上海:上海三联书店,2013:4-6.

[133]马克思.资本论(第三卷)[M].郭大力,王亚南,译.上海:上海三联书店,2013:97.

[134]高峰,陈聚祉.垄断价格理论的重要贡献——评《垄断价格机理研究》[J].经济评论,1998(1):82-86.

[135]迈克尔·P.托达罗.经济发展[M].黄卫平,彭刚,译.北京:中国经济出版社,1999:424-425.

[136]罗伯特·J.凯伯.国际经济学(第三版)[M].刘兴坤,刘志彬,李朝气,译.北京:中国人民大学出版社,2011:68-70.

[137]卜伟,刘似臣,李雪梅,张弼.国际贸易(第三版)[M].北京:清华大学出版社,2006:83-87.

[138]周文贵,等.国际贸易理论概览[M].北京:人民出版社,2015:351-353.

[139]王慎之,王朗玲,梦庆琳.西方经济思想库第二卷增长·发展篇[M].北京:经济科学出版社,1997:529.

[140]中华人民共和国统计局.中国统计年鉴2017[M].北京:中国统计出版社,2017.

[141]祝坤福,陈锡康,杨翠红.中国出口的国内增加值及其影响因素分析[J].国际经济评论,2013(4):116-127.

[142]段华明.广东改革开放30年的历程与经验[J].探求,2008(6):4-10.

[143]Simon Clarke. Marx's Theory of Crisis[M]. Palgrave Macmillan UK, 1994(1):10.

[144]Baumol,W.. Macroeconomics of Unbalanced Growth:The Anatomy of

Urban Crisis[J].American Economic Review, 1967,Vol.57(3) :415-426.

[145] Dekle,R.,and G.Vandenbroucke.A Quantitative Analysis of China's Structural Transformation[J].Journal of Economic Dynamics and Control, 2012, Vol.36(1) :119-135.

[146] Fan,S.,X.Zhang,and S.Robinson. Structural Change and Economic Growth in China [J]. Review of Development Economics, 2003, Vol. 7 (3): 360-377.

[147] James C. Davis, J. Vernon Henderson. Evidence on the Political Economy of the Urbanization Process[J]. Journal of Urban Economics,2003,53 (1).

[148]Michael Peneder. Industrial Structure and Aggregate Growth[J].Structural Change and Economic Dynamics,2003,14(4).

[149] Matsuyama, K. Structural Change in an Interdependent World: A Global View of Manufacturing Decline[J]. Journal of the European Economic Association, 2009,Vol.7(2-3):478-476.

[150] Peneder M. Structural Change and Aggregate Growth [D]. WIFO Working Paper,Austrian Institute of Economic Research, Vienna,2002.

[151]Singh. L. Technological Progress, Structural Change and Productivity Growth in Manufacturing Sector of South Korea[J].The Institute of World Economy,Seoul National University,2004.

[152]Timmer M. and A. Szirmai. Productivity Growth in Asian Manufacturing: The Structural Bonus Hypothesis Examined[J]. Structural Change and Economic Dynamics ,2000, Vol(1) :371-392.

[153]Hummels, D., Ishii, J., Yi, K. The Nature and Growth of Vertical Specialization in World Trade[J].Journal of International Economics ,2001:54, 75-96.

[154]Johnson, R. and G.Noguera Accounting for Intermediates: Production Sharing and Trade in Value Added[J].Journal of International Economics, 2012,

86(2) :224-36.

[155] Koopman, Robert, Zhi Wang, and Shang – Jin Wei. Estimating Domestic Content in Exports When Processing Trade is Pervasive[J].Journal of Development Economics,2012,99(1): 178-189.

[156] Koopman, Robert, Zhi Wang, and Shang-Jin Wei. Tracing Value-Added and Double Counting in Gross Exports[J]. American Economic Review, 2014, 104(2):459-94.

[157] Timmer, Marcel P., Bart Los, Robert Stehrer, and Gaaitzen J. de Vries. Fragmentation, Incomes and Jobs: An Analysis of European Competitiveness[J].Economic Policy ,2013,28(76): 613-61.

[158] Tempest,Rone.Barbie and the World Economy[J].Los Angeles Times, 1996,September 22.

[159] Balassa, Bela. Trade Liberalization and Revealed Comparative Advantage [J]. Manchester School of Economic and Social Studies, 1965: 33,99-123.

[160] Subramanian,Arvind and Martin Kessler. The Hyperglobalization of Trade and Its Future[D]. Peterson Institute for International Economics Working Paper,2013, WP13-6.

[161] Paul A.Attewell. Radical Political Economy Since the Sixties: A Sociology of Knowledge Analysis[M]. Rutgers University Press,1984:150.

[162] Agenor, P. , O. Canuto.Middle-Income Growth Traps[J].Research in Economics,2015(4) :641-660.

[163] Aiyar, S., Duval, R., Puy, D., Wu, Y. and L. Zhang.Growth Slowdowns and the Middle-Income Trap[J]. International Monetary Fund Working Paper ,2013,WP/13/71.

[164] Aschauer,D.A.Is Public Expenditure Productive? [J].Journal of Monetary Economics,1989(2) :77-200.

[165] Atack,J.,Bateman,F.,Haines,M.and Margo,R.A.Did Rail- roads In-

duce or Follow Economic Growth ? Urbanization and Population Growth in the A-merican Midwest,1850-60[J].NBER Working Paper, 2009,No.14640.

[166] Baum-Snow,N.Road,Railroad and Decentralization of Chinese Cities [J].IGC Working Paper,2012,No.3.

[167] Donaldson, D. Railroads and the Railway: The Economic Impact of Transportation Infrastructure[J].NBER Working Paper ,2010,No.16487.

[168] Duranton, G., M. A. Turner. Urban Growth and Transportation [J]. Review of Economic Studies,2012,79(4) :1407-1440.

[169] Duranton, G. P. M. Morrow &M. A. Turner. Road and Trade: Evidence from the US[J].Review of Economic Studies,2014,81(2) :681-724.

[170] Donaldson, D., R. Hornbeck. Railroads and American Economic Growth:A Market Access Approach[J].NBER Working Paper, 2013,No.16487.

[171]Eichengreen, B., Park, D. and K. Shin.When Fast-Growing Econo-mies Slow Down: International Evidence and Implications for China[J]. Asian E-conomic Papers, 2012,11(1): 42-87.

[172]Romer, P.Endogenous Technological Change[J].Journal of Political Economy, 1990,98(5):S71-S102.

[173]Fogel,R.A. Quantitative Approach to the Study of Railroads in Ameri-can Economic Growth: A Report of Some Preliminary Findings[J].The Journal of Economic History,1962,22(2) :16-197.

[174]Fernald, J.Roads to Prosperity: Assessing the Link Between Public Capital and Productivity[J].American Economic Review,1999,89(3):619-638.

[175]Fan,S.,itsuchon,S.,Methakunnavut,N.The Importance of Public In-vestment for Reducing Rural Poverty in Middle-income Countries:the Case of Thailand[J].DSGD Discussion Paper No.7,International Food Policy Research In-stitute,2004.

[176] Faber, B. Trade Integration, Market Size, and Industrialization: Evidence from China's National Trunk Highway System[J].Review of Economic

Studies,2014,81(3):1046-1070.

[177] Hall, P. Magic Carpets and Seamless Webs: Opportunities and Constraints for High-speed Train in Europe[J]. Built Environment,2009,35(1): 59-69.

[178]Preston,J., G.Wall. The Ex-ante and Ex-post Economic and Social Impacts of the Introduction of High-speed Trains in South East England[J]. Planning,Practice & Research,2008,23(3):403-422.

[179] Qin, Y. No County Left Behind: the Distributional Impact of High-speed Rail Upgrade in China[J]. Job Market Paper,2014.

[180]Xu,H.,K.Nakajima. Highways and Industial Development in the Peripheral Regions of China[J]. Papers in Regional Science,2015,109(5):1962-1970.

[181]Goldsmith R W. Financial Structure and Development[J]. Studies in Comparative Economics, 1969, 70(4): 31-45.

[182] Shaw E S. Financial Deeping in Economic Development [M]. NewYork:Oxford University Press, 1973.

[183]King R G, Levine R. Finance and Growth: Schumpeter Might be Right [J]. Quarterly Journal of Economics, 1993, 108(3):717-737.

[184]Atje R, Jovanovic B. Stock Markets and Development[J]. European Economic Review, 1993,37(2-3):632-640.

[185]Rajan R G, Zingales L. Financial Dependence and Growth[J]. Social Science Electronic Publishing, 1998, 88(3):559-586.

[186]Tobin JE. On the Efficiency of the Financial System[J]. Lloyds Bank Review,1984,11(153):1-15.

[187]Orhangazi Ö. Financialisation and Capital Accumulation in the Non-financial Corporate Sector[J]. Mpra Paper, 2008, 32(6):863-886.

[188]Demir F. Financial Liberalization, Private Investment and Portfolio choice: Financialization of Real Sectors in Emerging Markets [J]. Journal of Development Economics, 2009, 88(2):314-324.

[189]Tori D, Onaran O. Financialization and Physical Investment：A Globle Race to the Bottom in Accumulation[R]. Post Keynesian Economics Study Group Working Paper, No.1707, 2017.

[190]Hansen BE. Threshold Effects in Non－dynamic Panels：Estimation, Testing, and Inference[J]. Journal of Econometrics, 1999, 93(2):345-368.

[191]ACEMOGLU D,ZILIBOTTIF. Productivity Differences[J]. Quarterly Journal of Economics,2001,116(2):563-606.

[192]BARRO R J, SALA-I-MARTINX. Technological Diffusion,Convergence,and Growth[J]. Journal of Economic Growth,1997,2(1):1-26.

[193]GALOR O,MOAVO. Natural Selection and the Origin of Economic Growth[R]. Brown University Working Paper,No.2000-18.

[194]REIS A B,SEQUEIRA TN. Human Capital and Overinvestment in R&D[J]. Scandinavian Journal of Economics,2007,109(3):573-591.

[195]HELPMAN E,RANGELA. Adjusting to a New Technology：Experience and Training[J]. Journal of Economic Growth,1999,4(4):359-383.

[196]YAMAUCHI F,GODOY. Human Capital Accumulation,Technological Change and International Spillovers：Comparative Growth Experience from Japan , Korea and the United States[R]. FASID Working Paper,2003.

[197]KATZ L F, MURPHY KM. Changes in Relative Wages,1963-1987: Supply and Demand Factors [J]. Quarterly Journal of Economics, 1992, 107 (1):35-78.